心理咨询师的高价值沟通课

High Value
Communication
Classes from a Psychological
Counselor

萨林娜 ◎ 著

中国经济出版社

北京

图书在版编目（CIP）数据

心理咨询师的高价值沟通课/萨林娜著 . --北京：中国经济出版社，2021.5
ISBN 978-7-5136-6460-8

Ⅰ.①心… Ⅱ.①萨… Ⅲ.①心理交往-通俗读物
Ⅳ.①C912.11-49

中国版本图书馆 CIP 数据核字（2021）第 066283 号

责任编辑	叶亲忠
责任印制	马小宾
封面设计	久品轩

出版发行	中国经济出版社
印 刷 者	北京柏力行彩印有限公司
经 销 者	各地新华书店
开　　本	710mm×1000mm　1/16
印　　张	16.25
彩　　插	0.5
字　　数	290 千字
版　　次	2021 年 5 月第 1 版
印　　次	2021 年 5 月第 1 次
定　　价	88.00 元

广告经营许可证　京西工商广字第 8179 号

中国经济出版社 网址 www.economyph.com 社址 北京市东城区安定门外大街 58 号 邮编 100011
本版图书如存在印装质量问题，请与本社销售中心联系调换（联系电话：010-57512564）

版权所有　盗版必究（举报电话：010-57512600）
国家版权局反盗版举报中心（举报电话：12390）　　服务热线：010-57512564

作者

初级班：

"生死在舌头的权下。"（第一讲第一节　话语的能力）

话语蕴含着巨大的力量，能够影响人的一生。一个人说话的能力，最能准确体现其综合素质。

向上注入力量（第三讲第三节　辅导的动态）

我们要培养对方的成长型思维模式，他的品格、能力、态度，他里面的力量都要在辅导的过程中一个台阶一个台阶地向上攀升。

倾听（第四讲第一节　有效倾听）

　　一个陌生人坐在你面前，你怎么让他在五分钟之内对你产生信任、安全感，愿意向你敞开心扉？记住，没有魔术，只有技术。人只有感到安全和完全的接纳，才愿意冒险改变自己。

镜像（第五讲第四节　身体语言）

　　人潜意识里容易相信和喜欢跟自己相像的人，所以我们做的一切努力，都是为了更好地进入这个人所处的状态中。

力量轮（第十讲第一节　核心我）

人是从力量中成长，不是从弱点和缺陷中成长。

一个正常、健康的人应当能够从这 5 大项、17 小项里面汲取力量。不幸的是，我们从小受的教育容易忽略力量，只看问题和缺点。

进阶班：

囚禁人的三种故事（第三讲第二节　囚禁人的三种故事型）

封闭型故事把自己封在里面，同时也把别人封在外面；活在不健康的故事中会慢慢地剥夺一个人的活力、爱的能力、创造力、自信和快乐。

黑纸（第五讲第三节 破解比喻）

"听起来你的人生像是一幅画：一开始涂在这个画布上的全部是黑色，但从此之后，每画上一笔颜色都会显得格外高级。"

空椅子（第六讲本讲附录 奇迹问题之"空椅子"）

很多人可能只是想解决眼下最棘手的一些问题，但我们辅导者需要知道：他内在真正缺失的是什么？他最深的渴望与恐惧是什么？

外化黑狗（第八讲第二节　外化的六个步骤）

人是人，问题是问题，抑郁症可以被外化为黑狗，辅导者要和这个人站在一起来对付他的问题，不要让他对着自己开枪。

幸福力（第十讲第一节　幸福是寻求不到的）

"追求幸福"这件事恰恰说明你处在一个不幸的状态。因为幸福是发生的、临到的，不能靠强力去夺取，而是在日常中遇见。因而我们要把日常生活调整成为可以承载幸福的状态。

Preface
序言

我和萨林娜是研究生时的同班同学,学的都是影视专业,是室友,也是至交好友。

课堂上有个同学这样问老师:当电影导演,最重要的是什么素质?老师想了想,略带尴尬地回答:其实最重要的,就是你得是个明白人。

作为人生的导演,这更是你最需要具备的素质。

如何做个明白人,并帮助他人成为明白人,这成了我和萨林娜在两人寝室中日谈夜谈的主要话题。它将我们向两个相反的方向放射出去——我竭尽全力地把生活的书越读越厚,把一切道理化成比喻;她则举重若轻地把人生的心路化繁为简,披荆斩棘,把一切个案归纳为典型。

后来我在中国做编剧,她去美国学心理;再后来,我因为一直想来好莱坞发展,搬到了洛杉矶,而她则回到了中国,成了一名职业心理医生,我离开北京和她回到北京都是在2016年的同一个月。

她刚回中国还没适应,走时还只是小两口,回来已是四口之家,眼中带着那种长期在国外生活初回北京的典型惊讶:这地方那么熟悉又那么陌生,空气震动的频率都无比躁动,钱似乎真的可以买到一切,但一切都要用钱买,每一个市场都在膨胀,每一个机会都在倒计时,每一个人都在眼前一块叠着一块的屏幕中饥渴地追着——只要打开这个视频,只要拥有这件衣服,只要买到这个包包,只要看完全部的朋友圈,我就可以追上别人,追上时代,追上正在定义我的标准,这样才不会错过,不会被抛弃,不会被忘记。人人如此,尤其是女人,这其中,当然也包括我和她。

我们苦笑相对:怎么办?现在的人怎么才能活明白?我们能用所学所想,为自己、为他人,做点什么吗?

匆匆相聚就此别过，一晃四年后的今天，先是听到她的"女性力量"心理学网课，后又读到她的"高价值沟通"书稿，我忍不住在内心欢呼——我们当年的问题，我们毕生的寻求，有了答案。

　　萧伯纳有句话说，"青春是最美的事，却被浪费在了年轻人的身上"。我相信人一生要浪费很多时间，才会知道自己在浪费时间。在听萨林娜讲这套课程的过程中，我最大的感受就是恨不能伸手进入黑暗的岁月洪流中，拎住那个十八岁、二十岁、二十五岁、三十岁的自己的脖领子，喊道，请你听听这些话，你被浪费的时间，可以至少省去一半。

　　传说中的"少奋斗二十年"，只有靠自己活得明白，才能够实现。而活明白，首先是从"听"明白、"说"明白开始的，这就是高价值沟通。一个人懂不懂得高价值沟通，直接决定了他/她的生活乃至整个人生的质量。

　　感谢时代的进步，让今天的大众有机会以多种方式、多样媒体渠道享受萨林娜这些思想的成果。在她深入浅出的讲解中，大众得以识破流传于世的谎言，走向自我的觉醒、自由与绽放，获得幸福的能力；感谢生活的饶恕，让我们曾经掉过的每一个坑都被填平，每一个脚印却不被抹去，她走过荆棘与火焰，在沿途的每一棵树上做了标记，让你的今天不再迷失，这就是这套课程将给你的人生带来的改变。

　　吃一堑，长一智，放在今天的中国人身上，效率太低了。与其花几年甚至十几年去犯错，不如花几天、十几天来看书、听课。愿你从走进这本书开始，跳过试错，直通得胜的人生。

王安安

　　（影视编剧，擅长创作反映中国当下社会现实的、女性题材的有趣故事，热爱塑造爱憎鲜明、情感激越的女性人物形象，叙事不拘类型，但求诚实。代表作：电影《怒放·青春再见》《脱轨时代》，动画电影《Ugly Doll（丑娃娃）》，网剧《白色月光》。毕业于北京大学艺术学院，现居美国洛杉矶。）

Contents 目录

001 | 上 篇
初级班

第一讲　人的本质是话语的存在   003
  一、话语的能力   003
  二、有效的爱是自我约束   005

第二讲　辅导者职业素养   009
  一、辅导者存在的价值和意义   009
  二、辅导者的基本特质：信念、盼望、爱   010
  三、辅导者的职业道德   013

第三讲　成为安全的人：心理辅导的基本原理与演化   017
  一、辅导者的安全感   017
  二、心理辅导的误区   026
  三、辅导的动态   027

第四讲　爱是倾听1：基本预备   031
  一、有效倾听   031
  二、聊天预备   033

第五讲　爱是倾听2：基本聆听（3V1B）、观察与镜像技能   038
  一、1V：Visual——视线   038
  二、2V：Vocal Qualities——声音的控制   039
  三、3V：Verbal Tracking——话题追踪   041
  四、1B：Body language——身体语言   042

第六讲　爱是倾听 3：积极聆听技巧　　052
　　一、积极聆听的作用　　052
　　二、三个积极聆听技能　　054

第七讲　注入力量："扭一下"　　068
　　一、措辞　　069
　　二、时态微调　　070
　　三、转化负面词　　071

第八讲　如何提问题　　079
　　一、先倾听，后提问　　079
　　二、魔术按钮　　080
　　三、5W1H 的提问方式　　081
　　四、What else（还有什么）　　083
　　五、闭问题　　084
　　六、禁用设问句　　085
　　七、问题的功能　　085
　　八、注入力量的问题和支持系统　　088
　　九、回避场外信息　　092
　　十、学员练习反馈：辅导师初长成　　092

第九讲　辅导流程　　096
　　一、关系建立　　096
　　二、提取故事、力量　　096
　　三、设立目标　　097
　　四、故事重构　　098
　　五、行动　　098

第十讲　力量轮的解析与建构　　099
　　一、核心我　　101
　　二、社交我　　108
　　三、应对我　　113
　　四、创造力　　119
　　五、身体力　　124

初级班学员的改变分享　　127

129 下篇 进阶班

第一讲 辅导的五个步骤 — 131
　　一、建立关系 — 132
　　二、倾听故事 — 133
　　三、设立辅导目标 — 134
　　四、故事的重述 — 135
　　五、行动 — 136

第二讲 目标的识别与扭转 — 137
　　一、设定目标的时机 — 137
　　二、SMART 目标设定法 — 138
　　三、非 SMART 目标破解法 — 142
　　本讲附录：设立 SMART 目标示例 — 145

第三讲 故事的解构与重构（一） — 155
　　一、被囚禁的故事 — 155
　　二、囚禁人的三种故事型 — 157
　　三、故事型的辨识 — 157

第四讲 故事的解构与重构（二） — 166
　　一、破解过时故事型 — 166
　　二、破解刻板故事型 — 173
　　三、破解悲剧故事型 — 182

第五讲 故事的解构与重构（三） — 186
　　一、什么叫比喻 — 186
　　二、如何使用比喻 — 187
　　三、破解比喻 — 188
　　四、给比喻加上时间点 — 190
　　本讲附录：故事的解构与重构疑难解答 — 193

第六讲 破解故事型综合示范练习 — 198
　　一、知识点回顾 — 198
　　二、模拟辅导讲解示范 — 203

三、老师寄语 211
本讲附录：奇迹问题之"空椅子" 212

第七讲 对峙（面峙） 213
一、面峙的定义 213
二、面峙的步骤 215
三、询问和指出 218
四、对于回应的应对 220
本讲附录："对峙"案例模拟示范 224

第八讲 外化 228
一、外化的概念 228
二、外化的六个步骤 229

第九讲 正常化 234
一、正常化及其操作流程 234
二、人的意义 237

第十讲 幸福力 242
一、幸福是寻求不到的 242
二、幸福的仇敌 243
三、幸福的公式 244
四、幸福的程度 246

上篇

初级班

第一讲
人的本质是话语的存在

一 话语的能力

1. 你真的会说话吗

我们将要认识这门课程有多大的力量。大家都渴望改变,愿意用话语去祝福别人,甚至为此自己花时间、花钱来学习。这让我很感动,希望我们都不辜负各自的努力,一起把课学好。

《箴言》中说:"生死在舌头的权下。"

在学习这门课程之前,我们首先要明白一个道理:话语蕴含着巨大的力量,能够影响人的一生。这种影响力可以追溯到我们还在母亲子宫中发育之时:在温暖而黑暗的环境里,我们就已经能够通过听觉辨识妈妈温柔细腻的言语和爸爸浑厚低沉的噪音,这便是我们对世界最初的印象。从那时起,我们的一生就开始与话语结下不解之缘,始终受其影响——或被塑造,或被拆毁,无人能够幸免。

人在对话中被构建或拆毁的同时,也在其中毫无保留地呈现自己。一个人说话的能力,最能准确体现其综合素质,也最能影响他的工作效率、人际关系和幸福程度。对话高手能从对方说的每一句话中准确理解他人,并善于使用沟通技能积极推进和深入对话,在对话中实现双赢和关系的正向塑造;相反,不会说话的人往往发现自己总是事倍功半,事与愿违,在对话中总是言之无物、词不达意,以致隐忍、被动、焦虑、恐惧、屈从,甚至伤人害己。在职场和生活中,提升自己的说话水平,掌握高效能沟通技巧,不断训练自己成为对话高手,必能助你获得无往不利的事业与人生。你将成为一个行走的"福源",每一个和你接触的人都能从你美好的话语和人格中得到安慰、力量和指引;反过来,生活也将因你持之以恒的善意与努力,慷慨地回赠你爱与收获。

我们在强调提升语言技巧的同时必须认识到：语言是由思想所支配的，并能反作用于思想。我们的语言真实反映了我们的思想和心灵。我开设此项课程的初衷，不单是培养大家说话的技巧和能力，更希望大家的思维方式和心思意念得到美好的改变。

我相信，今天诸位齐聚一堂、系统学习这门课程，是因为大家都怀着一颗渴望而仁慈的心，尝试汲取并驾驭这种力量，去改变自己、造福他人，这令我十分感动。

2. 辅导的本质是训练有素地说话

由于我们经常忽略话语对人类的巨大影响力，因而很少对其进行管理和约束，从小到大，我们都身处不健康的话语系统之中，并用不健康的语言互相伤害。这种伤害有多严重呢？说得直观点，有害的话语能让我们变丑、变老甚至生病。

在座的很多是女性，"永葆青春美丽，远离年老色衰"，几乎可谓是我们人生的终极目标了。那么是什么让女人变得不再年轻美丽？有人可能会归咎于岁月的流逝、不幸的婚姻或是繁重的家务，这些答案其实都不是非常正确。相信我们在生活中都见到过一些女子，她们命运多舛，情路坎坷，却在时光与苦难中积淀出越发迷人的优雅，美得超凡脱俗，让人肃然起敬。她们无一不是胸怀美好，言语柔和。和她们形成鲜明对比的是另外一类人：这类女子年轻时不懂得约束自己的舌头，喜欢抱怨、批评、闲言碎语、攻击、传闲话……她们顺从自己肉体的本性肆意言语，人还未老，就已经具有攻击性、怨气冲天，到处诋毁人，走到哪里都像瘟疫一样让人避之不及。对比这两类人截然不同的境遇，你会发现：自我约束——或者更具体一些——对语言的自我约束，对女性是多么重要。所以说，在座的各位美女，想要永葆青春美丽，就应当从管束和塑造自己的语言开始。

"一句话说得合宜，就如金苹果落在银网子里。"古往今来的先贤智者都非常看重我们的舌头，看重我们如何说话。他们一再强调，舌头需要被操练和管束，切不可任由它顺从自己肉体的性情去说话。一个人如果不对自己的舌头施以管束，不对自己的话语加以训练，那么这个人嘴里吐出来的多半是恶言；如果人人皆是如此，那整个社会怕是会不可救药地走向败坏。相反，如果人们意识到话语的重要性，并且努力朝着一个更有爱、更有建设性的方向训练自己的言语，那他们必定吐气如兰，让人如沐春风。若社会中的大部分个体都做出这样的努力,世界自然也会日趋美好。

我在美国进修时,心理辅导和大脑科学是合并在一起学习的。国外的医生面对一些很严重的问题,例如毒瘾或者是深度抑郁,开出的治疗方案就是药物加心理辅导。药物治疗大家很容易理解,但为什么还要进行心理辅导呢?研究人员利用核磁共振技术对受辅导者的大脑进行扫描时有了惊人的发现:一次成功有效的辅导发生后,受辅导者的大脑中会长出新的神经元细胞链接,来修复原来受损的区域。对比接受辅导前,他的大脑已经发生了肉眼可见的改变,真是神奇且不可思议。

这群化腐朽为神奇的人,便是心理咨询师。2016年我刚回国,还在倒时差,一位朋友就找上门来,兴奋地拉着我说:"快起来!这些人都排队等着呢!赶紧开课,教我们怎么给别人做辅导!"于是我就这样匆忙走上了心理辅导的道路。从事心理辅导工作,语言就是最重要的工具。在这几年的时间里,我一边努力提升语言能力、提升自己的专业水准,一边用心、用爱尽力帮助每一位求助者;在此过程中,有幸参与并见证了一个个生命向好的方向改变,倍感欣慰。

我们从事的是一个朝阳职业,随着社会的不断进步以及人们对于心理健康重视程度的加深,社会对于心理辅导的需求会日益提高,这是大势所趋。只要我们通过有效、专业的训练,不断提升自己的话语能力,就能够更专业、有效地辅导、造就和帮助别人。

 有效的爱是自我约束

我始终坚信,一个愿意付出时间和精力去学习这门课程,想要通过掌握这门技艺去帮助别人的人,心中必定充满了爱和慈悲。因为心中有爱,你才愿意去付出、去学习、去改变自己。那么问题来了,只要有爱就足够了吗?

1. 约束下的爱

爱这种情感,区别于自然冲动,是需要在自我约束中慢慢习得的。以我们熟知的母爱为例,它和母性是存在区别的。母性是自然的冲动,人顺从母性的冲动放任情感,很可能做出伤害孩子的事情;若要将其升华到母爱,更有效地去爱、去造就孩子,则需要学习和约束。我经常强调:爱的能力来自自我约束。一个没有自我约束力的人,他的爱是低效甚至无效的。

比如，一个女子爱一个男子，骑在窗户上打电话说："你再不回来我就跳下去！"男子不为所动，结果她真的跳下去了。这是爱吗？我们往往会混淆，觉得这种"你不来，我就死给你看"的态度就是真爱，但那不是爱，而是极其自私和无效的情感放任！同样，一个男子爱上一个女子，以致不能自已，月黑风高之夜把她骗出来，胁迫她发生性关系，事后又说："我实在是太爱你了！"这是爱吗？当然不是，是极其自私、残忍、不负责任的纵欲，给对方带来的是摧毁性的伤害！真实有效的爱，一定伴有强力的自我约束。

所以我们心里有爱，想要辅导、帮助别人的初衷是好的；但如果我们一味顺从自己内在的冲动做事，往往会事与愿违。相信不少人都有过这样的经历——热心地去帮助别人，结果适得其反，不但没有帮到对方，反而于人于己徒增许多烦恼，于是懊悔不已，而且百思不得其解，不明白为何善意的初衷竟落得如此下场。现在我们明白了，这是爱和热情缺乏约束的结果。所以我们学习这门课程，就是要把我们内心非常宝贵的情感守住，通过专业的学习和训练，让爱有效地、建造性地释放。

爱是一个动词，是一个学习的过程，它意味着在座的各位可能要随着课程的进展，放弃自己过去习惯的说话和处理问题的方式，可能要逆着自己自然禀性行事。

案例

之前我们这个课上有个女同学，她是一个"活宝"，到哪都特别热闹，大家都喜欢她。就这样她特别开心地活了30年，其间人缘非常好，大家都围着她转。在这个系统中她是如鱼得水的。但在我的课上，我们开始训练手怎么放、怎么坐、怎么控制表情、怎么使用目光、怎么控制音量语速、哪些话能说，哪些不能说、怎么应答……全部是具体准确的规范。课程中学员两两上台演示，老师和同学们拿着表打分。表中有二十多项规则，做到了就打勾，否则打叉。这位女同学用我教的方法做周间练习的时候，很多熟人说："你怎么成这样了？还会不会好好说话了？"她快疯了，回来就说不想上课了，并且当着大家的面大哭，说自己还是想回到过去那样。

我说："你过去那么长时间用这种方式说话，能够有效地帮助和造就他人吗？是否因为你的逗比，有人生命被扭转、心灵被医治与重建？或者只是你自己在此过程中比较适应和享受？我希望你看到一个不一样的远景：你踏踏实实地按照这个学科科班地规范学习,熟练掌握每项技能,再结合你的天资,在你周围的人身上实践,你就会看到一个真正突破了自己原有模式的、能够真正有效地用话语祝福他人的自己。"后来她又坚持了几周,就真的突破了。现在她差不多每周都会告知我当前的进步和成就,人生也进入了一个更深、更广阔的境界。她突破了自己这么多年的安全舒适区,开始真实地进入、塑造一个个灵魂。她的家庭和她身边的人都因为她的改变而蒙福。

所以,大家在学这门课的过程中会有一段时间超级难受,但是为了真正有效的爱,我们要一起去突破、改变。只有在专业指导下刻意练习自己不会的东西、练习到感觉自己大脑都被"拉伤"的时候,新的"肌肉"才会长出来,真实的成长与改变才会发生。学习一门专业技能,自古以来都没有捷径。

2. 辅导的专业性

专业性是有效的爱的前提。心理辅导是一门成熟的学科,它结合了心理学和大脑科学,是一个很成熟的系统。我在美国受训,并且现在要讲授给你们的,偏重于"brief and solution-focused"这一流派,中文译为"简明与焦点关注"。这个流派比较前沿,临床上非常有效,最重要的是它非常适合我们的国情。

我师从哥伦比亚国际大学心理辅导系的系主任艾伦·麦肯克尼教授,毕业时被他称为全系最优秀毕业生。虽然我是个中国人,在英语世界里用第二语言学习和实践,但我的导师对我的学术能力和专业素养是非常肯定的。也就是说,我现在给你们讲的,是美国优秀心理辅导系统中的专业理论,也许将来你们不会每个人都当心理咨询师,但我会用这样的标准不打折扣地要求你们。

现在国内有很多并不专业的心理咨询服务,市场很乱、鱼龙混杂,行业入门的标准很低。这就好比做手术,你敢不敢找兽医给你开刀?一个外科医生一定要经过多年的、严格的专业训练、实习,具备长时间的临床经验,才能让他给患者开刀。灵魂更需要专业的对待;你敢把自己的灵魂交给一把粗劣打造的手术刀来修理吗?

我辅导过的很多客户都有二度伤害经历:本来他经历了一个创伤,有人试图安慰或者辅导他之后,反而造成了更大的伤害。我对客户有这样的经历感到非常心痛。之前我辅导过一位女性,她承受了无法想象的巨大伤害,于是到一群朋友中寻求帮助;结果这些人因为缺乏基本的沟通技能,所说的话对她造成非常严重的再度伤害。之后她把自己完全封闭起来,再也不相信任何人。在接受我的辅导之前，她跟所有人保持距离，再也无法敞开心扉，仿佛活在人间地狱。

所以一个心理辅导者没有受过基本训练，就直接去处理这些复杂的心灵创伤，是很粗鲁且不负责任的一件事。

大家是不是觉得，一个人一定要非常聪明，或是很有天分才能达到专业水准？不是的。比方说一个研究物理化学的博导，他是这方面全国数一数二的专家，那他一定比别人更聪明吗？其实不一定。他也许只是在大学本科期间选了这一学科，然后通过在这个领域日复一日、年复一年的练习达到了专业水准。如果换了另外一个人可不可以呢？或许也是可以的。所谓专业，不是说只有某些特殊的人才能够做好，而是你选择了这个方向，接受学科内专业的指导，然后通过不断的努力、反复练习，最后达到了这一水准。

既然大家选择了上这门课，就希望大家朝着这个专业性的方向走；我们要成为用专业有效的话语造就他人的人。

3. 心理辅导是一项技能

我们这门课是专业技能课。之前有位同学是美术生，这门课学得特别好。她的诀窍是在课上学到的知识，周间立刻按要求去练习。因为她受过美术的专业训练，明白心理辅导是一项专业技能，跟画画一样；老师讲课时会告诉你知识点和方向，学不学得会得靠自己去练。她特别勤奋老实，每周严格按照要求的时间和方法练习，所以她进步得很快。她不是学霸，不是文科生、理科生，而是艺术生，但她知道学技术不仅是学一套理论，还需要勤加练习。如果只是学了一套说辞、一套理论，那其实根本没有掌握这个技能。就像去考驾照，如果只考了科一和科四，就仅是通过了理论考试，不考科二、科三就永远上不了路。

所以我希望大家反复、刻意练习。第一节课我就声明：如果不练，只上这门课是没用的，最后不过是得到一本笔记；但是你跟着练，一定会发现惊喜——你的人际关系，甚至整个人生都会发生改变，因为人生就是由话语组成的。

第二讲
辅导者职业素养

 辅导者存在的价值和意义

作为辅导者，我们要进入的是一个败坏而痛苦的世界；我们要直面的，是人性最深处的罪恶与丑陋；我们要服务的，是许多破碎扭曲但仍无比珍贵的灵魂。我们所从事的，是一项非常艰难、充满挑战甚至危险的工作。

在座的同学们，我希望你们有足够强大而正向的信念，因为成为辅导者是需要使命与天召的；如果你只把它当作挣钱手段或一份普通工作，肯定坚持不了太久。根据统计，国内职业心理咨询师平均从业年数不超过两年，能干这一行超过五年的都算资深了。心理咨询师个人的折损率也很高，出现精神问题、婚姻家庭破裂、违反职业道德等状况频出，所以心理咨询可谓"高危行业"。我们的社会需要医治者，很多在痛苦中的人群、家庭，甚至孩子们需要被看见、被听见、被治愈。我盼望你们能坚定而柔软、宽广而有界，带着人性的温度、专业的能力去服务你们身边一个个宝贵的灵魂。就像一首歌中唱的：

"使我成为和平的使者：
在有仇恨的地方，让我播种仁爱；
在有伤害的地方，让我播种宽恕；
在有猜疑的地方，让我播种信任；
在有绝望的地方，让我播种希望；
在有黑暗的地方，让我播种光明；
在有悲哀的地方，让我播种安慰。
我不求别人的安慰，但愿能安慰别人；
我不求别人的理解，但愿能理解别人；
我不求别人的爱，但愿能去爱别人。

因为在施予中，我们有所获得；

在宽恕中，我们获得宽恕；

在失丧生命时，我们得到生命。"

我们需要结合专业技能把人引到医治的源泉中。怀着这样崇高信念的人在当今社会中有独特的位置：他们往往是沉默而不被理解的，但却是真正的服务者；他们是那放下九十九只羊去找那一只迷失的羊的人；他们是进到黑暗的角落、人性的丑陋之中，去照料、去缠裹伤口的人。我自己做辅导者，包括开设教人辅导的课程，过程中也会受到很多不理解和猜测：别人会质疑这样的辅导是否有效、是否只是为了赚钱，等等。所以很多时候我会感到自己身处夹缝之中：一方面在前线拼尽全力去救助他人，另一方面又要小心一些明枪暗箭。在这样的处境下我常对自己说，"能帮多少就帮多少，能救一个是一个"。如果各位来做辅导者，将来也可能会承受一些压力和别人的不理解。请记住我们的呼召，请记住我们做这一切的终极目的：服务于比我们自己更高的目标，服务于他人灵魂的真益处。

辅导者的基本特质：信念、盼望、爱

我们的辅导是以对方为中心的，所以在这个过程中，我们需要弃绝自我关注——弃绝我们的优越感、我们的论断。我们辅导者是有信念、有盼望、有爱的人。

1. 信念

相信人的潜能——相信每个人生来就具有自行恢复的能力。就像你身上的伤口能够自愈一样，你的心灵和精神也有自我修复的潜能；我们辅导者就是要配合这种奇妙的设计，把人的潜能释放出来。我们相信，通过正确的途径是能够解决人的情绪及精神类问题的。我导师的辅导格言就是：God's design works. （老天的设计行得通）

比方说，人体的正常运转规律是：早睡早起、吃饭营养均衡、多运动，就容易达到身体及情绪的健康。那么，一个抑郁症患者就不按照这种规律运转了吗？当然不是。我们让这个人早睡早起，好好吃饭，多做运动，他的身体就会分泌多巴胺和五羟色胺，这样，人的意志力就会提升，抑郁症也会改善。我们要相信大自然的设计，就像相信万有引力一样。我们身体生病，医生按照医学

医治我们；我们的灵魂，我们的情绪，都有其独特的规律。我们学这个课就是要掌握这些规律，然后把它应用到每个具体的人身上。如果我不相信这种力量，那么我将无法辅导。试想，我在辅导师这一行业做了这么多年，每天面对破碎不堪的心灵、一地鸡毛的局面，如果没有信念、没有盼望，你看到的真的就不过是一群没有指望的人，而你在做着令人绝望的工作。所以我们需要有一个终极的支撑才能在这条路上走下去。

2. 盼望

因为我们心怀盼望，而且自己就是被医治的人，所以才能面对每一个来到我们面前的人，盼望看到他们被医治的情景，不被现实困住。

大家请看助教老师刚发的照片，认识吗？它的作者是谁？

学员：米开朗基罗。

助教：你们猜这个雕塑有多高？现在你们看它最亮的地方、最油亮的地方就是人手能摸到的地方。

巨大的雕像。是谁呢？是摩西，右手拿着刻有"十诫"的石板。你看他的表情和胳膊上的肌肉:他正处在愤怒紧张的状态,这就是他看到以色列人拜金牛犊犯罪,准备摔石板的那个瞬间。我们今天看到的是雕刻完成的摩西,一件非常伟大的作品,但并不知道雕刻的过程。据说米开朗基罗看到最初那块巨石的时候特别兴奋,跑过去拍着石头说:"摩西在里面!摩西在里面!我要把他放出来。"

我们一般人看到的是一块大石头,但是米开朗基罗看到的是摩西的伟大形象和包裹着他的那些赘余的石头。所以早在雕塑成型之前,他看到大石头时,眼中就看到了在里面的摩西,包括他的全部细节:眼神、胡子、手臂上的肌肉……在它还是一块顽石的时候,米开朗基罗就已经看到了,然后他用斧子、榔头一点点地磨、凿、打、锉,最后把摩西从石头中释放出来。大家猜猜他完成这座雕塑用了多长时间?

学员:3年?10年?

40年!米开朗基罗前前后后用了40年才完成了这个雕塑。40年的时间里,他一直朝着一个目标走,就是把摩西放出来。教我们辅导课的老师当时也给我们放了这张图。他说,我们辅导者其实很多时候做的也是这个事情:我们看到的是一个个破碎、丑陋、不可爱、被罪恶压伤的人;他们似乎已经烂掉了、没什么价值了,但是我们能不能像米开朗基罗一样,透过破破烂烂的表象看到他里面本来的形象——他起初独特美好的样子,也就是他应该成为的样子。这个人自己可能都看不到,但是你却看到了他本来应该是什么样子,然后你就要像米开朗基罗那样,一榔头、一斧头地雕刻——通过一次次的对话、一个个技能的使用、一点点力量的注入,带着盼望,看到远景,就这样把一个个"摩西"放出来。

在这个过程中你不孤单,因为有一群同路人在陪你走。你可能很大概率看不到他最终完工的样子——就你这么几次的辅导也不可能完全把他扭转——但是你知道自己在往正确的方向走。我自己在辅导过程中,看到一个一个人因着辅导活过来、被放出来,虽然他们还没有达到完美的地步,但看到他们的生命在真实地改变,朝着更有力量和盼望的方向发展,实在是一件充满喜悦的事情。

所以,我希望我们辅导者成为有异象的人。就像米开朗基罗一样,我们要带着异象、带着充满盼望的眼光,看着每一个来到你面前的人恢复成他应有的样子。明白了这一点,我们就不会急躁、烦闷、沮丧、压抑或者绝望;因为你知道自己的方向,也会得到很多帮助和支持。

3. 爱

（1）对人类的热爱

从事这个行业，我们要培养自己对人类的热爱。人是最可恶的群体，但同时也是最宝贵、最值得被爱的。你爱你身边的人吗？你走在街头，对那些行色匆匆的人们，那些孩子或老人，有爱和尊重吗？你希望别人变好吗？为了让他人变得更健康、更幸福，你愿意付出多少？你的爱能超越血缘和小我吗？愿我们辅导者成为有大爱的人，让我们对人类充满兴趣和善意。

（2）对故事的热爱

我们还要爱故事，做这一行其实就是在跟故事打交道。我们进入一个又一个人的故事，然后我们来改写他们的故事。所以我们要充满对故事的热爱。

大家平时读小说吗？看电影吗？我们当中有学电影的同学。人类一直孜孜不倦地寻求好故事。学电影的同学读过罗伯特·盖兹的《故事》吗？我推荐大家读一下，这是一本大师级的著作。大家知道，真理在高端相通，这部书是编剧圈关于故事的权威作品，跟辅导很多地方是相通的。我们一定要培养自己对故事的热爱和欣赏、一定要扩大自己的阅读量和兴趣范围，保持一颗充满好奇与真实的赤子之心。总而言之，我们要训练自己成为愿意接纳、付出的人。现在听起来是不是很难呢？要不断地训练自己成为一个有信念、有盼望、有爱，并且活在它们之中的人。

辅导者的职业道德

我们做辅导——不论是专业的辅导师，还是某些机构中的辅导，抑或是你自己想成为一个用辅导技能帮助别人的人——我都要求你严格遵守心理辅导师的职业道德。除非你跟对方说明："我现在以朋友的身份与你谈话"，这时才可以不遵守职业道德；除此之外，你都要默默遵守职业道德。

1. 保密

首先就是保密，也就是不以任何形式向外人透露别人跟你分享的任何信息。这是非常需要训练的功课。

嘴严是一个特别重要的素质。我们必须做好保密工作、接受职业道德约束，即使面对情侣、配偶、师长的询问也是如此。只有经过当事人的同意，你才可以跟特定的人分享他的情况。不仅是任何人，任何内容也是，不能自作主张、挑肥拣瘦，把自认为不是隐私的内容透露给别人，所有内容都不能透露。即使我上课时引用一些案例，也会选择你们不认识的人，不提及当事人的姓名、背景、细节。而且我会有意把A、B两人的事情糅到一起，让你们无法猜出是谁。

打破保密协议的四个例外：

- 当事人要杀人的时候；
- 当事人要自杀的时候；
- 当事人涉嫌虐待儿童的时候；
- 当事人涉嫌危害公共安全的时候。

这四个是美国对职业辅导师的要求，我想在中国同样适用。此外，如果你接到法院的传票，被要求当庭作证，你也得作证，所以做笔记是非常重要的。我的导师曾经说过："不写下来就等于没有发生。"所以我做了很多笔记。

学员：不适合用电脑记是吗？

不适合。我到时会教你们怎么做笔记。

2. 清洁

所谓清洁，就是不以任何形式占辅导对象的便宜。比方说我有一个客户，是一家很高级的律所的负责人。如果我摊上官司了，能否找他帮忙？不可以。你不能利用客户的任何资源。除非你们的辅导关系已经结束很久，并且已经发展成好朋友。

3. 收礼

要非常谨慎地接收礼物。随着你们技能的增强，越来越多的人会觉得你对他帮助特别大，喜欢跟你交往，此时他们可能给你送些礼物。这要酌情看待，如果礼物贵重就不能收；如果是手工皂、家乡特产之类的小礼品，就可以收。

4. 心态

我们去帮助这些人，要清楚自己的目的：不能只是为了赚钱，而应爱这个人，成全他，祝福他！

5. 两性关系

一定要学会自我保护。我是尽量不单独辅导异性的，我的客户大多数是女性或者夫妻、情侣。极特殊的情况下，单独辅导异性需要有第三人在场，而且需要征得对方配偶的同意。

男性辅导者更要注意，因为辅导关系是很亲密、很私人的，其中会产生很深的信任甚至依赖感，容易出事。要尽量做到界限清晰，很多咨询师都容易在这方面出问题。

6. 避免交错辅导

什么叫交错辅导？就是你辅导 A 和 B 两个人，A 在接受辅导的时候会谈到 B；B 接受辅导的时候会谈到 A。这种局面我们要竭力避免，因为过于复杂。我在美国时，一个白人姑娘和一个中国小伙儿谈恋爱，闹得不可开交，分别来找我辅导。我说我只能选择你们两个中的一个，因为你跟我说的内容已经透露了他的信息，他跟我说的内容已经透露了你的信息，这些信息我根本记不清分别是谁说的，因此我无法坚守保密原则。如果你遇到这种局面，那么可以只选一人，或者两人都不要管。所以我尽量不让夫妻双方分头找我，而要求他们一起来；如果辅导过程中说到一些涉及隐私的部分，我会请一方先在外面等待片刻，这样做是可以的。

7. 不可操控

我们将要学的这些技能非常厉害，用来给人洗脑、操纵别人会很有效。所以，你的出发点一定是要为着别人的真益处，为着一个比你更高的目标。辅导一定是利他的，而非图一己之私。

8. 不可羞辱

你不能以羞辱为手段、以恐吓为动力来驱使一个人改变。这就要求自己时刻警醒，反思自己的动机。

9. 不要选边站

假如两个人同时来到你面前，你一定要尽量百分百公平对待，而不能联合一个对付另一个。

10. 寻求保护与督导

我是你们学习过程中的督导；每周你们需要向我汇报一些情况，我和助教老师会以此做指导。当课程结束后，你们每个人要找到自己的"上峰"，就是能辅导你、照顾你的人。你需要保护和督导。

11. 设立界限

你要学会设立界限和自我保护，告诉别人你的界限，不让人无限侵犯你的时间、精力。中国人很多时候没有明确的界限观念。我非常严格地保护自己的私有时间，在此期间不处理问题——除非发生生命危机，比如自杀、家暴等危及人身安全的紧急情况。我不怕拒绝人、守住界限，这样辅导关系才能持久，自己也能实现可持续发展，不然会累死的。在座各位有没有拒绝障碍呢？

学员1："我有时拒绝别人后，总觉得过意不去，担心伤到别人，或者自己讲话不得体。"

得不得体之后再说，先拒绝。

学员2："老师，我挺喜欢分析事情，一个其实并不太熟的朋友经常找我来分析事情。"

辅导不是分析。人都不愿意被当成一个课题来分析，他一旦发现自己被分析，可能会不太舒服。

学员2：可是他很喜欢找我分析，我现在会拒绝给他分析。

他长期被不正确的方式对待，已经习以为常了；因为没有被按照正确的交流方式对待过，就误认为这样对他好。

12. 自我保护

如果面对具有杀人倾向的客户，你要将辅导环境换到公共场合。如果你难以承受、非常害怕，就转介给别人。开始从事这项工作后，你不知道什么样的人会到你面前，给你展现一个新的世界；过去自己容不下的人，都开始涌入你的视线寻求帮助。

13. 避免歧视

首先要明确一点：我们每个人都可能天然地歧视某些或者某类人。当你对一个人心里有歧视的时候，就没办法辅导他，因为你的微表情会透露出来，而且也不会形成真正的帮助。这时只能诚实地对自己说："我就是看不起这类人，无法接受；我要努力拓展自己，让自己拥有更宽广的心胸。"只有不断突破自己的局限，才能拥抱更多跟自己不一样的人。

几年的辅导，我有最深的两点感触：一是对人类潜能的深深赞叹；二是对脆弱而复杂的人性的深深谅解。

第三讲
成为安全的人：心理辅导的基本原理与演化

一　辅导者的安全感

进入心理辅导专业性的前提是成为安全的人。如果你自己都不是一个安全的人，没有健康的自我接纳和自爱，那对来到你面前的人，你也很难真正有效地帮助他。成为辅导者的第一步是成为安全的人。

我们对别人会防备，我们自己也会伤人。你或许曾经特别信任一些人——比如朋友或者父母，你鼓足勇气告诉他们一件事情，结果第二天发现很多人都知道了，或者对方的回应让你感到更加羞耻，你就会对自己说："我再也不相信别人了。"这种事情一生中经历几次，你的心就渐渐封闭起来了；你就会画一道警戒线来保护自己。这时你就成了不安全的人，也可能有意无意地用同样的方式传播伤害。

成为安全的人不是一朝一夕可以完成的；就像存款一样，你的每一个行为、话语，都在往你的安全感银行里存钱。你也许存了几百万，但假如有一天你做了一件严重违背安全感原则的事情，一下子就会被取走很多。这就能理解为什么很多夫妻突然间离婚或者离家出走、发生外遇；很多孩子跟父母断交、反目成仇，甚至自杀……这些都不是一件小事或一个时间点突然造成的，而是日复一日、年复一年的积累；你安全感的额度在这个节点上透支，就失去了对方对你的信任，安全感账户也就随之破产了。

以下我们要了解哪些行为或态度会降低你在别人心中的安全感。

1. 自以为了解对方

第一个坑就是自认为了解对方，知道他要说什么。这是我们辅导的大忌，但我们每个人自然的倾向就是自以为聪明，这个特质可谓无人幸免：当别人的话还没说完，我们就认为自己知道对方要说什么了，我们可能会打断他的话、表露出心不在焉、思考我要怎样回应……当你有这样的心态时，你在对话中给人的安全感就大打折扣了。

（1）微表情

脑科学领域有一项针对人类微表情的研究。研究结果表明，一个人的面部微表情会丝毫不差地透露出你内心的真实想法，这非常可怕——我们是无法假装的，你的微表情连小孩都骗不过。小孩都知道谁真心喜欢他、爱他，谁只是逗他玩一下，谁讨厌他。

所以，辅导者只能真心倾听、真心理解才会让对方有安全感。永远不要想着控制自己的微表情去欺骗对方，只能自己调整，进入全神贯注的状态。

（2）人类格子

避免把对方放到自己的人类格子里。我们每个人的认知、想法、情感、经历、学识和判断力都非常有限，因而我们很容易在头脑中做一个人类格子，用一些标准把人分成三六九等。

比如最粗鲁的划分方式：地域划分。我老家是内蒙古的，大家对内蒙古有什么刻板印象？我总被一些无知无畏的人问：你们是不是天天吃牛羊肉？是不是出门就骑马？是不是住蒙古包？问得你哭笑不得。还有，当我说到以下词汇的时候，大家留心自己的第一反应：上海女人、东北男人、河南人、山西人、广东人、新疆人、黑人……大家注意到了吗？每一个词出来，你心里就不自觉的冒出一些评判；如果你足够理性，就知道把这些评判放在一个个具体的人身上是多么的粗鲁、无知、有失公允。但我们非常擅长这样，因为太习惯了，用起来得心应手。我们擅长把一个个有血有肉的独特个体简单粗暴地塞入自己的人类格子中。由于你的狭隘、不健全和偏见，你的格子也必然是非常有限、不健全和充满偏见的。

我们要认清的事实是，在座的每个人心里都有这个人类格子，而这会成为辅导者的一个巨大限制。每个人的划分标准是不一样的：有人是道德、有人是相貌、有人是打扮、有人是金钱、有人是信仰、有人是学历……辅导者一旦把辅导对象放入自己固化的人类格子中，就不能再耐心听他把话说完，也就不能真正进入这个人的生命中，去了解他、感受他。他不再是一个活生生的、宝贵的人，而沦为你人类格子里的一个客体。你会觉得：这种人我见过、这种情况我知道怎么处理。一旦你的脑子形成了这样的思维，你的微表情就会流露出来，给人的安全感就会大大下降。

既然我们所有人都有人类格子，我们就需要练习跳出格子，全神贯注地倾听。我带过的学生在课堂演示环节,能够集中注意力听别人讲话的时间最多不超过五分钟,一般都在三分钟左右。我们的思维在这个碎片化数字化时代已经被分割得非常破碎,集中注意力的能力在不断下降。大家想一想,自己上一次被完全地倾听、理解是在什么时候?为什么现在这个社会倾听成了奢侈品?为什么人们排着队,花着一小时几百上千的钱来找专业的心理咨询师?因为人们太需要真正有效的倾听了。现在这个时代,有效的交流几乎不会再自然发生。

2. 想帮忙

(1) 帮助是你的,问题还是他的

大家可能会惊讶:为什么想帮忙会降低一个人的安全感?

设想这样的情况:一个人带着最大的信任来找你,说完了自己的情况。你说,我来分析一下这个情况。现象是1、2、3;我认为原因是4、5、6;我们制订一个方案7、8、9;然后你去找谁谁谁,我认识他,可以给你打招呼;这个领域我有资源,我帮你联系……我们是不是很习惯这个套路?你们有没有这样帮过别人,或被人这样帮助过?有用吗?

我们做心理辅导的人,永远不要想着在对方的面前展示自己多有分析、解决问题的能力,多有资源,多愿意帮助他。替他分析、出主意、想办法,为他引荐资源、做人生导师,这一切并不能真正有效地帮助他。这些分析、解决问题的能力、人脉资源是你的,永远不可能变成他的,他下一次遇到问题,仍然不会自己解决。

(2) 你越界了

想帮忙这件事跨越了辅导者的基本界限。在美国,如果一个辅导师动用自己的资源去帮客户解决问题,他就违背了基本职业道德,客户是可以起诉他的,因为他在妨碍客户的成长!因此,我们一定要抑制自己内心涌动的"救主情结"。

学员:如果对方对你养成了依赖性,特别想跟你说呢?

我遇到过依赖我的客户。她说:"我一辈子都没这样被人理解过。我现在唯一信任的人就是你,你就是这个世界上唯一能够救我的人。"怎么办?我非常平静地说:"不是的。我相信你自己的资源、你自己身边的支持系统;相信你自己拥有好起来的力量。我们一起来帮你发现这些资源、力量在哪里。我跟你的关系很清楚——辅导者与被辅导者,我只能陪你走一小段路。"

跟人说清楚,千万不要落入陷阱,一定要保持疏离感。每个人多多少少都有些"救主情结",尤其男性看到一个哭哭啼啼的弱女子向你请求帮助时,多少都会有点冲动,觉得我不管付出什么代价都要帮助她。如果你长期沉浸在这种"救主情结"中,就别当辅导者;因为这重身份一定会助长你的"救主情结"——你会觉得自己真的有两把刷子,帮了一个又一个人;这个世界需要我这样的人。直接提供帮助是最简单、最爽快的事,而且非常容易提升个人价值感,但这不是帮助别人成长的有效途径。

当你与人长期处于这种关系时,你就成了一个给予者,对方是受你恩惠的人,你们的关系是扭曲的。大家都知道"大恩不言谢"这句话,但它后半句却是"恩大必成仇"。大家有没有这样的经历,你对一个人特别好,恨不得把自己家都让给他住,但最后对方因为一点小事就会跟你翻脸。因为终有一天,他要的你再也给不出来了。大家要特别清楚,辅导者一定要设立自己的界限,你对他的帮助仅限于他的成长。其他方面——找工作、找男女朋友、离婚、搬家,都是他们自己的事情。

举个例子,唐僧取经要走十万八千里,孙悟空一个跟头就是十万八千里,为什么孙悟空不能背着唐僧一个跟头飞到西天?那样多容易!因为唐僧只有用自己的脚一步一步地走,经历九九八十一难,最终看清世事,才能取到真经,才叫唐僧取经,而不是孙悟空取经。孙悟空拥有再大的本领,能做的也只是陪唐僧一起走、一起受苦,甚至被唐僧误解、冤枉,但他的使命就是护卫唐僧,让他完成自己的使命。

作为辅导者,随着水平的提高、经验越来越丰富,往往一眼就能看透来到我们面前的人。如果我们说:"你的事其实就这么简单,你就听我的,这么做肯定很快就能解决……"那么这就是背着他一步飞到西天。爱是习得的,如果真爱他,就不能直接给他答案,我们只能将自己调试到跟他同步,然后陪着他、激发他自己内在的力量,让他自己做每个决定、迈出每一步、一点点进步,这样陪着他一步一步往前走,直到他走出困境、达到目标为止。

(3) 降下自己的"线"

其实心理辅导是一个很需要谦卑的工作:你永远要跟被辅导的人同步。也许你的学识、经历、眼界都比他高很多,但你一定要和每一个来到你面前的人站在一起,然后陪着他一起成长;而不能说,我这有一个标准,你得达到它才能和我对话。这样对人的伤害很大。

比方说,你的"线"是不能接受婚前同居,认为这是一条道德的线;也许来找你辅导的人现在正在与人同居,而你说:"你得达到我的道德水平,我才给你辅导。你目前还在水平线下,你先分手、搬出来,彻底和对方分开再来找我。你什么时候达到我的水平线,咱们再往前走。"或者说,有人脾气不好,你就说:"只要你脾气不好,我就不跟你玩。什么时候你把脾气改好了,我再给你辅导。"

这种思路,并不是真的辅导人,而是要让别人先符合自己的标准;每个人都有不一样的"线",但是我们辅导者永远不能等他与我们达到同一水平,或者用羞耻、恐惧迫使他达到你的"线"之后再辅导他;用这种方法,他永远达不到。你需要降下自己那条"线",跟他在一起。比如,他现在是同性恋,OK,我接纳他,但我不接纳这种行为,我现在就和他一起,用同性恋的思维来思考。

之前我辅导的一个同性恋小弟弟就是这样。他一来就说:"我是同性恋。"我说:"好,请坐。你要处理什么问题?"他说:"我想把一个直男掰弯。"我回答:"那我们就从你这个起点开始往前走吧,让我更多地了解你的处境,我们一起看看怎样对你最好。"假设我说:"我不接纳同性恋,你走吧。"那人家就走了。但是,一个真正有灵魂之爱的辅导者不会这样甩掉任何一个人。后来我们的辅导进行得非常顺利:我两次把他从自杀的边缘拉回来,又看到他一步步走向成熟、承担责任,找到"同性恋"标签之外更健康、丰富的自己,我很为他感到骄傲。

3. 好胜心

辅导者千万不要把任何一场谈话变成一个说服对方的机会。拥有这种强烈好胜心的人,其实背后是强烈的不安全感;他通过证明自己更对、更懂、更高明来肯定自己的价值。别人跟他说了一套想法,他就想方设法找别人说话的漏洞,让对方佩服自己。于是他就把谈话变成了说服、说教,甚至是争论。他不太关注这个人正在经历什么、有什么样的情绪和感受。抱着想赢想法的人无法进入另一个人的生命,因为他满脑子想着怎么用自己更好、更卓越、更正确的东西来把对方压倒。

这类人随处可见,这一类的对话我们也非常熟悉。小到夫妻或男女朋友吵架,大到国家与国家的战争,人类一切的矛盾争论都能总结成四个字:我对你错。

大家不要小看这四个字,也不要认为自己能置身其外。我们从小就是在这样的话语系统下成长的,都习惯了分出对错、敌我,要把每一次对话变成一次竞争和角力，看谁能说过谁。为了证明自己对、对方错，人们不惜付出任何代价，哪怕是严重伤害对方或是自己，甚至你死我活，也要证明自己是对的、被错待的。

如果这就是你说话的方式，那我只能说你很不幸，来找你辅导的人也很不幸；他会成为一个你用来练手、让自己更雄辩的工具。我们不能这样辅导，更不能跟人辩论。一个人带着自己的问题来到你的面前，你一看他这儿不对、那儿不对，就给他指出来，告诉他对的是什么，这种做法没有用的，而且你的安全度一下子就降低了。

4. 控制欲

如果我们利用这门课中所学的技能去达成自己的目的、控制别人，那么你将成为一个邪恶的人。所以我在招生的时候就说，这门课对辅导者的道德要求很高。传销组织、邪教也利用这些知识给人洗脑，他们的动机却是邪恶的。所以我想说的是：辅导者的一个基本素养就是心地纯良。

什么叫心地纯良？我总结如下：

第一，你所做的一切是为了一个比你自己的利益更崇高的目标；

第二，你是为了他人灵魂的真正益处。

这两条内容大家一定要铭记于心。一旦你用这些东西去高抬自己、控制别人，那我真会后悔教了你。我们要特别警惕：自己平常是不是很习惯、擅长控制别人？配偶、男女朋友、孩子、同事、对你有好感的异性……要仔细观察自己有没有这种控制别人的倾向。

控制别人的方式有很多，比如用赞美鼓励的方式把一个人捧起来，其实这是一种控制、一种心理技巧，是利用赞美别人达到自己的目的。我们在辅导的过程中也会使用鼓励，但这种鼓励一定是真实的：他有一点进步，就给他正当的、大大方方的鼓励，而不是怀着某种控制的目的去鼓励他。

还有就是利用罪疚感，这是我们很善于使用的。用罪疚感的方式就是：利用羞辱、负罪感来占据道德制高点，以此来驱动人。比如"你看看别人家的孩子总考第一名""隔壁家的孩子钢琴过了十级""看我每天为了这个家累得跟狗一样"……其实这些话语背后的目的都是刺激我们的羞耻心。我们谁都会这一招，但是会很隐蔽，每个人表现方式不一样。如果你发现自己正在利用羞耻感驱动别人，请马上停止，因为人只有确信自己是被爱、被完全接纳的时候，才会冒险改变和成长，而不会在罪疚感和恐惧感之中被驱动。

与以上方式配套的，就是用恐惧驱动别人，这也是我们所熟悉的：有人来跟你分享问题，然后你愤怒地甩脸。他因为信任你，才来和你说自己的问题；你流露出愤怒，会对他造成恐惧：他怕得罪你或者让你不高兴。

还有一种后果型驱动，比如你要听我的，你要是不听的话，就会怎么怎么样；这个事儿要是别人知道了会怎么样……这些都是通过恐惧感和羞耻感来驱动人，往往是传销、邪教组织的惯用伎俩。

我们观察一些父母跟孩子的互动，他们那么小，还没有自主意识、还分不清是非黑白，就被大人控制摆布。有一天，我看到我儿子向一个小女孩要食物，小女孩不给，她妈妈就直接说："你还姐姐呢，弟弟要东西都不给，再不给，我就不要你了。"这位母亲应该是想在外人面前维护自己家教严格的形象，可是从孩子有限的理解力出发，她的内心会是多么羞耻和恐惧！

我也经常听到大人对小孩说：你要再怎么样，我就不喜欢你了，我就生气了，我就不爱你了……各位听过吗？我们对这些言语暴力习以为常，也就习惯于用恐惧控制别人。我们作为辅导者，心里一定要有一盏警戒灯：一旦你发现自己内心的控制欲暴发了，想要用这种方式去控制别人，这个灯就开始闪烁，你马上要收敛。因为羞耻和恐惧并不真的能够使人改变；再严厉的刑罚与恐吓都不能使人产生真实的善良与公义——这些美好的改变只能在爱与恩典中发生。

5. 敏感区（雷区）

每个人心里都有敏感区。你要知道自己内心有什么是碰不得的、不能被触及的。有一些人温文尔雅，平时跟你相处特别好，但你一不小心谈到某些话题或敏感词，他立刻就控制不住情绪了，开始防御或攻击。大家有没有碰到过这样的情况，或者我们自己有没有类似的经历？我们要明白，每一个防御行为背后，都有一个旧伤痕。我们每个人的敏感区可能跟成长背景，或是一些根深蒂固的观念、信仰、创伤记忆等人格中很核心的东西连在一起，所以都不能回避。

（1）你的敏感区是什么

第一步，我们需要了解自己内心的雷区是什么。做心理辅导者一个很重要的素质是：我们自己不能被情绪控制。大家想一想，辅导师一下子情绪化会是什么结果？拿我自己举例：我很欣赏和保护女性、反感大男子主义；曾经有一对夫妻到我家做客，他们都是我很要好的朋友。那位丈夫闲聊时说了一句：

"洗衣、做饭、干家务不就应该是女人干的活儿吗？"我当场暴怒，摔杯子让他出去。事后反思，这件事把我自己都吓到了，但已于事无补。所以我就要不断提醒自己：这是我的雷区，我不能等它被引爆了再善后处理，而是要时刻警醒防备。每个人都不一样，有的人听到"胖""笨""丑""没能力""烦人"之类的标签化词汇时，就会以为在说自己，就很容易产生情绪化反应。

作为辅导者，你要接触各种各样的人；一旦你用自己局限性的尺子去丈量他们、用自己的阶级标准来划分、用自己的敏感区去防御，就没有办法服务到所有有需要的人。这也是我觉得很悲哀的事情。我教授这门课很多年了，其间看到一两位非常有天分、有才华，也很努力的同学，但他们就是不肯放弃自己的阶级标准和人类格子，最终能帮到的人也只有那么一小撮——就是他身边最近、他看得上的人，实在是很可惜。因此我们要先把自己的敏感区清理出来，不要因为在辅导过程中触及了敏感区而干扰了自己的辅导。

（2）怎么突破敏感区

学员：我有一个问题：比如，你刚才讲到每个人都有阶级、有敏感区，我应该怎么面对？我应该持有什么样的心态，是极力克服它，还是先接纳它？

你要先整理自己的敏感区；要看见、要突破。看见是疗愈的一半。做辅导其实是让自己成为一个爱人的人，而爱没有这些条条框框，也没有那么多受不了的事情。

比如，我很受不了家暴，所以我会很倾向于受害的一方。我接触过这样的例子：一对夫妻坐在我面前，昨天晚上丈夫刚刚家暴完妻子，我天然的倾向就是想要保护妻子、想跟她站在一边；我觉得这个男人简直太糟糕了，不是东西。但是，我要不断提醒自己：这是我的阶级、我的雷区，因此我要加倍地对这位先生表示我的尊重。这不是说要接纳他的罪行，而是在跟他说话的时候格外地克制。辅导非常忌讳偏袒。如果两个人来到你面前，你心里已然对一个人有成见，对另一个人有好感，这个时候是没有办法辅导的。这时就应该直接说，我们今天没法辅导。

学员：如果你心里对这个就很不认同，你虽然在极力克制，但你的微表情会表现出来吗？

对，这是一个很好的问题，我极力克制，并不是极力克制我内心真实的想法流露出来，而是我极力克制我内心有这个想法——就是说我要真实地让自己知道：我面前家暴妻子的这个男人是一个有问题的人，和我一样；但是我需要了解他的背景、思路，需要了解他为什么这样做、怎么一步一步到了这个地步。他是一个需要辅导、帮助的人；也是一个需要被爱和恩典触摸到的人。虽然我不认同他这样家暴自己的妻子，但是我作为辅导师，我需要对他负责任。所以我不是在克制自己已经产生的满腔愤怒，使其不流露出来影响我的辅导，而是要跟自己内心导致愤怒的这些观念来抗争。

6. 自我关注

还有一个会降低我们安全度的习惯，就是我们会自觉不自觉地往自己身上联想，在跟别人说话、辅导的过程中过于自我关注。比方说，你可能会想："这句话说出去，别人会怎么看我？"或者别人说了一些经历之后，你就说："我理解你，因为我也经历过；你父亲去世了，我父亲也去世了，我了解你；你流过产，我也流过产，我了解你。"事实上这样是没有用的；永远不要设想你能完全理解另一个人。

我的客户一旦踏进辅导室的门，我就要求自己将全部注意力都集中在这个人身上，而不要想我自己——我今天妆化得怎么样、穿得怎么样、他怎么看我、我说这句或者那句、他高看或者低看我一眼……完全没有，我的全部注意力都集中在对方身上：听他的话语、进入他的故事与问题、体会他的情感。即使自己跟他的经历真得特别像，你觉得说出来会安慰到他，也应首先控制住自己，不要说。

我们的学习是一个循序渐进的过程。一开始我们要极力避免在辅导过程中涉及自己，但是学到后面进阶班的时候，会有一课叫作"适当的自我暴露"，为了被辅导者最大的益处，我会教你们怎样提到自己。此前你不要提自己，因为你辅导的这个人是他自己故事的主人公、整个谈话的中心，你不要把自己扯进去，这样可能会分散他的注意力；你说你也经历过这个事，话题就转到你身上了，这样他可能会觉得自己被无视了。所以请大家控制自我关注。

学员：上完这样辅导培训课的人，还可以再被老师辅导吗？

可以啊，我不怕你们知道我辅导你们用的是什么技巧或者是什么理论，反倒是希望你们了解、观察我怎么辅导；这样你们也可以学习自己辅导自己。因为这些都是很美好的东西，没什么秘密或者行业壁垒。大家一起学，帮助自己、帮助别人！

二　心理辅导的误区

1. 辅导不是教导

我跟教师群体常常提及：你不要把他人的求助变成一场教导。尤其是那些很擅长讲道理的人，别人来找你辅导、讲自己的问题，你听到觉得差不多可以了，就开始口若悬河地给他讲：你应该怎么样、道理是什么、经验是什么……这样的辅导是彻底失败的。我正在教导你们，因为我此刻以老师的身份向你们传授知识，这时你们闭口不言，只有我一个人在讲。但是，当我是辅导师的时候，我会关闭自己教导的功能。大家猜一下一次成功的辅导，辅导师和被辅导者讲话时长的比例应该是多少？

学员：7∶3？

真相令人咂舌，倒过来，3∶7到头了。1小时的辅导中，辅导者说话最多不能超过20分钟。如果在一次辅导中，辅导者说话超过了30%，就是失败的辅导。

2. 辅导不是分析

辅导不是分析问题、出主意，代为解决他人问题。我们之前提过，分析是我们最容易采用的方式；别人呈现一个问题到你面前，你的第一个反应就是帮他分析一下，然后给他出主意，或者动用自己的资源帮他解决，但最后却发现这样做没用。我们的关注点不是他带来的问题，而是我们怎样才能让这个人自己成长。我们的目标永远是让对方成为一个可以自己解决问题的人。大多数同学练习的时候屡屡掉进分析问题的坑里，反复练习可以帮助我们克制住自己的"救主情结"。

在美国读书的时候，老师刚讲完"辅导中不要提建议"，就请两个同学上台做演示。扮演客户的男同学跟扮演辅导者的女同学说："我最近就是睡眠特别不好，老是睡不着觉。"那位女同学张口就是："你有没有试过音乐疗法？"当场被老师判为不及格。大家想一想，这是不是很像我们的日常对话？我们实在太习惯这样说话了，这需要巨大的努力才能克服。

3. 辅导不是无限回顾过去

这是很多人对心理辅导的一个误解：辅导就是从你很小甚至从没有记忆时开始，把所有的事都翻一遍。

弗洛伊德很擅长这一点：比如他认为，你今天不敢跟人打交道，是因为小时候妈妈那样对你；从你现在存在的问题往回查，查到你过去发生了某件事情，很多时候就会回溯到原生家庭——最近这个概念太火了，好像你现在一切的问题都能够查到一个根源，就是你的原生家庭。《绝望主妇》里有个角色问她的辅导老师："你听说过弗洛伊德吗？"辅导老师说："我听说过，就是那个把一个人所有问题都怪罪到这世界上最爱他的妈妈身上的一个浑蛋。"

精神分析方法有它的合理之处，但是我们要避免把辅导变成一场追溯。不要反复重温他经历了什么、受过什么痛苦，因为这是往回看；我要教你们的辅导原则是往前看。所以在辅导中，可以进行有限的回顾：比如了解他经历过什么、大概背景、有无虐待史及创伤事件，但不要一直往回挖，这是一个很沉重的力量。大家知道房思琪，她的死和她心理辅导师使用的方法是有关系的，心理辅导师的治疗方案就是不断地回顾，不断地把她带回到过去的经历，并且不断重复她受到创伤的严重性：你经历的是核爆现场。

被这样对待，人没有盼望，没有办法走出来。有的人很愿意反复提及自己过去的伤害，但这时辅导者应该适当地说："对于你过去的经历我很难过，很遗憾你经历了这些，但过去的已经没有办法改变了。我们今天坐在这里，不能抹平你过去的伤害，但是你今天仍然可以决定你的未来，仍然可以有力量往前走，我可以陪你一起往前走。"

4. 辅导不是听吐槽

有一些人性格好又善于倾听，非常容易被人当作倾诉对象——从小到大，老有人围着他讲自己的破事儿。他可能会觉得："我真是挺有人缘的，你看这些人都来找我倾诉，打电话或者见面聊常常一次几个小时。"但人们对他说的内容，其实反反复复就那点事，非常浪费倾听者的时间和精力。

我们的辅导不能变成单纯的聆听吐槽。中国这么大，有需要的人那么多，被一个"情感吸血鬼"缠住，一遍遍听车轱辘话，太浪费时间了。所以，一旦发现别人跟你吐槽、占用你大量时间，而他自己并不想改变，就停止这个关系、这场对话。

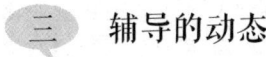

三 辅导的动态

我们的辅导是动态的，每一次对话都要带着明确的方向性来推进，这一动态贯穿我们的整个学习过程。大家看我们恩言心理咨询室的标志（见下图）：左下角这个箭头代表着我们辅导的动态——向前，向上，向心。大家在课程学习和实践的过程中，要把这个动向牢记于心。

1. 向前

辅导者需要在每一次辅导中将对话不断向前推进。不能带着对方无限回顾、不能原地打转，更不能漫无目的地闲聊。我们每次辅导都要完成一些小目标，而这些小目标围绕着你的远景向前推进。不要浪费辅导时间内的任何一分钟、任何一句从你口中说出的话，带着对方向前走。哪怕这个过程是"进三步退两步"，你们仍然在缓慢地向前，走向医治和成长。

2. 向上

辅导也是向上的，所以我们要培养对方的成长型思维模式，让这个人看到自己的成长是不断向上攀升的。他的品格、能力、态度，他内在的力量都要在辅导的过程中一个台阶一个台阶地向上攀升。很遗憾，没有经过专门受训的辅导者往往会迷失向上的方向。

案例

我之前辅导过一个女学生。她小时候受过一些非常残忍的对待，后来她把自己的经历告诉了一位她特别信任的女老师。这位老师很同情她，安慰她、引导她原谅这个伤害她的人，也让她想一想自己有没有做错什么，最后还抱着她、陪她一起哭。她当时觉得还挺感动，但是后来不知道为什么，她再也不想见这位老师了，因为每次见到她就觉得特别羞耻。她跟我说，她那时候下定决心，这件事情一辈子不再跟别人讲。后来她毕业离开了那所大学，就再也没有联系过这位老师了。

其实这位老师所做的，按照我们正常的理解已经算可以了，但是为什么最后得到这样的结果？因为她使用了"同情"。我们在辅导中永远不要"同情"，因为同情是一个向下的力量。被同情者的自我认知会下降，他会认为自己可怜、别人也可怜自己。这种认知会削弱他的力量。你的同情阻碍他向上攀升的可能性，这跟我们辅导的动向是相反的。

我们非常容易使用"同情"，因为在我们的文化中，面对别人的苦难，我们好像只有"冷漠"和"同情"两个选项，我们会觉得自己不选择冷漠就已经不错了。而当我们同情别人的时候，自己心中也会涌起某种道德正义感。但我们学了这门课程，你会发现有比给予同情有效得多和有力得多的方法。

那如果不使用"同情"，怎么把这个情感变成一个向上的力量？如果你碰到这个案例，你要怎样引导她向上？

学员：引导她接纳自己？

这是一种可能性，但有没有可能会让对方感到你在对她说教？

学员：Let it go？都过去了别再提了？

这个女学生压抑了好多年不愿再提此事，她今天鼓起巨大的勇气再一次相信你，把这个伤痕揭开让你看，你却告诉她："都过去了，别再提了"，那这个伤痛可能一生都没机会再被看见、再被照料医治了。这个世界上有许多的人，每天都承受着巨大的伤痛行走在人间，每一步都像是走在刀尖上，只是没有人知道罢了。

学员：共情？努力和她感同身受？

这个很好，我想大家都能分清同情和共情的差别。同情表达出来就是：我可怜她，觉得她很惨；而共情是指：我努力感受你的经历和情绪。

学员：我有一个疑问：比如说我完全感受不到对方的情绪，也不知道她经历这一切意味着什么，该怎么办？

这是一个很诚实的自觉。如实回答："我不知道你经历这一切的感受，很少或几乎没有人能够体会你的痛苦。"这样也是很诚实的，我们千万不要假装能体会别人、理解别人的痛苦。"我无法跟你感同身受、无法真实经历你所经历的这一切痛苦，但是我感谢你，因为你即使经历了这些也仍然愿意来找我，给我倾听的机会；我感谢你的信任，我也看到你内心想要好起来的力量。"通过这样简单的一两句话，你就在引导她向上。

3. 向心

整个辅导的过程中，力量不断叠加，就是说我们辅导的方向也是向心的。我们关注的是人而不是事。虽然人们来寻求你的帮助，很多时候是遇上了重大事件、过不去的坎或者某个危机，但我们要有这样的眼光：越过这些具体的事件和环境，来关注这个人怎么成长、怎么改变、怎么成为他（她）应有的样子。

我们在辅导过程中，要寻找和积攒被辅导者的力量。为什么总是提到力量这个词？因为我们辅导系统有一个理念：人的恢复能力就藏在他内心，但很多时候这个力量是被抑制的，被羞辱或者恐惧这些负面的东西给遮盖了，我们的工作就是用专业的方法把它释放出来。

案例

上一届辅导班上，我请同学们轮流练习，一次一个同学扮演被辅导者，其他同学来给他辅导。这位同学讲了他工作中真实遇到的困境，同学们就用课上学的技能来引导、帮助他。下周再上课的时候，他又反馈了工作中还有哪些困境没有解决。这时，所有同学都希望帮他把剩下的问题一起解决。而我说："先暂停，我们先来总结他的力量。"通过评估，发现他自己完全有能力解决剩下的问题。作为辅导者，这时候我们只需要说："某某，你已经解决了前面的问题，我已经看到你拥有了这个力量，后面的事情我相信你可以自己解决。我们接着往前走。"我们成功地使他把内在的力量释放出来，辅导的目的就达到了，这个人也就成长了。

越南人抓苍蝇是用一个透明的瓶子。他们把矿泉水瓶的外包装纸撕掉，在瓶底放一点糖，苍蝇飞进来吃了糖之后就飞不出去了，因为苍蝇的视力非常有限，找不到瓶口就只能在瓶子里转，几天后就会把自己累死、困死在瓶子里。它并没有被粘住，但它就是出不去，在里面一直转圈，到处碰壁，最后把自己耗死。

很多人的生命也困在这样的模式中。我们作为辅导者，要做的并不是教苍蝇怎么飞，它自己会飞；也不是帮它修理翅膀，它翅膀很健康；我们需要帮助它自己飞出去。飞出去的力量一直在苍蝇自身，当它自己看不到的时候，我们要看到，并让它也看到。

第四讲
爱是倾听1：基本预备

一　有效倾听

一个陌生人坐在你面前，你怎么让他在五分钟之内对你产生信任、安全感，愿意向你敞开心扉？你无法修炼一套神功——按下一个按钮，对方就可以瞬间信任、喜欢你。我们只有通过一项项微小技术的积累才有可能做到。记住，没有魔术，只有技术。既然是技术，就必须通过反复练习才能掌握。

人只有在安全和完全被接纳的情况下，才愿意冒险改变自己。亲子、夫妻之间有时会指责对方："你怎么就不改呢？"你明知道人家说得对，而自己做得不对；你也清楚后果——继续这样做会对自己和别人造成损害，为什么还不愿意改变？因为当我们处在敌对、紧张、相互指责的关系中时，就没有改变的动力和能力。我反复强调：用恐惧、威吓、羞辱的方式是没用的。人要是靠吓唬就能改变，那从商鞅变法之后，秦朝就该江山永固、国泰民安了。恐惧可以让人暂时压抑或转变自己外在的行为，但人只有在感到完全安全、被信任与接纳的关系之中，才会从内而外地激发出改变与成长的渴望及能力。为此，我们需要练习的是认真地倾听，以此为你爱的方式。当一个人真正被倾听时，你会发现他的眼睛湿润了。

我们上一次被好好倾听是什么时候？正如电影《毕业生》主题曲的一句歌词："People talking without speaking, People hearing without listening."真实有效的倾听是奢侈品，是很难自然产生的；而我们生活在无效倾听的语言环境中，久而久之，不仅习以为常，自己也沾染了不能专注倾听的恶习。

我的一位朋友嫁了一位美国老公，过年他们回东北，她老公观察了一段时间她和她母亲的对话后说："我发现你们中国人说话很有特点，没有沟通，只有宣告，你宣告完我宣告。"想一想，我们确实很习惯这样的说话方式。每个人都有一肚子话想表达，但并没有真正倾听别人在说什么、想表达什么、有什么感受。

案例

我的美国老师的一对客户是中年夫妻。妻子非常焦躁、富有攻击性，而丈夫冷漠、回避，两人吵吵闹闹地进来要接受辅导。老师说："请你们坐下，安静一会儿，分别说。这位先生，您先说。"丈夫刚说了几句，妻子马上就插嘴打断。老师说："在我的房间里要遵守我的规则：一个人说完，另一个人再说，别人在说的过程中请不要打断。"然后给丈夫一段充足的时间表达。此时老师很专注地倾听，并使用了一些基本倾听技能，鼓励这位不善言辞、沮丧的丈夫继续说下去。随后他做了一个简单的平行表述，也就是大概复述了一下丈夫刚才说话的内容，最后跟丈夫确认："我有没有理解您的意思？"

结果丈夫满眼含泪、特别激动地说："Finally！Finally！Yes！Yes！"终于有人听他说了什么，然后他就捂着脸失声痛哭。其实老师用的只是辅导中最基础的入门技能。婚后这么多年里，他妻子从没有认真倾听过他想表达什么，而只是急于表达自己的想法，指责他、修理他、讽刺他、抱怨他。

他妻子看到他哭，愣在那儿很久，然后也开始突然大哭。她这才意识到，这些年里他们根本就没有倾听对方，一直都在做无效沟通。这样一个简单的倾听过程，就使辅导从一开始便进入了完全不一样的情境；而这是在他们中间永远不会自然发生的事。

认真倾听是非常让人疲惫的，因为这时我们的全部注意力都投入在对方身上，以便准确理解每一句话。

有一个比喻说：我们每一个现代人，都像被囚禁在一个个单独的地牢里，每个人都在用自己的方式敲摩尔斯电码，但敲出来的内容都是一样的：有人在吗？有人听吗？有人知道我在里边吗？有人在乎我吗？我有价值吗？这样日复一日，年复一年地敲，越来越绝望，越来越封闭。终于有一天，你听到了另外一个人的回应，很微弱，却很坚定地用你懂的摩尔斯电码说："是的，我在，我在听！"就在那一刻，这个人才重新变回人。只有当真实有效的倾听发生时，人才会回到自己应有的尊严与应处的关系之中，否则大家都不过是一个个漂流的孤岛。大家有这种体会吗？觉得自己被困在一个孤岛上，即使身处人群之中，在孤独绝望时却不知向谁倾诉，翻遍整个朋友圈、电话本，却找不到一个可以真正听你说话的人。当有效倾听发生的时候,对方能够真切地感受到被理解,从而可以建立信任关系。这个过程中,辅导者自己也被拓展,你可以在此基础上进入对方的故事。

要特别注意:无效倾听可能带来二度伤害。比如被辅导者刚开始倾诉,你就往自己身上引,说"我知道""我也经历过",或者"我的看法是什么"。借着别人的话题,想到自己的事情、发表自己的观点、激起自己的情感;打断别人、转移话题并往自己感兴趣的方向引导;或者想着怎么回应,身体大幅度地摇晃、抖动、手乱摸、乱动甚至看手机……这些行为都要避免,因为它们都会降低安全感。

二 聊天预备

大家不要轻易与人进入辅导的状态,要精心、刻意地选择会面地点。比如聚餐结束后人来人往的餐厅门口肯定不是适合辅导的地方。如果有人非要在那个时候和你倾诉,你可以说:"你要说的这些事,我很感兴趣,它们也非常重要,但我觉得在这儿不太合适,我们可以另约时间和地点好好谈谈。"

1. 安全

选择环境首先需要安全,要让对方有安全感。这是一种心理安全,一定让对方知道他与你说的话都是安全的。

安全的环境有两种。第一种是封闭的空间,比如像我的辅导室,把门一关,把外人隔在门外,只有我们俩。这是一个安全的环境,使人愿意敞开心扉。第二种是喧闹的公共场合,比如咖啡厅:这里谁都不认识你们,说什么别人也听不见。切忌选择被辅导者的家或者公司附近,因为这些地方可能碰到熟人,会使被辅导者内心紧张。

学员:公共场合别人会听到吧?

所以你要选择背景音乐声音大,或者人声鼎沸的地方。因为这里大家都在说话,或者把座位选得离别的桌子远一点。我一般都会选择咖啡厅,而非餐厅。因为很多餐厅都很安静,说话容易被别人听见,所以要选择嘈杂点的。如果能有一个封闭空间,是最好的,但最好不要在自己家或者对方家。因为对很多人来说,家不是一个让人很放松的地方。最好让他脱离自己熟悉的环境,因为如果他是主人,可能还要照顾你。

2. 舒适

最好选择舒适、美观的地方。让被辅导者坐在舒适的座椅上，放松身体。我们平常接触的空间大多缺少美感，如果你拥有可控制的空间，尽量把它装扮得舒适美观一些。

3. 色彩

聊天环境中不要出现高饱和度的暖色，尤其是红、黄、橙色。每一种颜色都会有一种暗示，这三种颜色给人的心理暗示是焦虑和兴奋，所以尽量使用冷色或者自然的颜色。你的衣服颜色同样也要避免以上三种颜色。我衣柜里基本没有刺激性颜色的衣服，即使有，我也不会在辅导时穿。如果能做到，就在你的空间里添加一些美感的小装饰，总之是为了让人心理放松。

4. 水和零食、纸巾

要给被辅导者提供一杯水，始终让对方有杯在手，不必管杯里的水是否喝完。因为手里有个东西，他就能感到基本的尊严，也可以借此掩饰紧张或其他的负面情绪；否则直接四目相对会很尴尬。也可以提供一点零食，但要避免需要用力嚼的那种；也不要太丰盛，以免干扰辅导。

一定要准备纸巾。如果对方情绪激动哭了出来，没有纸巾当然会非常尴尬。

5. 手机

我要求自己在整个辅导过程中不使用手机，即使把它静音放在一旁，也会形成干扰。在你的视线之内，若有短信、来电，手机屏幕就会亮；所以应把手机关闭或者静音，反扣后放到你和对方都看不到的地方。如果你知道在辅导过程中会有非常重要的电话，必须提前向对方说明，得到对方的谅解。这也是基本的尊重。

6. 如厕

辅导前就去上厕所。整个辅导过程中，我只喝一杯水，喝完就不再加了。对方想喝水、上厕所都没关系，但作为辅导者就不要再喝。如果被辅导者以很好的状态敞开心扉，进入深刻的话题，甚至情绪激动开始哭泣，你却突然要上厕所，这就破坏了辅导的氛围、打乱了节奏。你也不要让自己处于憋着的状态，因为你的微表情会出卖你。

学员：如果微表情显露出来，会让对方觉得你竟然在忍我。

学员：辅导一次一般多长时间？

一小时，有时会延长到一个半小时或者两小时。这个过程比较辛苦，有时候连轴做一天辅导就会精疲力竭。所以你要控制你的饮水量、食量和上厕所的次数。

7. 座位

座位有两种摆放方式：一种是面对面，一种是成 90 度角。最好是给对方提供两种可能性。他可以选择 90 度角坐，也可以选择面对面坐。我有时候会拉一把椅子放在那里暗中观察：如果一个人过来直接选择跟你面对面，说明他已经准备好跟你沟通，那么随后的聊天过程就会很高兴；如果选择 90 度角坐，也并不代表他不愿意跟你沟通，只是这样双方都更轻松一点。

8. 姿态

如果被辅导者坐下之后，身体或者凳子稍微前倾，就是非常敞开的态度，表明他很愿意跟你沟通；如果被辅导者在你进来后，就往后仰，或者是把凳子往后挪，或者把身体缩起来，那么这个信号说明他有点紧张，一定要留心观察。辅导老师有时会让别人觉得有点恐怖：因为你读得懂别人的身体语言，他们的内心活动在你面前袒露无遗。但不管对方坐姿往前还是往后，你坐下之后都要往前一点，以敞开的姿势表示出欢迎他、愿意倾听的态度。

9. 着装

着装的原则是：具有职业感，同时具有亲和力。即使你不是职业辅导师，如果要辅导别人，也应注意穿着。这不是为了显示你自己，而是为了避免衣着变成一种噪声，干扰你们的沟通。

首先，避免廉价。因为你要接触形形色色的人，如果辅导对象是很讲究的人，看到你穿着随意，就会把你放进他的某个人类格子里；但也要避免太炫目、浮夸或者名牌的服装，以致夺人眼球，或对别人形成压力。其次，避免邋遢，因为这会使别人对你缺乏信任感。

助教：萨老师说的这一点很重要：要使所有的关注力放在对方身上，而非自己身上。你穿得太好或太坏，都会在无形中凸显自己。要学会隐藏自己、让自己成为背景，把所有的注意力都投射到对方身上。你的环境、着装、打扮都要让对方感受到你是一个安全的人。

男士最好不要穿圆领上衣，衣服要有领子。比方说，现在各位的穿着，有的是红色、有的太娃娃气、有的浮夸、有的太随意……这样都会分散别人的注意力，使别人对你的信任度打折扣；要使自己看起来专业一些。女士们要化妆、不要素颜，这是基本礼貌，在美国尤为强调。当然，也不要浓妆艳抹，淡妆就很得体、较为女性化，让人感到舒适的美。显然这会流露出你对生活和对自己的态度。

我之前有个客户说："来你这儿之前，我就找过一个心理咨询师。她讲得很好，对我也有帮助，但我看她头也不洗、素面朝天，穿着邋里邋遢，就觉得即使她把我辅导好了，我最多也就跟她一个样，所以只去了一次，就不想再去了。"

所以，着装传递出我们是怎样的人：是否关爱自己；是否既善于自我管理，也能把力量传递给别人。服装要避免纯黑，那样会给人压抑感；也要避免纯白，以免看起来像天使或者医生。另外，要避免运动风的着装，也不要佩戴夸张、闪亮的首饰。

10. 小动作

每个人都有独特的个人风格，但要摒弃你的一切小动作：扭动、抠指甲、托下巴、摸脸、摸脖子、玩手、转笔、皱眉、挤眼、眼神迷离、白眼、撇嘴、舔唇、说话支吾、口头禅……；这些肢体语言上的小动作就是噪声。我们要尽其所能降低噪声，经常练习就会习惯成自然。辅导老师是不能叹气、不能打哈欠的。如果你实在困得不行，可以通过喝水来掩饰，或者暗掐自己来提神，这样才不会让人误解成你对他不耐烦。

11. 措辞

辅导中，措辞一定要平实简单，尽量不要用流行语或者个性化语言。我有位朋友说话非常有个性，有一套自己的话语系统。这在日常生活中会趣味横生，会形成个人魅力、引人模仿，但在辅导中却会成为噪声：对方会因为你的风格有趣，不知不觉被带偏。这些都是违背"将注意力投射在对方身上"这个辅导总原则的。我给你们讲课，可以有自己的风格：比如音调的高低起伏，或者说些有趣的事。因为讲课时，我要把你们的注意力吸引到自己身上，但在辅导中是不能凸显自己的个人风格的。注意力从头到尾要集中在对方身上。

所以你要观察自己的话语系统。比如说，我们当中一些人在IT圈待久了，多多少少会形成一些术语或者行业黑话，但社会上的人群不是这样说话的。你要刻意用正常朴实的话语来代替你的惯用术语。

学员：如果不这样做，会有什么负面效果吗？

因为你会接触各种各样的人，如果习惯性地使用你自己系统内的话语，就会形成沟通障碍。放弃你的话语系统是为了拓展自己，变成一个与别人沟通更有效的人。如果你无法反思自己，可以咨询别人你平时说话有什么口头禅和特点。

以上分享的是我们在进入基本倾听之前的必要准备。不要小看或忽略这些细节，在很多时候，往往是一个用心的、带着爱的小细节，能够让人忽然打开自己封闭的内心，并将接下来的对话引向更积极、更有信任感的方向。

第五讲
爱是倾听 2：基本聆听（3V1B）、观察与镜像技能

在前两课中，我们讲了如何成为安全的人，以及如何营造安全的对话环境。接下来要讲的"3V1B"是非常重要的基本聆听核心技术，也是我们整个辅导的基础技能，将指导你如何专业地使用你的身体、动作、表情、声音等来传达关切与接纳，从而达到谈话目的，与对方建立信任且深入的关系。

一　1V：Visual——视线

眼睛是心灵的窗口。你如何从对方的"窗口"中读取信息？如何使用你的"窗口"向对方传达你想要传达的信息与感受？如何把握目光接触的频率和时间？这些都需要专业训练。

一般来说，人注意力集中的时候，视线比较集中；注意力分散的时候，视线也会分散。如果对方突然往前凑、瞳孔放大，说明你抓住了他的兴趣点；瞳孔缩小就表示不感兴趣。感到无聊、羞耻、害羞、不安全，或是专注思考的时候，是很难保持专注对视的。如果来访者视线躲闪，你要反思自己是不是没有给他足够的安全感。你要观察他什么时候收回或者减少视线接触，这往往是他感受到压力，或者感到无聊、羞耻、不安全的时候。

有一个总的原则：注视对方的视线要比他回馈给你的稍多一些。你要观察他对你的视线集中度，如果对方是一个特别内向、非常回避跟人有目光交流的人，你也不要一直盯着他，要尊重对方的习惯。

> **案例**
>
> 我之前辅导过一个青少年。他陷于重度抑郁、焦虑之中，被家长逼着来做辅导。最初他身体蜷缩、低着头，没有看过我一眼；母亲就在旁边滔滔不绝地

上篇 初级班／第五讲 爱是倾听2：基本聆听（3V1B）、观察与镜像技能

讲述孩子的情况。我就请妈妈先出去，在辅导室外面等待，而我则坐在孩子的90度角，也几乎不看他。一段很安静、很漫长的时间之后，我开始用最轻微、最缓慢的声音跟他交流。他起先仍然不看我，只是点头或摇头，但过了一会儿，他开始默默流泪、开始说话，最后，他开始和我有了目光接触，这可能是他很久以来第一次和另一个人进行目光接触了。那次辅导之后，他母亲给我反馈：孩子回去之后就好了，也恢复了社交能力。我自己都非常惊讶，难以相信一次辅导就能带来这么大的转变。让人好起来的力量真是无限的，而你正好做了那把打开他内在力量的钥匙。

总体来说，你要调整自己的视线，与被辅导者匹配，注视对方的视线要多一点。如果对方转移视线，你也可以移开，给他一些心理空间。相反，如果对方移开视线而你还盯着他看，那他就会比较紧张。

二 2V：Vocal Qualities——声音的控制

声音是沟通的直接工具，每一个人的声音都是独一无二的。上天给你独一无二的声音，你有没有刻意地研究它、发掘它、使用它来服务于你的沟通目标呢？

要学会控制你的音色、音量、音调、语速，等等。在整个辅导过程中，避免清嗓子或是支支吾吾，说话要干脆但不能急躁。语速慢是可以的，但不要拖泥带水。辅导过程中的语速可以比正常说话稍微慢一点，这样对方的情绪也会放松。有的人嘴比脑子快，没想清楚话就说出来了；但你不能这样，要想清楚再说，哪怕停顿一会儿也是可以的。在咨询关系之中，你扮演的是一个坚定、有智慧的角色，如果你很急躁，声调又高，就会使别人对你的信任感大幅降低。

1. 音色

每个人的嗓音都是独一无二的，但你可以稍微控制、修饰它。比方说，嗓子尖、语速快的人做辅导容易使人产生紧张感；若能刻意把音调放低沉些，就显得更为可信；缓慢些，则显得更有权威。跟孩子尖着嗓子对话，他们很难将你的话听进去；你尝试放低、放缓一些，效果就不一样了。

大家可以闭上眼睛，听听助教老师说话，注意他的音色比较厚重，给人的感觉是可信、踏实。但是他有点紧张，所以这个嗓音要充实一些。人紧张的时

候喉咙会干，发出的声音也比较干，所以需要常常练习。你可以朗读一些文章，或者注意听自己平时跟人说话的声音；也可以将自己的声音录下来，然后用更缓慢、低沉的语调重复录制的内容，比较其中的不同。

2. 语速

如果对方语速忽然加快，可能是他感受到威胁，或者产生了紧张情绪。

怎样通过你的声音来调整对方的情绪呢？这是很重要的一课。如果对方很焦虑，我通常会在几分钟之内使用自己的声音帮助他摆脱焦虑烦躁的情绪；如果他一进来就很紧张，语速快、声音尖，你就不能跟随他的节奏，而应稍慢一些。也不用突然变得很慢，只要声音略微比他低沉一些、说话坚定一些即可。一分钟之后，他语速开始下降，你也随之降低一点；大概三五分钟之后，你就能在他毫不察觉的情况下，使他放松、平稳下来。

如果对方是抑郁的，语速已经很慢很低了，你的音调就要比他稍稍高一点。说话间要带着关切，稍微有些盼望。但具体怎么操作呢？就是你在说每句话结尾的一两个字时，语调略微上扬。这是在注入一个活泼向上的力量，对抑郁的人很管用，他会接收到你声音中的暗示。

3. 留白

很多国画的布局中，有很大一部分是留白；辅导也需要使用留白，就是沉默。刚入这一行的人特别怕沉默：两个人坐着，谁都不说话，简直一秒钟都忍受不了；再这样就要焦虑了，得赶紧找话题，用自己着急的声音填满每一秒的缝隙。其实没有必要，做辅导越久的老师越能沉住气。我美国的导师在一次45分钟的辅导中，陪着默默哭泣的被辅导者沉默了30分钟，之后她的心灵从一次困扰她很久的巨大创伤中得到了医治，那是一次非常成功有效的辅导。你需要把握这个节奏：话语之间不要密不透风，而要留一些空间。

助教：我的个人体会是：话多或者急于表达的人是因为紧张，担心尴尬冷场。从小父母一旦"冷战"，我就赶紧跳出来扮演小丑，缓和紧张的气氛。无形中，我养成一种习惯：一旦觉得尴尬，我就要跳出来当小丑，其实跟人并没有实际交流。一旦我把注意力放在别人身上，观察、感受、体恤对方的情绪，我自己的情绪也会随之平缓下来。这也是我上课后的收获。

所以如果对方不说话，你也别着急引出下一个话题，陪他沉默就可以了。要保持一种放松的空间和氛围。

三 3V：Verbal Tracking——话题追踪

尽其所能地留在对方的话题中，直到对方表述完当前的话题。要成功地追踪他所要表达的，而不要擅自开启另一个话题，或是向自己感兴趣的话题引导。

有一个人在"911"事件发生中，失去了一位朋友。朋友遇难后，他很长一段时间都走不出悲伤，于是就去接受心理辅导。辅导师就延续着他的话题说："'911'真是一个灾难，真不幸。"他们谈的貌似是同一件事情，其实辅导师已经把话题岔开了。因为对方谈的是："我的朋友遇难了，我很难过"，而辅导师谈的是："'911'事件是场灾难，是国家的不幸。"

所以要保持话题的延续性。一旦对方开启了一个话题，就要一直聊到结束。人往往都有发散性思维，即使他自己改变话题，你也要把话题拽回来，直到这个话题结束。这是一项非常重要的技能。大家一定要记住，我们正是通过穷尽一个个话题来构建一个完整的故事；如果一个话题没有穷尽，就擅自开启另一个话题，就会使我们缺失大量宝贵的细节素材，使得我们构建的故事有所缺失。当你偏离话题之后再转回来谈时，他就会觉得：我已经谈过了，再谈就是浪费时间。这样就会错失很多信息。

学员：什么叫穷尽话题？

如何锁定追踪一个话题呢？通过一系列的问题：你经历了什么？看到了什么？感受到什么？有什么想法？交流了哪些事实……采取各种方式来复原、检验，这就是穷尽。大多数人是没有被这样对待过的；大家都是浅薄潦草地谈一谈，再切换到另一个话题。其实当人被锁定追踪话题时，是一件很愉快的事，因为他会感到自己终于被认真、彻底地倾听了。

学员：如果有人不想重复她受害的过程，可话题并没有穷尽，怎么办？

那就换一个话题。如果对方明确表示拒绝，就说明他和你的信任关系还没有建立，他还没有足够的安全感让你触碰他曾经受伤的地方。而且，这伤口很可能曾被无效倾听加重过——他曾对信任的人敞开心扉，但对方的回应却让他二度受伤；所以他做出决定：不想再提这事了。那就耐心等待。

学员：什么叫选择性参与？

被辅导者一上来给你抛出好几件事：和女朋友分手了、工作被辞了、爸爸生病了……他的表述可能还不像我这么清楚。那么怎么进行话题追踪呢？一种方法是你帮他选，另一种方法是让他自己选。如果他很明显地关注其中一件事，你就要先重复他说的这三件事情，然后说："我听下来，你最关注和女朋友分手这件事，要不我们先聊聊这个？"这样你就锁定了一个话题。

或者说："你刚才提到了三件事，现在你想要先聊哪一件？"或者，"哪件事对你影响最大？"他做好选择后就可以开始。话题追踪是非常实用的技能，也需要很强的专注力才能掌握。

作业：

制定时间表，腾出每周两小时的练习时间，然后自己找人练习。你可以假装这不是在做练习，只是平常的吃饭聊天而已；也可以明确表达："我在上辅导课，需要练习沟通技能。"这两小时内可以找同一个人，也可以找多人。时间把控要精确：何时开始、何时结束，要以分钟为单位记录在时间表上。不能把吃饭、闲聊的时间也计算在内。一个人两小时，或者多人加在一起两小时都可以。

学员：任何关系都行吗？

都可以。你们周间练没练、有没有按要求练，下周上课的时候老师都能一眼看出来。光头脑知道不行，必须要反复练习。我学心理咨询的时候，始终坚持一周六小时的练习，不掺杂任何水分，尽量做到规范化。你们会面临一些挑战。最好不要和配偶进行，那样会使你有挫败感。刚开始可能无所适从，因为注意事项很多，但大家可以分项拆解，把每一项技能练成习惯。这不是一蹴而就的工作，而且练和不练的差距是非常明显的。

四　1B：Body language——身体语言

1. 身体语言占了50%以上的初印象

身体语言在沟通中的重要性远超你想象。我们不仅用说话内容沟通，还在用说话形式沟通。大家可能听说过 Mehrabian 博士在 *Silent message* 这篇学术论文中提出的一个重要研究成果：在一次交流中，你给别人留下的印象遵循55：38：7 的比例；也就是说，别人对你的印象55%取决于你的身体语言和面部表情，38%取决于你的声音，而只有7%取决于你说话的内容。人们往往会忘记你说了什么，但不会忘记你给他们的感受。

这算是我们的一个行业秘密，绝大多数人是不知道的。大多数人准备面试的时候会花费大量功夫准备"我要说什么？怎么应答？"等说话内容层面的功课，却忽略了自己的身体语言，并不知道体态决定了自己在别人眼中的形象。这在一定程度上会影响你的人生轨迹和命运。

我们作为辅导者，更有必要好好使用身体语言。这需要技术层面的学习和反复训练。总的原则是：我们的所有身体语言都要和对方处于同一场域中，与他匹配，尽量减少噪声，同时表现出关切与接纳的态度。

2. 开姿势和闭姿势

我们的身体其实只有两种姿势：开姿势和闭姿势。一切使你的身体看起来更大更开、让你占据更多空间的，都是开姿势。采取开姿势时，人挺拔舒展，力量是向上的、身体是延展的。舞蹈者从基本功训练起，就要打开自己的身体，用挺拔舒展的动作来传达美感。舞蹈会改变、提升人的气质，因为它改变了体态。所以职业舞者即使在日常生活中也会呈现出非常好的气质。开姿势包括挺胸抬头、舒展的身体、挺拔的站姿、稍大的步伐，以及说话时一些向外延伸的手势。我讲课的时候，会全程用开姿势。这其中带有不少手势，它们使我的身体延展，显得更大。

开姿势很美、很舒服、很吸引人，给人的感受就是自信、开朗、闪闪发光、容易亲近。

闭姿势是让我们身体变小、变拘谨的封闭型姿势，很典型的是含胸驼背、双肩向前、脖子前伸、单手或双手抱臂、手凑在一起、抓手、抠手、抓胳膊、托腮，等等。手和头部、颈部的一切互动实质上都是自我保护的行为。脖子是人的命脉，所以摸脖子的动作无意识中就透露出自己非常缺乏安全感。所以你要观察被辅导者：如果他开始摸脖子，就说明他与你的信任关系还没有建立起来。学习这门课之后，你真的就像掌握了读心术一样，能看懂别人。

闭姿势给人的印象是封闭、不自信、懒散、没精神、不值得信任、拒绝、不好接近；给人的感受则是缺乏安全感，想保护自己，与人划清界限，活在自己的世界中。

好，现在大家别动，互相看一下：谁采用了开姿势，谁采用了闭姿势？除了我，大家全部是闭姿势！因为我们在闭姿势之中会很舒服、很放松、很习惯，也不费力，而开姿势是很累的。这也与我们所处的大文化有关，我们中国人如果没有经过训练，那么绝大多数的人天然是闭姿势。

你去中国人流密集的地方——机场、火车站、候车大厅观察，基本上90%以上的人都采用闭姿势。大家一人拿一部手机，低头缩脖子看。看手机会养成我们低头的习惯，导致颈椎前倾。在电梯里，所有人基本都是弯腰驼背，两手抱臂，不能站直，双肩像锁住了一样，难以向后张开。长相好看的年轻男女，却因为闭姿势的体态，气质全无！其实，小孩基本上天然会采取开姿势，但他们在成长过程中受到很多不好的影响和打击，渐渐失去了自信愉快的心态，相由心生，他们的体态也慢慢融入这个文化中，也就养成了闭姿势。人类理应是开放的，但是我们比较含蓄、内敛的文化和内心状态使我们养成了闭姿势的习惯。

改变体态非常困难，因为它在你过去二三十年的生活中已经定型了。但是我对你们的要求是：从这节课以后，坚决改正！所以，从此之后在我课上各位都要挺直腰；你可以做笔记，但是腰别塌。需要举手的时候，开姿势的同学举手是自信舒展的，闭姿势是畏缩的。大家想一想军人，他们日复一日、年复一年地训练开姿势，即使退役不再穿军装，你也能看出他曾经的军人身份，让人肃然起敬、产生信任感。想想韩国，他们的人种长相和我们中国人是差不多的，但他们每一个成年男性必须要服两年兵役，因而整个国家的男性群体给人的印象是更阳刚、更朝气蓬勃的，因为两年的训练改变了整个民族的体态。

案例

拿我自己举个例子。我从前就是闭姿势的，跟大多数中国人一样，而且我从小含胸驼背，自己也没有这个意识。其实我英语挺好的，学习能力也强，但到美国上学之后，还是不太敢跟别人交流。上课进教室之后，我总是低头悄悄找到教室的墙角一缩，上课偶尔鼓起勇气回答问题，举的手老师都看不见。上了一年课之后，我去见导师聊一些事，结果他问我："哎，你是谁的学生？"我受了挺大的打击：原来我在别人眼中是隐形的。

后来我学到关于开姿势、闭姿势的课程，就下定决心练习、改变。我就决定拿这位老师一学期的课做练习，看我在这一门课上采用开姿势会带来什么改变。从那学期第一天开始，我打扮整齐，大步走进教室，主动和人打招呼，坐在教室正中间第一排对着老师的位置，把身体舒展开。我在课上特别积极地回答问题，老师让同学来做演示，我就积极响应；过程中还跟同学们开玩笑说："我这个课题太高级了，你们这些美国人肯定听不懂！"他们就哈哈大笑。

就这样一学期下来，我成了整个班级的中心，因为我比所有美国人还放得开。而且我们亚洲人既聪明又勤奋，所以一旦配合开姿势就会脱颖而出。后来上这门课我都不好意思了：每一次我做演示，全班掌声雷动；我一下台所有人都祝贺道："Good job！Good job！"最后我俨然成了班长，大家都盯着我。

其实我每次去教室之前，都会到厕所对着镜子先练习打开身体。因为身体有记忆，这样做三五分钟开姿势，可以保持好几个小时的良好状态。当我毕业的时候，老师说我是那一届最优秀的学生；其实我别的也没什么改变，只是改变了体态而已。当我毕业要回国的时候，我的导师抱着我哭了，他说："我再也收不到你这么好的学生了。"

所以，姿势改变人生。你要下定决心，从今天开始改变——挺胸、抬头、收腹。和人交谈时身体在保持开姿势的同时还要稍稍向前，因为我们开姿势时候容易后仰，但这又违反了离客户稍微近一点的原则。

学员：上节课中说到，我们把自己藏起来，从而让对方觉得我是安全的；那这里说到的开姿势和当时强调的安全之间如何权衡？

你这个问题问得很好。开姿势是接纳的、让人感到安全的，但是要把握合适的度。我们的总原则确实是保持开姿势，但还有另一个原则：只比被辅导者稍微多开一点。如果对方很闭，你就不用刻意全开：正常地坐，双手比他多打开一点就行；如果对方放得很开，你就比他更开一点。

上学期有位走路都带风的女生做演示。她放得很开。一上台她就说："你坐下，来，我们聊！"当时跟她配对练习的女生一下就被这气场给压下去，缩起来了。这肯定不行，你如果一开始就被对方压下去，辅导就没法继续进行了。

另外，如果夫妻双方两个人来辅导，一个很开，一个很闭，你就得保持中间姿势。

学员：万一对方本来就是一个很开的人，怎么把握比他更开的姿势？这不是很诡异吗？

我有遇到很开的客户。曾有一位贵妇，一进来就喊道："嗨！亲爱的！我又来啦！"这时，我也需要更夸张地走过去迎她："哎呀亲爱的，你来了，快快快，等你半天了！我们坐下好好聊！"其实我知道她是故意的，想要压下我的气势，如果你的气势没被压下去，对方就会觉得你有些本事，你们也就可以继续对话了。

我基本很难碰到开姿势很强的被辅导者！我只见过一两个天生采取开姿势的中国人。给你们看一看我这个朋友的照片，她真是天然全开的人；朋友圈那么多照片，你找不出她一张稍微闭姿势的，全都是开姿势，很牛！所以她事业非常成功，这种人干啥都顺，走路都像身上能掉下钱一样。在机场你去观察：一百个人中那一两个采取开姿势的人，不是老板就是老外。

学员：我想问，开姿势的人是因为他自身非常自信，导致他的身体外放；还是并不非常自信，靠训练身体才放开的？

这个问题很有水平。我们的身体其实是很好骗的，有一句话："fake it until you make it!"就是说，即使你内心没有那么自信，一旦身体先做到这个姿势，它就给你暗示，让体内分泌出增加勇气和自信的激素，这时你会感觉到自己就是那个自信的人。久而久之，你也就慢慢成了一个自信的人。

练习内容就是平时坐、站都注意保持开姿势，每天都花一点时间舒展身体。前段时间我爸病重，我没日没夜地伺候，这样的情况下怎么保持自己的活力？我的办法是：在病房里一有机会就打开窗户做开姿势，这时你的委屈、痛苦、疲惫就从胸口飞出去了。

如果可能的话，就刻意参加一些训练。跳舞就是一种很好的方法。我陪女儿上完课，晚上就去跳舞，雷打不动。因为我要在保持自己兴趣的同时坚持每周训练，这一点非常重要！一开始很累，但是一旦形成习惯就好了。你会发现坐直之后呼吸通畅，长时间塌腰反而更累。我现在最累的时候一定要坐直，开车几个小时感到很累时，我就要挺直来开。这样，你的肌肉群就被慢慢训练到挺直有力的状态，你塌着腰反倒不舒服！

我之前训练过的学生练习之后，就把这一点贯穿到自己生活中，他们的生活随之发生了很积极的改变。但是听完课不练的，就浪费了100万元，甚至不止100万元。做形体、拉伸、健美操都可以，要有一个使你的身体保持舒展和向上的力量。

还可以配合微笑。正常辅导过程中你要经常面带微笑，除非对方说到特别悲伤的事情，已经泣不成声。曾有人做过调查：经常微笑的心理咨询师收入比不经常微笑的心理咨询师多一倍！习惯性地多笑一下，不仅不要钱，还能大大增加别人对你的好感，因为总板着脸会让人觉得紧张。如果你天然不喜欢笑，就对着镜子练一练，提醒自己经常面带微笑。

3. 镜像

镜像的意思是：你要和对面的人形成某种对应。这要求你在一定程度上模仿他的肢体动作、说话方式，乃至整个人的气质。因为人潜意识里容易相信和喜欢跟自己像的人，所以我们做的一切努力，都是为了更好地进入这个人所处的状态中。

一个人所处的状态是什么？他对自己的外在表现形态清楚吗？实际上是不清楚的。没受过专业训练的人并不清楚，那他怎么能看到你跟他很相似？我们做镜像时，对方是不知道的，他不会悄悄分析："啊，辅导师正在给我微笑；他在摆开姿势；他在做镜像……"他不会意识到你在模仿他，但他的潜意识会接收到你的镜像给他的暗示，让他对你更加信任、敞开。但大家一定要小心，一旦对方知道你在模仿他，镜像就没用了，反而令他提防你。所以镜像不能做得太夸张。

（1）身体语言镜像

学员：老师，我有问题。其实我们对自己的身体形态、面部表情的觉察也不敏锐，怎么能看到别人模仿自己，就觉得跟自己很像？

我们要经常练习，我们心理咨询师要学会控制自己的表情动作，同时观察对方的表情动作。被辅导者不用觉察到跟自己很像，这些都会在潜意识层面对他造成影响，进入意识层面就没用了。辅导师能够让人在三五分钟内就产生信任感，原因就是这些微技能的叠加。

你们同学之间互相练习时，彼此知根知底、有信任基础，但对一个完全陌生的人，你怎样让他一下子跟你进入同一个状态，对你敞开？我说过："没有魔术，只有技术，"就是指这些技术的叠加。当你做心理辅导者时，你会发现别人的信任多么宝贵。多少原本要自杀的孩子、青少年对我说："这些我一辈子都没有对别人说过；从来没有人这样理解过我；本来我是准备去自杀的……"这些经历真的非常宝贵，非常感人。你需要日复一日、年复一年的训练，将掌握的技术——3V1B全部叠加、不打折扣地应用，才能得到这些宝贵的体验。

别人察觉不到你的努力，觉得不过是花钱找人聊了一会儿天，怎么出来就好了？其实他不知道，这个过程中你已经结合使用了几十种技巧，而每一个技巧背后是多少小时的反复练习。但这一切都是为了让他察觉不到，从而很舒服地进行沟通。

学员：我们怎么把握镜像和开、闭姿势之间的细微区别？

我们要始终保持开姿势，与此同时采用镜像；如果对方采用闭姿势，就不要模仿，而要保持最低程度的开姿势。比如：他端起水杯喝了一口水，你也可以喝口水，但不要马上模仿，也不能频繁，一定要控制量，不然对方会觉得自己被套路了。再比如：对方笑，你可以笑得更大声些；对方非常难过，你也要控制自己的表情，调整自己进入对方的情绪；身体语言方面，如果他摇摇头，你也可以撩一下头发。但是，对方如果做我们禁忌的动作，比如抱臂，我们就不能抱臂；他摸脖子，我们就不能摸脖子。我们的镜像要跟对方联合，同时又要比他稍微开一点。

只有长期练习这些技能，才能找到自己的节奏和感觉，可能需要半年时间才能熟练运用。

（2）语言镜像

语言和说话方式也可以形成镜像。每个人都有自己的说话特点，你可以记录他的高频词汇，比方他说的专业行话，你也许当时不能马上懂，但是你可以快速记下两三个词汇，掺到自己的话语中表述给他。这样一下子就能获得他的信任，认为你是自己人。如果不懂也可以问，比如："你刚才说到了××，可以给我解释一下吗？"他解释完，你就可以用了。但在咨询的过程中要学会分辨时机，不能打断他的思路：他如果想讲难过的事情，突然被要求解释就不合适。

一些极端词汇往往很有画面感。比如他说："我现在的人生简直是鲜血淋漓！"这就很极端、很有画面，这时就可以用他的原词。

对方表述时，我们的身体、词汇、表情、情绪其实都与对方形成了镜像。在辅导的过程中，除非遇到下面要提到的特殊情况，我们的身体不能有大幅度的动作。有同学非常喜欢扭动，好像板凳上有钉子，这样当然不可以；也不能突然向前、突然向后或者突然转动身体。

如果你实在累得不行、想换一个方向，就慢慢地挪动，不然对方会被打扰。因为一般人如果突然做大幅度动作，就表明已经非常烦躁、适应不了当下的话题，想要切换话题。我们自己不能这样，但是要观察：如果对方不停地扭动身体，可能就说明需要换话题了。

（3）特殊情况

1）"车轱辘话"

什么时候我们可以做大幅度动作？一种情况是对方一直说"车轱辘话"，也就是对方不愿意往前走，一直停留在一个话题上，浪费你的时间。这时你的身体可以向后仰——这跟我们的一贯原则相反，表示你已经不想听了，可以大幅度转移下身体。还有一个小妙招：身体后仰的同时，叫对方名字："某某，刚才我们已经聊了这些，现在我来总结一下。"稍做总结之后就可以把对话继续向前推进了。这是破解"车轱辘话"的一个绝招，百试百灵。

学员：这样会不会让对方不舒服？他可以感受到你不想再听了。

对，叫他的名字会很容易中断对话，因为你要提醒他，让他现在听你说。但是要尽量避免这样做，因为杀伤力比较大。我辅导这么长时间，基本没用过。

2）对方哭了

随着你的技艺日趋高超，在你面前哭的人会越来越多。我的办公室总是备着纸巾，隔几天就要换一盒。

当对方情绪非常激动，已经开始哭或者即将要哭，我们的总原则是默默支持，千万不要乱动。有时，一个人讲着讲着就哭了，大家会给他递纸巾、拍一拍背，然后说"别哭了"或者"没事没事"。这么做是大家的生活常态，但却是不正确的。

对方哭的时候，千万不要去碰他，也不要递纸巾，只要把纸巾放在他可以够到的地方就可以了。

学员：这样做是只适合辅导的时候，还是任何场合都要这样？

任何场合。递纸巾、触碰他、安慰他，背后的潜台词是"不要哭了"，是带有尴尬和不接纳的。在做辅导时，当对方哭了或者想强忍时，我们的潜台词是："没事，你哭一会儿。"不要触碰他、不要递纸巾，也不要大幅度动作；身体默默前倾，绝对不要后仰；不要盯着他看，可以稍稍低一点头，偶尔抬起眼睛看一下他。如果你发现对方哭得很痛快，就很好；若是不痛快或者对方在强忍，则可以轻声说："没关系，在这儿哭是安全的。"

当对方深吸一口气时，就说明他哭完了。这时你要感谢他，为什么呢？当然是谢谢对方的信任。在你面前哭的人都是值得感谢的，可以说"谢谢你"；我有时还会说："谢谢你刚才哭出来，我很珍惜这个时刻。"

当对方哭完之后，你们甚至可以保持长时间的沉默，多长时间都可以。有一次我的辅导刚进行15分钟左右，女客户就开始哭，抽泣了大概10分钟，之后我俩安安静静地坐在那沉默了很久，我默默地用身体语言与共情来支持她。直到辅导快要结束的时候，她整个人松弛下来，脸上也有了光彩，然后她说，她觉得好多了。在沉默的情况下，如果对方不说话，你也不要说话，留心观察：如果他还沉浸在悲伤情绪中，一直保持沉默也可以。当对方心情平复时，他会给你一个信号："我已经出来了。"他可能会说话，或者做大幅度的身体扭动，或者深吸口气；有了这些信号，你们就可以继续。没有这些信号也不用着急，沉默、关切就可以了。

我辅导过一个客户，哭完之后跟我说："哎呀，真对不起，把我的负面情绪传递给你了。"我很真诚地跟他说："其实很感谢你。我很珍惜你这样在我面前表达真实的感受，谢谢你的信任。"

学员：我觉得我的情感特别容易被煽动，别人难过时，我如果也一起落泪怎么办？

可以掉眼泪，这是表达支持。但你不能太情绪化：不能哭出声，可以默默地流泪。不要低头去擦眼泪，这会干扰他，不要让他跳出自己的情感来关注你："哎呀不好意思，把你也弄哭了。"这样就不行了。

学员：如果辅导者有情绪表露，我相信对方即使不看也是可以觉察到的，那这会不会就违背了我们之前所说的"避免同情"？

这不是同情，而是共情：跟他进入了同样的情绪。但还是要谨慎使用。辅导者一般不流泪，但如果真的进入情绪而流泪，也没关系，正如一句老话："与哀哭的人同哭。"但是，要控制在不影响对方的范围内。

总结

到此我们已经讲完了3V1B。现在总结一下：三个V是视线、声音的控制、话题追踪；一个B是身体语言。

- 视线接触要比对方稍微多一点；要观察对方的视线。
- 音色稍微低一点、语速稍微慢一点，说话有底气、简单明了，做到留白；如果对方是抑郁的，声音可以稍微向上调一些。都是同样的道理：与对方联合之后，带动对方的声音稍微往上调一点。
- 话题追踪时，要穷尽一个话题，不要擅自新开一个话题；如果对方一下子抛出多个话题，就要先锁定一个话题：要么你选，要么让对方选。
- 身体语言的总原则是融入和真诚。注意开姿势和镜像。在保持开姿势的前提下，尽量与对方联合，比他本人的开姿势稍多一点。避免大幅度的身体动作。如果对方一直重复"车轱辘话"，可以有技巧地打断；如果对方哭了，则不要有任何动作，让对方安全地哭，哭完感谢对方。

关于练习，给大家讲个日本武士的例子。日本武士刚开始学习武术的时候，很长一段时间——可能整个月都在练习同一个动作。他把这一个动作练得娴熟无比，敌人正面进攻时，他不用想就可以做出这个动作。之后他再练习下一个动作。这样累积了上百个动作招式之后，就可以见招拆招：实战中遇到各种方向的攻击，都能用不同的动作来化解。这些积累的技巧慢慢就形成了他的习惯性动作，随后他会上山找个安静小屋，在里面待一个月或者更长时间。这时他的任务就是要忘记自己所学的这些招数，将它们全部融入自己身体。这样，他下山时就成为大师了。

在练习中武士的技能一项项地叠加，熟练到成为肌肉记忆，直至不用思考就能运用。辅导也是一样，我们会学很多分解动作，然后持续练习。有一句英文谚语："use it, or lose it."——使用它，不然就会失去它。如果这些技巧只记载在你的笔记本中，对你其实没有任何用处，你只是花钱学了一些没用的东西。如果反复练习这些分解动作，一段时间后你会发现自己不知不觉已经变化了。

第六讲
爱是倾听3：积极聆听技巧

 一　积极聆听的作用

如果说"3V1B"是沟通与辅导的基础技能，那今天要学习的积极聆听则是"硬核科技"。学会了积极聆听，你才算真正入门了。我们之前学习"3V1B"倾听技巧，目的是建立安全感、信任感，让对方感受到自己被倾听、被关注。积极聆听的目的不同于倾听，你将使用自己的身体语言、话语和其他各种相关技巧引导对方多说话，同时让他感受到被深度理解。这样，对方就乐意打开心扉，把故事完整地拿出来交给你。做到这一步，辅导才算真正开始。使对方多说话，并且感到被深度理解，是我们学习这项技能时必须牢记的目标。

通过积极聆听，我们可以帮助对方积攒他被隐藏的力量，直到他好起来、回归到他本来该有的样子；而非通过提供建议或直接帮助，让他依赖你。在他找到自己的力量之前，提建议只会消耗他内在的信心，而我们不能保证提建议是对进程有帮助的。所以辅导中并非不能提建议，而是一定要等到水到渠成方可。

1. 帮客户整理思绪

许多人被困在自己的故事之中太久，就像苍蝇被困在瓶子里一般。他们的思绪像一团乱麻，他们与你对话时，一不小心你也将被他带入混乱，不知道他想说什么。这时，如果我们能够用好积极聆听技巧，就能够帮助对方整理思绪、澄清想说的内容。这是一件很神奇的事情。助教可以讲一讲，你过去使用积极聆听有什么发现？

助教：我认识一个人，他说话主题分散且语速快，所以他不太容易被人理解，总觉得别人听他说话的时候是在忍耐他；他不想让别人忍耐自己，所以想赶紧说完。越想赶紧说完，就越说不清楚，语速也越快。有一次我搭他车，有机会倾听他，之后我们又打电话继续聊，我通过积极聆听的方式来回应——当然也包括前面讲的调控语速等技能——从而让他保持在一个话题中，并且回到正常的说话节奏。那一次他聊得特别开心，觉得自己终于被倾听了。电话是我给他打过去的，挂了电话之后，他悄悄地给我的手机充了50块钱话费。

积极聆听可以帮助对方整理思绪；做到积极聆听，会让对方感到自己好久没有说得这么痛快了。

2. 自查聆听准确度

我们往往很轻易地认为自己已经听明白了——有耳朵不就能听明白别人的意思吗？其实当你用积极聆听技巧时，会发现自己在未经过专门训练前，聆听的准确度是很低的。你多大程度上听准了对方说的内容？对方真正想表达的是什么？你能否准确生动地复述对方刚才说过的话？积极聆听可以使我们通过不断和对方确认，来提高理解的准确度。

衡量聆听准确度的唯一标准是：你能不能准确、有条理、有细节地复述对方说的内容；如果不能，你就是没听准、没理解，不用找任何借口。

你可以尝试录音，然后试着复述对方的表达内容。把你的复述和对方的原话仔细对比一下，就知道你的准确度有多少了。不要认为这件事很简单，这对我们的思维要求非常高。一般绝大多数人都无法胜任3~5分钟时长的集中注意力倾听、充分理解复述。我也见过天资很高的学生，但5分钟似乎是这个练习的极限。经过一段时间训练的学生，可以达到10~20分钟。美国的标准辅导时间是45分钟/次，这个时长差不多是极限了。我现在的单次辅导时长是1小时，有时候甚至达到1.5小时，非常辛苦。记得有一次，我连着做了两次辅导，每次1.5小时，中间一分钟都没有休息，等于连着做了3个小时。做完之后本该吃饭了，但我根本没有力气张嘴，于是躺到地上从12点睡到3点才稍稍缓过来，实在太消耗精力了。

所以我们如果第二天要辅导，就一定要保证前一天晚上睡好。辅导师一定是作息规律的人，不然无法承受这种强度的烧脑。为了你的使命，你必须作息规律。如果前一天晚上没睡好，第二天做一个辅导就会很累。规律作息、经常运动、保持健康是辅导者基本的责任。作为辅导员，一定要懂得自我照顾，要担当别人生命的人，一定要照顾好自己，保持良好的身心健康。

3. 让人感到真实被爱

做好积极聆听，可以帮助对方挖出更多的潜能，这个过程就像挖宝藏一样，会得到意想不到的东西。我们要运用基本倾听和积极聆听技巧，把一个人的故事挖出来，并不断丰富它、穷尽它，得到更多细节，同时寻找对方的力量，这些都是为后续的辅导过程做准备。

如果我们得到的信息量还太少，或是理解还不准确，就急于去评判、给建议、向前推进，那么后面再怎么努力都是没用的。只有把倾听和积极聆听技巧反复落实到位，才有可能实现有效的、有根基的辅导，否则辅导就会沦为熟悉的教导。

从小到大，有很多人试图影响或者改变我们，真正有效的又有多少？为什么那么多孩子从小被父母唠叨，一件事被反复说了20年，他都没改？你都没有倾听到他，他凭什么为你改变？然而，当我们一步一步、踏踏实实做到倾听和积极聆听之后，对方就会知道自己是被理解、被重视、被爱的。

10年前，我约一位老师吃饭，想跟他聊一些事情。那天下午我们聊了三四个小时，在此过程中我感到特别充实、愉快、被对方理解。快结束的时候，这位老师说："萨林娜，你知道为了今天下午跟你聊天，我做了什么吗？"我说："不知道。"他就回答："我空出了一上午来睡觉，因为我怕自己下午犯困，不能专注地听你说话。"

有了这样的经历，我就明白了被高质量倾听是多么珍稀而奢侈：另一个人为了充分理解你、听你说话，选择在上午睡觉，准备好自己的状态在下午来见你，这是很特别的重视与爱。虽然他是没有受过辅导专业训练的人，但做到这一步就让我充分地感觉到被爱。虽然我早就忘了那天我们聊了什么内容，但一直无法忘记这种在沟通中被对方在意的感受，这也一直给我积极的力量。

当你们通过反复练习，完全掌握倾听和积极聆听的技巧之后，就会发现自己像一个行走的祝福，会有很多人从你们这里得到这个宝贵的祝福。当一个人真正被倾听的时候，这个人就像重新活过来一般，成为另一个人。

二 三个积极聆听技能

积极聆听技能包括三个部分：第一，鼓励；第二，平行表述；第三，总结。之前学的倾听技巧和我们今天要学的积极聆听，都是一个主动的过程。不要以为倾听是被动的，倾听是主动的；主动和被动的倾听带来的结果是完全不一样的！主动的倾听要求的是全身心地投入，是带着目标的。这三个积极聆听技能是我们辅导的硬核基本功。从现在起，我将开始教你们怎么用辅导语言说话。

- 鼓励：看上去简单，其实挺难，但你用久了会慢慢形成习惯。
- 平行表述：同样看上去简单，但事实上非常难，需要大脑快速运转，到现在它对我来说都是一个挑战。
- 总结：这一项看起来就很难，做起来更难，但是好在使用频率低，一次辅导用1~2次即可。熟悉流程之后就没那么费劲了。

一次45分钟到1小时的辅导，说话量是很多的，如果全部录下来、打出来，相当于一篇上万字的文章了。如果把一次辅导比作一篇文章的话，应该在哪里运用鼓励、表述、总结呢？

在句子后面用鼓励，但并不是每一个句子后面都要用鼓励；在自然段后面用平行表述，但也不是每一个自然段后面都要用平行表述；在段落群后面用总结——一个被追踪穷尽的话题称为段落群，一次辅导可能会包含两到三个段落群，但同样不是每个段落群后面都要用总结。这需要根据实际情况确定，是选择性的。如果你每一句话后面都用鼓励，对方很快就会发现你在玩什么把戏；如果每一个自然段后面都用平行表述，也会很累。在辅导中要有选择性地做积极聆听。

1. 鼓励

我们初次看到鼓励这个词的时候，会以为是要找到对方的优点鼓励他，其实辅导中的鼓励，并不是鼓励对方说得好、做得好，而是说话表述本身。这里所谓"鼓励"，是鼓励他多说，把已经开启的话题讲下去。鼓励的方式有无声、有声两种：无声鼓励是一些肢体语言，而有声鼓励则是见缝插针地说一些特定的字和词。

（1）无声鼓励

无声鼓励可以是点头、微笑、视线交流。"3V1B"中稍稍前倾的坐姿表示你的接纳和兴趣，也是一种无声的鼓励：如果他说到某些内容时身体前倾了，我们身体也就要跟着前倾，来积极地回应他。开姿势表示一种接纳——欢迎你来把故事讲出来。我们使用这些无声的肢体语言，表现出对于对方话题的专注度与感兴趣程度。

在积极聆听过程中一定要注意专注度：在对方讲述的时候，就不要想其他事情，包括接下来如何回应。不要由他的话题联想到自己，思考自己是不是也有过类似的优点或者是缺点，否则就变成自我关注了，而这是我们在沟通中要极力避免的。所有的关注都要在对方身上，这在今天是特别需要训练的，因为我们的注意力已经被严重破坏了。我们常常看手机，我在备课的时候发现自己每隔半小时就需要摸一次手机。虽然我知道备课非常重要，但还是忍不住想去看看微信聊天、看看朋友圈。

我们开始可以做一对一练习，从 5~10 分钟开始，再慢慢延长到 40 分钟。你要培养对别人感兴趣的能力。当和别人交谈时，即使你可能有对方所说的类似经历，也要把说话的机会还给对方；对方继续讲述时，你会发现他所说的和你原先设想的不一样，这时你会觉得对方很有趣！如果你有一次这样的经验，就会想：我原本已经对这个人有了一些判断，但当我把人类格子全部打碎之后，积极聆听给了我一个重新了解他的机会。

（2）有声鼓励

有声鼓励，顾名思义就是用声音去回应对方。比如："嗯""对""是"。要控制回应的字数，不要唯唯诺诺，否则对方会认为你在迎合或者敷衍。要控制自己使用坚定的一次发音，比如："是""对""是的"。无声鼓励中的点头也类似，要避免频频点头。当你频频点头或者连声回答时，状态并不是松弛的，而是忙着在应付对方。这时需要让自己松弛下来：不管自己现在有怎样的心事，既然这个人现在在我面前，此刻的重点就是关注他、倾听他；要为这个人预备好自己，放下其他让你分心的事，将这个时间完全给他。

有声鼓励还包括重复对方说话中的关键词。例如，对方说了一句"我最近特别有压力"就停了，这时你跟一句："有压力"，她可能就会接着说："对，我最近工作状态不好、在家跟老公吵架，而且小孩成绩也不好，我两个星期被叫去三次学校了。"你重复一个词：有压力，她就会顺着这个词继续展开话题。还有一些实践中非常好用的词和短句，包括："然后呢？""真的呀？""这样啊！""难怪！""举个例子？""比方说？"等等。根据具体对话情境选择不同语句，可以有效推进对话，也能将你的兴趣和关切传达给对方。

例如对方说："我最近不好"，你就可以问："具体说说？"让她的话题得以展开。如果对方的叙述时间或者逻辑性很清晰，就可以说："然后呢？"这个方法特别好用，但同样不能过分使用，否则会让对方感觉不自然，认为你在追问。

（3）鼓励中的禁忌

使用鼓励技巧时，还有一些禁忌。比如不要做手与脸接触等一类的小动作和扭动身体、抖腿等大动作，切忌眼神涣散，看其他地方。鼓励不要太频繁。

我们本是好意，但使用过于频繁就会打断对方，所以应该被禁止。

我们要鼓励对方用说话的方式充分展现自己。你可以表达出惊讶、感到非常不可思议，或者随着他的情绪走，这些都是鼓励的一部分。

2. 平行表述

平行表述涉及笔记的记录。之前的练习是不需要笔记的，但从平行表述开始，每个人都要学习在辅导过程中做笔记。因为仅凭我们的大脑记忆是无法完成平行表述的！这是一项硬核技能：听起来简单，做起来却非常难，需要反复练习。

（1）什么时候做平行表述

对方的表述会形成很多小自然段，要选关键段落而非全部进行平行表述。具体而言，当一个自然段的信息量比较大或是内容比较重要的时候，我们才选择做一次平行表述。

（2）平行表述要精练准确

当对方表述完一个重要的自然段后，你们就要稍稍停一下。这时你要把对方刚才说的那一段内容用更短的语句复述出来。这对我们的语言能力要求很高，如果你说话啰唆，做出的复述可能比对方还冗杂。

正确的平行表述要比对方说的内容更短更清晰。对方说话是没有任何义务说得清晰、有条理的，可以想到哪说到哪，但是当你做平行表述时，你有义务把他那一堆散乱的素材总结成更短、更清晰、更有逻辑的句子重新表述。在这个过程中，对方自然段中不关键的部分可以用你自己的话代替，但一定要抓住关键词并原封不动地使用。

平行表述的一个使命是尽量忠于原文，这个对我们是很大的挑战。在平行表述阶段，你不必考虑自己的理解、情感与认可度，这些跟平行表述无关。不要扭曲对方的意思。我们的使命就是尽量忠诚地用更短、更清晰的句子还原出对方的意思。

（3）笔记

平行表述需要对自己的思绪加以极大的克制。之前一对一做练习演示的时候，几乎每一次新手练习都会让人大跌眼镜。一个人说了一段话，另一个人试图做平行表述，结果后者的理解和前者说的内容完全是两回事。这是因为做平行表述的人在想自己的事，根本没有听清对方在说什么！即使是一些看上去很聪明、很有天分的学生，一做这个练习就显得特别茫然、窘迫。

我们要尽量克制自己大脑中奔逸的思维，这时笔记的重要性就凸显出来了。做笔记之前我们要跟对方讲明。有些人会介意做笔记，你必须征求对方同意，告诉他："我做笔记是为了更好地记住你的故事，笔记的内容我会保密。如果你介意的话，我可以给你看；聊完结束后，我可以把这份笔记撕毁或者交给你。"这样说会让对方有充分的安全感，并且知道你这样做是为了更好地倾听他、记住他的故事。

（4）关键词

我们不能把对方说的话全部记下来，只能采用记关键词的方式。关键词包括以下几种：

• 重复词：要注意听对方分享中出现超过两次及以上的词。这些词可能对他很重要，不管你是否理解，先记下来。

• 细节词：包括很具体具象的、有画面感的、特别的词。尤其要注意对方用词比较狠的地方，这是每个人的语言特点。

• 专业词：对方领域里，或者他感兴趣的生活中一些特殊的词。例如，我现在辅导"00后"。他们的话语系统是很丰富的，因为他们活在网游的世界里，对话中和游戏有关的词是层出不穷的。这时就要挑战自己跟上他，哪怕我不懂也要先记下来，结束之后赶紧查、赶紧学。这样，我下一次就可以跟他在同一频道上使用他的原词，他也会觉得我和他是一个圈子的人。我有个客户做生意跳了五次槽，每次跨度都很大，我就把他提到的各个行业的关键词全记下来，下一次跟他回馈的时候直接说出，他就觉得我真的懂他。做笔记的好处就是能快速捕捉这些词，从而在下次对话时可以直接把原词回馈给他。

• 数据/信息词：对方的基本生活信息、数据；包括他老家在哪，有几个孩子，孩子的性别、年龄，等等。要把这些数据迅速地记下来，不要让对方说第二次。如果他在聊天中无意间提到了一些人名，你即使不知道怎么写也要快速用拼音记下来，下次聊天时直接跟他讲出来，一定要准确。例如，我有个律师朋友讲自己律所的事，无意间提到他另外一个主任的名字，我快速记下来了，并且下次跟他聊天的时候直接说出了这个主任的名字，于是他就觉得我非常重视他说的每一句话。千万不要弄巧成拙，比如把男孩记成女孩，把结婚九年、孩子五岁记成结婚五年、孩子九岁。

（5）记笔记"字大行稀"

记录关键词并准确地在平行表述中反馈给对方，这个技巧对我们大脑的要求很高，非常需要练习。我在见客户之前，会把他上一次或者上几次的笔记拿出来复习一下,从过去的笔记里圈出一些重点,因为这次可能会提及。

记笔记的原则是"字大行稀"。因为你做笔记的同时要顾及"3V1B",不能一直埋头做笔记而不顾其他,只能见缝插针地写几个字。所以,笔记中的关键词也就"字大行稀"地分散着;当对方结束一个话题时,要根据内在结构把关键词一组一组地圈起来,告诉自己这是一个段落。尽量遵循对方的思维逻辑;如果对方说得很混乱,没逻辑没层次,你就要快速地把记录下的关键词分组分段,表述时选择一个结构——时间顺序、逻辑顺序,或者重要程度等,组织出一个骨架,把"肉",也就是关键词,填进去。你甚至可以发明自己的速记标识记录方法,只要自己能看懂、能讲出来就行。

现在大家应该明白了为什么平行表述需要很迅速的反应能力。平行表述不要做得太笼统;很多同学在练习中做的平行表述缺乏细节,不生动、太死板,把别人有血有肉的表述变成了例行工作汇报一样的"僵尸"。这样会让人感到很失望、无趣,没有生机。

(6) 平行表述的格式

平行表述的基本格式是一个"三明治"结构:上面的"面包片"是一个开启句,中间的"肉"是复述的内容,下面的"面包片"是与对方确认的句子。对方说完一个自然段之后,你要先说一个转折句,比如:"哦,你刚说到……""你说的是……""你的意思是……""我听到你说……"要用一个自然的转折语句来过渡,提醒对方你要复述他刚才的说话内容了;第二步是平行表述的主体部分,也就是你对他的复述;第三步是确认。做完平行表述之后,一定要跟对方确认:"我理解得对吗?""是这样吗?""是这个意思吗?"

当你向对方确认之后,会得到三个可能答复:①"对对,是这样的",这时你们的谈话可继续往下进行;②"不是",那就说明你表述失败,但至少你给了他机会来指出你哪些地方理解有误;③是又不是,比如:"基本上是吧,但是……",这同样给了对方一个机会来纠正你。不要怕被纠正,这是非常有意义的沟通过程;也不要以为自己的理解和平行表述一定是对的。总的来说,我们在整个辅导过程中一定要保持谦和的态度:对方永远是他自己生活的专家,我们对他的理解永远像是探路一样,要一步一确认地往前走。

当你踏踏实实做平行表述的时候,会有一个奇妙的效果——对方往往开始做自我修正。因为他平日里没有被这样对待过,但现在有另一个人把他所说的内容认真、清晰地复述出来,他就有机会听到自己并反思刚才所说的内容。他说:"你说得对,但是其实我的意思是……",这时,他就会开始修正自己的想法。所以，我们做好平行表述，沟通和辅导就省了很大的力气。因为有时你讲道理、提建议是没用的——道理谁都懂，谁也不比谁高明多少；做好平行表述，他会被激发出自我反省与修正的能力，他修正过后再说一遍，你还可以再做一遍平行表述，他就又有机会反思、修正。这样下来，很可能你在辅导中只用平行表述一个技巧就取得了成功。

（7）力量

"力量"这一概念在我们整个课程中被反复提到。我们用倾听和积极聆听这两个大技能，所要达到的目的，一是尽其所能，详细准确地得到对方的故事，二是发现对方的力量——这个人本身有什么力量？是什么支撑他走到现在？他内心有什么潜能？

所以，当你倾听对方的时候，一边要做关键词的记录，一边要顺手把你发现的力量记下来。平行表述本身可能用不到这些力量，但是要快速把这些力量记录并积攒起来。

什么是力量？简而言之，让一个人向上、向前、向内成长发展的因素，或者在困境中支撑他的品质、细节、习惯，都可以算作力量。一个有深度抑郁症的客户已经头不梳、脸不洗一周了，但为了见我还是洗了澡、画了淡妆，这就是她的力量；一个面临离婚、被老婆抢去了家产和孩子的人，说到今天出门抬头看看，发现天很蓝、树很漂亮，这就是他的力量——他已经濒临绝境，处在非常昏暗的人生阶段，却仍然拥有着发现美的眼睛。每个人都有力量，大家要相信、确认这一点。一个人不管看起来多不堪、多软弱，他内心一定有力量，就看你能不能发现。

3. 总结

（1）什么时候用总结

你可以自己总结，也可以请客户总结。我们先讲自己总结的情况。

- 刚开始辅导就可以总结上一次的内容。如果对方是你的长期客户，几乎每周都有一次辅导，每次一开始辅导就可以用。比如把上次辅导内容做一个大概的总结，然后问他："这周怎么样？"

- 辅导过程中也可以用。一个大段落群结束、一个话题穷尽就可以用总结。

- 另外一种情况：话题已经穷尽了，但是对方又开始讲同样的话题，说过两遍以上，就是在说"车轱辘话"了，这时也可以用总结，这样的好处是可以帮助对方从循环思维中跳出来。具体怎么做呢？趁对方换气的时候叫他名字，然后开始总结。

• 也可以在辅导结束时用，这类情况比较多见。辅导结尾的总结有点像是整个辅导的一个大平行表述，但它们之间又有所不同。做这一类总结时，你需要像做蒸馏提纯一样从各个自然段中提炼出有效元素，然后理出顺序、用一定的方法加以组织，再用更加准确和精练的话语表述出来。平行表述中如果是100（客户）∶60（辅导者）这样的词数比例，那总结可能就是100∶10；当然我们不可能去数字数，大概把握这个比例就行。此外，我们在平行表述中尽量忠于对方的原意，总结时你可以更多地使用自己的话，但仍要保留一些段落关键词。最忌讳的就是在总结中事无巨细，好像是做了一个冗长的平行表述。这样会令对方崩溃，尤其是在你之前已经做了平行表述的情况下。

还有一种情况是你真的不明白对方在说什么。这个时候你也可以尝试总结，请对方确认，起到澄清的作用。

（2）总结的效果

如果总结用好了，会有什么效果呢？故事一旦被总结，就产生了意义。

大家听过创伤后遗症吗？总结是一个特别有效的医治创伤后遗症的方法。创伤后遗症是由长期受虐、车祸、战争等重大创伤事件带来的心理创伤。一种治疗方法就是让对方表述，然后我们做平行表述，最后做总结。一个人的故事被辅导者有效地总结后，对这个人就是一次医治。

大家熟知鲁迅笔下的祥林嫂，她的故事就没有被认真平行描述、总结过，所以她一遍一遍地找人哭诉，却没有实现任何有效沟通。也有不少老人家，一旦逮着一个愿意跟他聊天的人就开始讲自己的革命历程，其实也有可能是因为他们一生都没有被好好倾听、总结过。一个故事一旦被高质量地总结，就开始对其主人公产生意义。如果你们自己练习，就会发现如果对方表述了自己的故事，又有另一个认真倾听的人用专业的顺序和方法把这个故事复述了一遍，这个故事就诞生在这个宇宙中了；否则它不过是一堆存于故事主人公头脑中的素材。这有点高级，像一个奥秘，我们在后续课程中会更详细地讲解。

（3）总结的方法

• 第一步，当你判断可以总结了，就叫对方的名字。不要突然连名带姓地叫，而要按你平时、惯常的称呼方法。如果一贯叫"静怡"，突然叫"张静怡"，就会让对方觉得很紧张，"我做错了什么吗？"要轻描淡写、随意一点，不要正襟危坐，接着加一句话，比如："刚才我们聊了×××，现在我试着总结一下好不好?"你可以说"总结"这个词,这就表明你接下来要开始总结了。

- 第二步,按照事实、想法、情感的既定顺序总结,不要颠倒或者混乱。事实说完了说想法,想法说完了说情感。比方说,一个人讲了一堆自己在工作中遭排挤的事,总结的时候你就要把事实、想法、情感厘清:

①事实:他工作中被排挤、同事们都不理他;老板看他不顺眼,老是让他加班。

②想法:他认为老板是个烂人;认为自己处理人际关系技巧有问题;认为加班影响正常生活。

③情感:他非常害怕被排挤;讨厌老板;处理人际关系让他很焦虑;被迫加班让他很气愤。这里的情感分两种:一是他通过描述自己的感受表达出的情感。比如:害怕、讨厌、焦虑、气愤……二是辅导者观察到的情感。在做辅导的过程中,他除了自己表达出来的几个情感词,其实还可能有别的情感通过他的身体语言和表情流露出来,比方说他感到羞耻,但他是不会明说的。所以,总结的时候要包括他自己表达的情感,也要适当选取你观察到的情感反馈给他。

给大家提个醒,中国人是很难准确表达出自己的情感的。我们的语言里和情感相关的词汇量特别少,因为情感的表达在我们的文化中一直是被抑制的。我记得有个同学做过很经典的概括:中国人能够比较正常、不感到羞耻地表达的情感只有两个:一个叫作生气,另一个叫作高兴。用其他词语表达就很难了:很多正面的情感都转化为高兴,负面情感都转化为生气;他不会说我很悲伤,或者感到羞耻。他可能还会说郁闷或者说烦;但凡能跟你说自己烦的,说明你俩的关系已经比较安全,在不太安全的关系中,能正常表达的就是生气和高兴。

- 把刚才的对话按照事实、想法、情感的顺序总结之后,还要确认,这与平行描述一样。要问对方:"是这样吗?""我理解的对吗?""我总结的对吗?"这样就形成了一个完整的总结。

(4) 多事件总结

大家要知道,没有一个客户会清楚地按照你希望的顺序讲自己的故事。他可能会把事实、想法、情感全都搅在一起,甚至可能不会在一个话题内把这些事都说完,可能同时说出两三个混在一起的话题。

比方说,他在一个大的段落群里说了两件事:一是他的工作,二是他跟女朋友的关系。怎么做这个事实、想法、情感的总结呢?你有两个选择:

第一，如果你头脑灵活，你可以将事实、想法、情感三部分分开叙述两件事的内容。

第二，如果你脑子没那么灵活，可以先分一下他工作方面的事实、想法、情感以及他与女朋友关系方面的事实、想法、情感，最后确认。但这需要更精练一些。

1）总结的顺序不能更改

平行表述的难点在于要忠于对方的原意，保留有趣的"血肉"成分；总结的难点在于精练，有条理，而且一定要按照事实、想法、情感的顺序。

为什么一定要按照这个顺序？可不可以换一下？可不可以先说情感，再说事实和想法？人们——尤其是女性，往往喜欢以情感开始表达，然后再说自己的想法；甚至不说自己的想法，也没有事实，只说情感。比如，有人说"我就是烦，不知道怎么了"，没有事实、没有想法，只有情感，但情感他也不能充分表达出来。这很常见，我们总结的时候，按照事实、想法、情感的顺序其实是由浅入深的，切入顺序比较安全。因为事实是中性的，有好有坏，发生了什么就是什么，然后讲想法，最后进入情感，这样整个过程非常流畅，不会让人产生防御。

2）谨慎总结观察到的情感

要注意的是：对于观察到的情感一定要有把握；如果没把握千万别说，否则可能弄巧成拙。如果你观察到了，但又怕说不准确，可以先挑程度轻的跟他确认甚至可以只描述你观察到的现象。

比方说我自己辅导时，对方讲述的时候我不会立刻反馈，我会在做笔记的时候画一条线，然后在旁边标个小注。总结情感的时候，我才会说："刚才你说到你爸踹你妈一脚的时候，我看到你的眼睛有点湿润。"我是在描述自己在那个特定时间点观察到的现象，其实就是一个对他情感的反馈。这个时候多询问一句："你能告诉我你当时心里在经历什么吗？"他如果回答："我非常愤怒"，这个情感就是他自己说出来的，也会对他产生意义。如果你说："你是不是很生气？"那这个情感就成了你强加给他的，他可能会反弹。

3）不要在总结中添加自己的理解

总结是一项很难掌握的技能，不可能一下子做到面面俱到，总之一个字：练！

总结完，一段谈话就告一段落了，就好像写文章时在结尾把之前的重点重新汇总一遍。总结会对这个人产生新的意义。你们可以在练习的时候互相试一下，你能感受到，当你的一个故事被另外一个人总结后，真的就对你产生了新的意义。

要特别注意，总结想法时一定要控制住自己，不要添加自己的想法。我记得有一次练习，被辅导者主要说自己工作以及被女朋友甩了的事，他没提过自己长得帅不帅的问题。结果负责总结的学员说了两三遍："唉，这个看脸的世界！"最后被辅导者说："我脸其实还可以啊！"这时总结的人就添加了自己的理解：对方只说了工作失败和被女朋友甩的事，长相问题人家根本没表达过。一旦把自己的理解掺杂进来，辅导就无法进行了。

4）整理情感

我们中国人普遍情感比较压抑，一般不轻易表露自己真实的感受。女性情感可能稍微外露一点，但也难保表达者被贴上"情绪化"的标签；对男性来说，似乎表达情感一直就是不正当的。他们可能刚会说话就被告知："你一个男孩子哭什么哭？丢不丢人？"所以有很多谚语——"男儿有泪不轻弹""打碎了门牙和血吞"……在我们的语境里，正常的情感表达往往和软弱联系在一起，让人有羞耻感。久而久之，我们发现自己内心有很多情感是没有被命名过的，只得浑浑噩噩地承受这些负面情绪带来的伤害和压力。

我们不知道怎么处理这些像乱麻一样的情感，就把它们压在心底，不让它们影响自己的正常生活。但是，人的情绪闸门抵御压力的能力是有限的，超过极限就会崩溃。所谓"千里之堤毁于蚁穴"，我们有一天可能因为一些特别微小琐碎的事——谁没洗碗、谁走的时候忘了关门或者关门声音大了，或者因为谁有意无意翻了个白眼，突然间就暴跳如雷、摔东西打人。其实这根本不是因为当下那件事，而是因为他长期积压的情绪崩盘了。我们的文化里缺乏榜样示范，也很少训练如何正常健康地表达、整理及管理自己的情绪。我们千头万绪的情绪搅在一起，亟须被主动管理。

- 第一步，给你的情绪命名。每一个被压抑的、混混沌沌搅在一起的情绪都应该被看见、被命名。命名是情绪管理的第一步，也是基本条件；你永远管理不了没有名字的情绪。情绪应该像圆形、三角形、方形、菱形一样被命名，比如我受了伤害、我感到羞耻、我感到被拒绝、我感到愤怒……命名情绪就是直面它们的表现。

- 第二步，处理这些负面情绪，具体分为当下处理、后设认知处理两部分。当下处理最有效的方法就是做腹式深呼吸，并且把你的意念集中在你的气息吐纳间，这样会迅速下调你的心率、激活你的副交感神经，也让你的大脑皮层有更充足的氧气，不至于被绑架去按照本能冲动来反应。还有一个聪明的应对方式是快速离开这个让你产生强烈负面情绪的现场。当然，不能不告而别，而要礼貌地告诉对方自己要出去一下，说好什么时候回来。这样做能获得暂停的权利，赢得时间、空间，使自己能够从容主动地处理情绪，而非被弄到情绪崩溃、不可收拾。

把自己抽离出来后，可以去做一些取悦自己的事。如果条件允许，大吼大叫几声、大哭一场或做一些运动，都可以。总之，你应该主动管理情绪，而不是让情绪来管理你。

后设认知处理则要求我们在每一次情绪波动之后有回看的能力。这时要问自己几个问题：

a. 这一次情绪波动的转折点是什么？那时发生了什么？我看到、听到了什么，导致了我的情绪波动？

b. 这一类情况之前是否发生过？我是否处在某种反应模式或循环中？

c. 这个问题的根源在哪里？我是否从根源上面对和处理过这一问题？

d. 在我情绪的作用下，有可能被我忽略的事实是什么？如果换位思考，对方（别人）可能会从什么不同的角度来理解这件事？

e. 我可以做什么来预防此类情绪暴发？通过这次经历，我可以学习和成长的地方是什么？

• 第三步，表达情绪。这一步和上一步可以互换位置甚至合并：有人先表达再处理；有人先处理再表达；有的人一边表达一边处理，因人而异。如何用健康尊重的方式正确表达出你的真实情绪？我相信绝大多数人未经训练是无法掌握这个技能的，而辅导可以帮助他们健康地表达。

（5）情绪轮

在总结部分，我们帮助对方的情绪命名、处理、表达情感。多数人描述情绪的词汇非常有限，所以辅导者要先从自己开始，积累自己的情绪词库。

我们可以参考哥伦比亚大学心理学家普拉切克的"情绪轮盘"（见下图）。图中第一轮是最基本的情感词语：恐惧、愤怒、热心、悲伤、高兴、惊喜；第二轮有比第一轮更详细的词语；第三轮又有比第二轮更详细的情感词。就像我们区分颜色一样：有人只能分出红、黄、蓝、绿、紫，有人却能分出朱红、故宫红、粉红、玫红、玫瑰红、桃红、石榴红、砖红、珊瑚红……

人类能够体验丰富、精妙而且美好的情绪，它们有的积极、有的消极，但我们都可以选择用健康的方式表达。描述情绪的词如此之多，远不止普拉切克

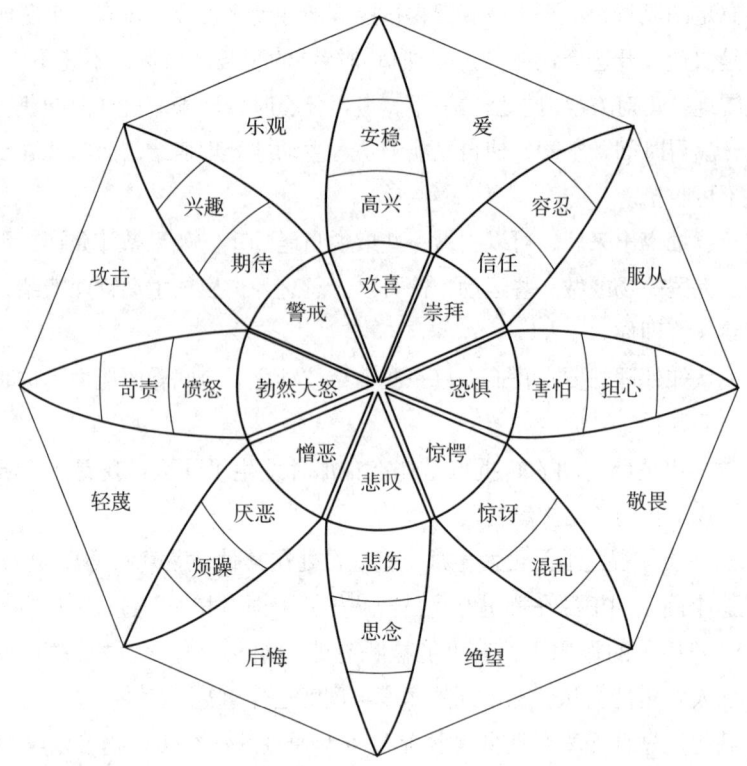

情绪轮盘中包含的那些。辅导者要扩充自己描述情绪的词汇量，习惯性地用更为细致、准确的词语来描述自己的情绪。

我们要识别每一个情绪背后的一级情感。人都有追求完满幸福的本能，就像食物、空气、水对我们的身体来说是必需的一样，一个人想进入幸福快乐的状态，也需要以下四种要素：

- 第一种要素：identity，你要知道自己是谁、要有身份感。要知道自己活着的意义、价值和归属。
- 第二种要素：security，就是安全感。这个安全感包括物质方面的：人的生命和财产不受到威胁；也包括情感层面的：如果一个人长期感受到被威胁恐吓、被羞辱、被嫌弃、被指责、被恶意伤害，失去了情感安全，他一定不会感到幸福。
- 第三种要素：intimacy，就是亲密感。人的本性都渴望爱与被爱。人是社会性、关系性的，在深入而亲密的关系中，人的幸福感会被放大。人需要在与他人的互动中感受到被尊重、被接纳、被理解、被欣赏、被珍惜、被爱，若是富可敌国却没有亲密感,也不过是个可怜虫。

- 第四种要素:importance,就是重要性。人要知道自己有价值、能够创造不同,他需要知道因为自己的存在与努力,世界会不一样。他是有价值的、对别人是重要的,因为有人需要他。

如果一个人同时拥有了这四个幸福要素,那他应该是愉快幸福的,也不太会有什么负面情绪,即使有,也能很快化解。然而现实中,我们每个人都缺失了一个或多个幸福的要素。当这四个要素中出现缺失时,不会产生真空,三种原始的负面情绪会填补这个空缺。我们称这三种原始情绪为负面情绪的一级情感,它们就像三原色一样组合、叠加出其他的负面情绪。这三个负面情绪的一级情感是:羞耻、恐惧、痛苦。

这三种情绪构成了人类的基本情绪,即使是在人生中最高兴的时刻,这三种情绪仍然是人内心的阴暗底色。大家想一想自己,有谁在一生之中体会过完满无缺的幸福和快乐?在人生最得意最风光的时候,心头是否还是会掠过一丝惧怕、悲伤或是不充分感?即使在婚宴上、庆功宴上,也总有人会喝到痛哭。

情绪轮盘中的所有情绪,除了正面的高兴等,都能追溯到这三个一级情感。

二级情感是一级情感的混合。比方说,生气就是二级情感。人是不会单纯生气的,生气背后一定藏着一个或者多个一级情感。生气有不同的种类,比方说一个小个子身体又弱的男生,看到自己的女朋友跟另一个又高大又有钱的男生在一起,他生气了,想要上去揍那个男生一拳。这时他生气背后的一级情感可能是羞耻、悲伤,也可能包含恐惧,辅导者一定要会识别他人情绪表现背后的一级情感是什么。

人的情感是很复杂的。假如一个人跟你表达:"我特别烦",这里的"烦"也是二级情感。你听了他的故事,也许能在烦躁背后找到恐惧、羞耻。再比方说嫉妒,背后的一级情绪可能会有羞耻,可能会有恐惧。

我们要有能够辨识出他人表述、表现背后一级情感的慧眼,从而得知背后真正驱动他的是什么。

第七讲
注入力量："扭一下"

我们之前学了"3V1B"、鼓励、平行表述、总结这些招式，你学会之后就可以见招拆招，但我们还没有学怎么发力。很多人会觉得：你们辅导者和一个笑眯眯的、坐在那点头的复读机有什么区别？区别就是：在辅导中，你是要输出力量的。我们之前讲过，辅导的总方向和输出力量就是要让对方不断向前、向上、向心。

我们辅导者的一个重要作用就是：在这个过程中要"扭一下"。这也渗透在我们所有辅导技巧之中。"3V1B"其实已经有"扭"的思想了：比如，你虽然要跟他镜像，但要比他稍微"好"一点，这其实就在把他状态"扭"往好的方向。另外，平行表述、总结与提问题的时候也都要"扭"。

"扭一下"，是指你不动声色地把他的状态往好的方向微调。重点是你要不动声色——你还是在用他的素材、用他的话，但是你运用一些特别的技能，稍微加入力量。你要打开他描述中的消极、下沉和封闭的局面。一个没有被"扭"过的故事，大多数天然是消极下沉的；你在辅导过程中，需要通过"扭"的技术把他故事的基调上调，从而打破它的封闭性。

具体怎么做呢？你要通过微调使对方僵化的、有破坏性的表述产生结构上的松动。原来他的故事封闭、没有突破口，他被"困死"在自己故事的"监牢"中；你通过"扭"来使其产生松动，打开缺口，给他创造从"牢"里面出来的可能性。你要把他朝更积极、更有前景的发展方向引导。

但是请注意：你不是跟他争论——"你不对，刚才你说的这个没道理，我告诉你什么是对的"。你要顺着他的话对他进行引导，这个过程他自己察觉不到。他仍然沉浸在自己的故事之中，但是你已经悄悄揭下了他的标签、打开了他的"监牢"。

我们先学"扭一下"的三个基本技巧。

一 措辞

注意措辞,具体是指你在复述、做平行表述或者总结的时候,要问对方"意义"而不是"感受"。我们"扭一下"时,要把对方的想法归于他自己;所以要说"你认为",不要说"你觉得"。

辅导者不能说"你觉得",如果一个辅导师不停地说"某某觉得",给人的感受就是不专业。因为不论什么东西,一旦加上"觉得"就成了一个很模糊的概念,像一团不明物质。"觉得"的内容不能被归为事实、想法、情感,因为它没有实体。这种没有实体的事情无法说清楚,所以一定要实体化。

辅导不能停留在感觉的层面,被辅导者说的那些内容,一定可以划归为事实或者想法、情感。"觉得"这个词,应该从咨询师的词汇中消失。

所以在复述的时候你的措辞应该是:

- 事实:你经历了……
- 想法:在你看来……/你的观点是……/你认为……/你的想法是……
- 情感:你感受到……/这件事激起了你的……/引起了你的……/你的内心经历了……

比如谈到愤怒时,可以直接说:"这件事激起了你的愤怒/你感受到愤怒",不要用"你觉得很愤怒"。

根据被辅导者说的内容进行分类,并用这三种方式描述出来。在这个选取合适措辞的过程中,你就已经在给他注入力量了。之后再把那些模糊、无法测评、无法落实的词语变成情感,归于被辅导者,让他知道:这是我经历的;这是我认为的,是我的想法;这是我感受到的。

被辅导者的原始素材常常将事实与感受混在一起,使用大量的"觉得"。但是当你来分类时,要用实词而不是虚词:当你把听到的内容以实词开头反馈给他时,他就拥有了这个东西,而不只是停留在一个模糊混乱的感受中。当辅导者悄悄把一个没有力量的词语换成另一个有力量的词语时,一般人是感受不到的,辅导者在这样做的时候,就是在给对方注入力量。

另外,大家说话的时候要注意轮换使用以下措辞:"你认为、在你看来、你的想法是、你的观点是……",而不要一直重复"你认为",否则他会很容易就发现了。这些实词大家可以有意识地多积累一些,以便在辅导中替换掉所有的"觉得"。

二 时态微调

时态微调，是指不动声色地替换客户所用的时态。咱们学英语时都学过过去时、现在时、将来时、虚拟语气，等等；时态微调中的"时态"也跟这个类似。

1. 过去时

当对方的叙述中包含很多充满抱怨的负面信息时，我们在表述的时候就要将它们全部变成过去时："在过去的这段时间里，你经历了……"

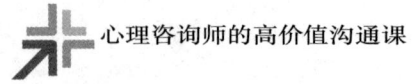

有一个人来到辅导师面前说："我的抑郁症很严重。"这时就需要打个点：这是他过去已经经历的，到今天他还在抑郁。相应地，你可以说："到目前为止，你经历了抑郁。"人处在问题当中时，会把自己和这个问题混在一起，他觉得自己就等于抑郁症。而且这样的人大脑中没有时间节点，他认为自己过去、现在、将来都是这样，和这个问题捆绑在一起。但是当你给他打过点之后，他大脑里会突然出现一个概念：这是我过去经历的，现在也仍然在被它困扰，但是这不应该是我的全部。这个暗示他可能不会一下子想明白，但是他已经接收到了。

2. 将来时

一位女士的父亲得了癌症，她在描述这个事件的时候说："我这么年轻就会没父亲，孩子会失去姥爷。"——这个内容是负面的，但它在将来是可能会发生的。如果你说："哎呀，你这么年轻就会失去父亲，孩子就会失去姥爷……"这对对方来说，好像这一切已经变成了事实，只会增加她的焦虑和恐惧。所以你应说："你刚才提到"，或者"你认为"，不要直接说"你会"。

对于将来有可能发生的、负面的事情，要把它变成虚拟语气，只提到有这种可能性。这样一来，你并没有改变她的话，但是在时态上给了她期望——你在复述的时候把它变成了一种开放性的话语。在上面的案例中，你可以说："你刚才也提到，有这种可能性：你这么年轻就会失去父亲，你也感受到焦虑和害怕……"，你甚至可以反过来说："但是后来看到病情得到控制，所以这种可能性也会降低……"一定要帮她把负面的、可能发生在将来的事，虚化在时态上。

3. 将虚变实

如果被辅导者话语内容包含了积极成分,哪怕只有一点点,你复述的时候就要把虚拟语气转成将来时,给予坚定的肯定。比如被辅导者提到自己的抑郁症时说:"假设有一天我能好的话……"你就可以复述说:"当你好了的时候……"

或者,一个人说自己是失败者时说:"要是我能成功就好了。"你就可以复述说:"当你成功的时候/当你达成你的目标的时候……"

再比如一个人说:"我的病情也许能被控制、发生好转。"你就可以复述说:"当这个病被控制,朝好的方向发展的时候……"

这种复述为什么管用?因为它是一种期待目标能够成为现实的力量,会给你一个画面。用虚拟语气的时候,画面是模糊的,但是当你斩钉截铁地说"当"这件事情如何如何时,原本模糊的未来景象就被照亮了。比如你说:"当抑郁症彻底离开你的时候","当"字一出来,马上就把对方带到了未来的那个时间点,他就看到了那时的自己是什么样的,这个画面本身就能给人注入力量。

一般人察觉不出这种时态的修改。不知不觉中,你就把他困顿的故事场景打开了,你就在通过暗示给他注入力量。

"当你从现在的困境中出来时""当你从现在的感情纠纷中摆脱出来时""当你成功时",这些时态的改变,可以把模糊的盼望变成挂在他前方的明灯。你复述时还是用他的词、他的事,但是你已经在不知不觉中,通过"你认为""你经历"给了他第一次的力量,并通过改变时态给了他第二次力量。接下来我会讲怎样再一次给予力量。

三 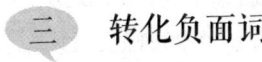 转化负面词

1. 找到负面词

将被辅导者的表述中那些困顿的、绝望的绝对负面词找出来,去标签化并"扭"成带有可能性的词。你从小有没有形成一些根深蒂固的对自己的看法?比如"我这人就不能……""我在这个领域不行""我感情用事""我没本事""我什么都挺好,就是……",等等。

我小时候不敢笑,因为有位长辈说:"不许笑,你笑起来像个老人人。"

虽然只是简单的一句话，但却会成为一个标签、一种捆绑，很多孩子会从此认为自己就是这样。还有一个女同学说她从小不敢穿裙子，因为有一次她穿裙子被爸爸说"大象腿"，从此她就再也不敢穿了。如果我们稍加留意，会发现我们的话语系统中有很多标签化的词，它们会对人定性，形成对己对人的论断。

我们要把这种标签化的词语挑出来，把它"扭"一下，就像是做一次CT。做CT对全身肿瘤进行排查时，机器会把人体从头到脚都照一遍，扫描结束后有肿瘤的地方会出现一个特别亮的点，有些扩散的地方则会稍微有一点亮，这样我们就能一眼看出肿瘤在哪。我们辅导者要有这种"扫描眼"：被辅导者的话语中，有一些极其负能量的、标签化的词，这就是他的"肿瘤"，把它们找出来是我们要做的第一步。

2. 转化负面词

我们要做的第二步就是把这种负能量的、标签化的词，用另外一种方式进行表述。这不是给被辅导者开脱、替他降低程度，而是把这种封闭性的描述换到一个开放性的语境，并赋予新的可能性。

比如一个人说："我的人生完全失控！"这里的负能量词就是"失控"。我们怎样用另一种方式来表述失控？把前两个技术结合起来，先分析这个是他的事实、想法还是感受？是想法。那就首先用"你认为"开头；其次打时间点："到目前为止"；最后转变他的"肿瘤词"："你认为自己到目前为止还没有掌握控制人生的方法。"

当你这样复述时，他会想到：其实是有方法的，只是他目前还没掌握。这样他的思路马上就会朝着破解的、积极的方向走。如果你直接平行表述："你的人生失控了。"那就会加强他对自己的负面印象。

再比如一个人说："我这辈子完了！"这里的"肿瘤词"是什么？是"完了"，而且这里还隐含了一个无限的时间：过去、现在、将来都完了。想想被困在这种话语系统里的人会是多么封闭绝望！我们常常听到这种表述，就把自己给封闭起来了。

我们可以重新表述一下："在你看来，自己到目前为止还没有找到突破困境的方法"。为什么要加"在你看来"呢？因为你并不认同，这只是他自己的想法；然后是强调以前没有想到突破的方法，用"目前为止"；最后"扭"一下"完了"这个词：他肯定被困在里面了；如果遇到特别艰难的处境，就用一个有力量的词——"突破"。

如果要用理性思维来理解"扭一下",就是"向上、向前、向心"。被辅导者说的这些负面信息一定会和自己这几个方向的力量相反,所以他对自己的人生仍然是有期待的,只是觉得有些坎过不去。此时他外在困境和障碍很大,自己的力量很小,所以要找到一个能给他更多力量的、更富有可能性的词,比如"突破"。"突破"一词本身就自带力量。

> **案例**

学员:有的人经常说:"我就是懒。"

扭"懒"的时候就不用加"到目前为止"了。真正的懒人怎么能高高兴兴、毫无耽搁地活到现在?其实懒的人一般是有能力的,只是缺乏动力。所以你可以说:"你的意思是,你需要有比别人更大的决心来开始做一件事。"其实"懒人"是可以做事的,只是他需要比勤劳的人下更大的决心和努力去开始。一旦开始之后,他往往是能做好的。

学员:你的意思是,这个"懒"已经造成比较大的心理负担和压力?

不是,这是他给自己贴的标签:"我也觉得自己懒,但是没觉得有什么不好。"你可以这样跟他确认:"你的意思是不是,你需要有比别人更大的决心来开始?"

学员:他可能说,"是,但我同时也很难坚持。"

那你就说:"噢,你开始做事情之后,也需要用比别人更大的努力来坚持。""懒"这个词是个全方位钉死的标签,没有任何开放性;但是你说"你比别人需要付出更大的努力来开始、需要更大的毅力来坚持到完成",其实意思还是一样,但是这个死标签就松动了。你给他的暗示是:虽然我需要比别人付出更大的努力,但还是有可能完成一件事的。

> **案例**

学员:有人说,"我妈就是个控制狂!"

大家有没有听过"你妈逼你换头像"那个梗?那是典型的"控制狂",什么都要管。如果把这个词替换成"什么都要管",没有什么效果,跟"控制狂"的意思一样。我是这样说的:"这样看来,你妈妈对每件事该怎么样都有自己的想法,并且很坚持。"因为"控制狂"这个词是负面词,但是当你说"她对每件事都有自己很具体的想法,并且很坚持"的时候,就把它从一个情感很强的负面概念变成了对她这种状态的客观描述。

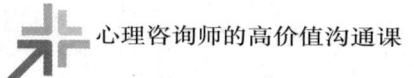

学员：女性客户常说，"我老公就这样了，已经不可能改变了！"

这是很多中老年妇女心中沉重的枷锁。遇到这种情形就得按之前所说的三步走："你认为，到目前为止，他还没有找到可以改变自己的力量。"其实你在重复她刚才的话，她可能立即就意识到："噢，他确实还没有遇到能让他改变自己的力量。"

学员：这位女性说这句话的时候，她可能没有意识到，她这句话的意思就相当于责任全是老公的，但当我复述后，她会觉得她也是有责任的。

对，这是有必要的。在宇宙中，一个星球会按照自己的轨迹运行，直到遇到改变这个状态的外力。"他就这样了，改变不了了"是一个困顿、封闭的表述；当你说"他还没有遇到改变自己的力量"，对这个女性的启发就是："这个力量是什么？"这样她就从消极的、负面的、把责任都推卸给别人的状态，变成了积极的、正面的、富有可能性的状态；之后她可能就会开始想："什么力量才能让他改变？"

作为辅导者，你要有能看到被辅导者内心"枷锁"的"扫描眼"。如果看不到这些，就很难打开他的"枷锁"。在辅导现场练习是很难的，所以平时就要努力提高这种观察能力。

3. 什么不要"扭"

不是所有的负面表述都要"扭一下"。

比如说，你要格外注意适当地"扭"被辅导者对自己的描述；但如果他描述的是别人，我们就要明确辅导目标以后再做判断。如果我们的目标是改善他和他妈妈的关系，那我们就可以"扭"一下他叙述中关于他妈妈的负面词；但如果一个孩子小时候被虐待了，我们就没必要揭掉他对虐待者的负面标签，而要保留甚至加剧，引导他对施虐者情绪的正常化。如果一个受虐的孩子没有被引导出正常的反应和情绪，他会怪自己、觉得是自己不好。即使成年之后，他还是没有办法按正常人的逻辑来理解，而是陷在自己孩童阶段的逻辑中，不断地以为自己有问题。

再比如说，跟瘾症相关的表述不要"扭"。

如果一个人有烟瘾、酒瘾、毒瘾、游戏瘾、网瘾、手机瘾，等等，就不要

"扭"他，降低瘾症的负面程度。瘾症需要被辅导者很认真地面对，如果你说"到目前为止，你做这个事情时控制不住"，就好像是在给他开脱。你一定要真实地描述给他听，让他知道这是瘾症。如果他在描述别人的瘾症，也不要替那个人"扭"，因为瘾症是需要特殊的方式来面对的，需要特殊的瘾症辅导、社群小组等干预，目前在你这处理不了。

此外，还有暴力性的事件，比如家暴、强暴……这些都不可以"扭"，按他说的程度平行表述就可以了，也不需要刻意加重。瘾症和暴力是需要特殊处理的，总的指导原则是要保护受害者。

4. "扭一下" 撕标签

前面讲的三个步骤大家记住了吗？措辞、时态、标签性词语的转变——这三步加起来就是一个完整的"扭一下"。

大家要知道，我们从小生活在一个非常不健康的、充满话语暴力的系统中，因为我们的长辈曾经经历过一个充斥着阶级斗争、仇恨教育的年代，很深的斗争哲学理念植根在我们的原生家庭。即使我们学修辞或者演讲，目标也总是要高别人一头，让自己的观点占上风、使别人来依附我们。在这样一个利己的、高举自己的系统里，人们甚至会为了达到目的，不惜代价去贬低别人：或者给别人贴标签，或者被迫习惯接受别人给自己贴的标签。不论给人贴还是被人贴对我们都是一种损害。我们需要刻意跟这种文化对抗，因为我们不小心就会让这个话语系统中有毒的东西溜出来伤人。

一个从小被骂、被否定、被比较的孩子，自己做了父母之后，也很习惯用这样的方式对待自己的孩子。比如说，一个女孩如果跟自己的父亲关系不好，就可能在将来把这种负面影响带到恋爱中，用跟父亲相处的方式对待配偶。希望大家不只是在学习辅导的时候改变你的口、你的心；在每日生活中，尤其对自己最亲近的人，不要再加深这一套有毒系统对人造成的伤害，同时也要拒绝别人用这样方式伤害你。

5. 吵架万能句

好多人都不会吵架，经常吃哑巴亏，我教大家一个万能的吵架句型。

比如别人给你贴标签说："你这个人挺好，就是太懦弱。"你就先把他说的内容打一个包还给他："你认为我懦弱，但是我不这样认为。"或者你还可以说："我也认为自己挺好，但我不认可你说我懦弱。"你可以肯定他的前半句。

当别人给你贴标签的时候，总的原则就是打一个包还给他说："这是你的想法",然后说:"我不是这样的。"

学员:那对方岂不是很生气?

生气也没办法,他这样说就是不对的。这对我们来说可能有点难,因为我们比较倾向于压抑自己的情感,在冲突之中会比较害怕、倾向于息事宁人,但这不是健康的方式。健康的对峙、健康的冲突,正直地指出别人言语间的不妥之处,反而是对关系有利的。

学员:但假如我确实有对方说的不足,该怎么回应呢?

首先要分辨别人是在给建议还是贴标签,是帮助你还是打压你。可以问他具体观察到了哪些问题,可以说:"我自己也有类似的感觉,你可不可以给我举个例子,我以后好改正?"这就是一个很健康的交流过程。

6. 隐私界限

有的人在沟通中非常喜欢越界。我们经常会听到这样的话:"你什么时候谈对象?""什么时候要二胎?""你不觉得是你的原因造成的吗?"

中国人常常是没有界限感的:他既不知道别人可以侵犯他到什么程度,也不知道自己可以对别人越界到什么程度。比如你打出租车,司机如果问"姑娘多大了?"就是一个明显的越界。关于越界问题,我要教给你 15 字护身法宝:"关你什么事,关我什么事,关他什么事"。什么事情都用这个法宝去检验,你就知道界限在哪了。

下面我们介绍一下隐私界限图。

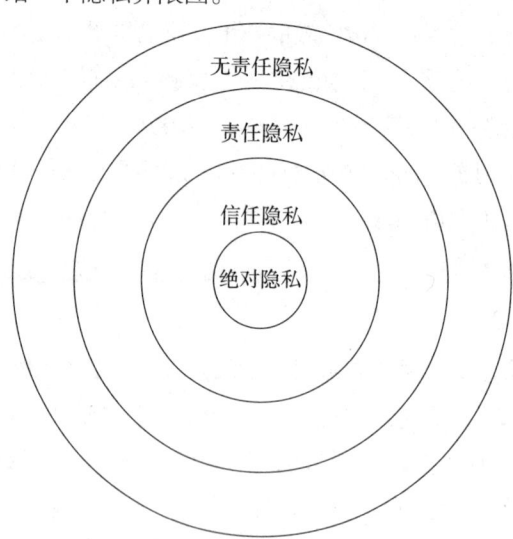

（1）绝对隐私

界限的第一圈是你正常的隐私；不要想着我可以什么隐私都没有、完全透明，我们每个人都要有正常的隐私部分，这个部分只有你自己知道，别人无权窥探。

（2）信任隐私

界限的第二圈是你特别信任的人，可以不是你的配偶、父母，这里说的不是血缘或者姻亲关系，而是信任关系，比如你的闺蜜、你的辅导师。如果你特别信任他们，就可以对他们敞开到一个舒适的程度。但是，即使这些人也不能越过这条线，去干涉或者打探你的绝对隐私。

案例

小学的时候，女生之间为了比谁和谁关系更好，就会把自己的秘密都告诉对方。我也曾经干过这种事。有两个女孩都跟我很要好，但她们俩都想跟我关系最近。其中有一个就说："你要跟我好的话，就要告诉我你喜欢谁。"于是我就告诉她了，结果第二天全班都知道了。她这样做，就是在利用与我的信任关系，迫使我讲出自己的绝对隐私。

划分第二圈的一个原则是：你自己掌握主动权，决定要向这个圈的人敞开到什么程度。这些人不能因为你的信任无限地羁绊你；如果他们碰到你不想敞开的部分，你要非常有智慧地回绝："我非常感谢有你这个朋友，但是这个部分我还没有准备好跟你说。"你要有这个勇气来拒绝，哪怕对方是你最信任的人。

（3）责任隐私

再下一圈就是责任隐私。比如你的父母、子女或者朋友，你对这些关系比较亲近的人有一定的责任，但是你没有对他们敞开隐私的责任。你的基本信息他们是可以了解的：例如年龄、情感状态等。这个圈子里的人是可以了解你的部分隐私的，但具体的内容范围也要由你来决定。

（4）无责任隐私

再往下的圈层就是普通的关系，比如同事。你对同事是没有工作以外的责任的，只是目前处在同一空间下。我们经常会混淆，好像自己只要和某个同事关系好，你就要无限地帮她：她没地方住，你就要把她接到家里；她跟你分享她的过去，你就要跟她分享你的过去……没有这回事，你要清楚地知道同事是在最靠外的圈子里，她（他）不应该侵入你的私密生活。

有一个词叫作"交浅言深"，这是非常忌讳的。跟你只有一面之交的服务人员、出租司机、陌生人，你什么信息都不要告诉他，只需要保持基本的礼貌。有些人真的很讨厌：你去剪个头发，问你做什么工作；你打个车，问你多大了，老家在哪儿；稍微多聊几句，说不定还要问你挣多少钱。你什么都不用告诉他们，可以装作没听见。我非常擅长这一条。有一次我在理发店洗头，理发师反复问我做什么工作，我一开始装作没听见，他再三追问，我就直接回绝他："这不关你的事，我不想告诉你。"

学员：如果我说："这个问题不想告诉你"，对方可能会说："你怎么这么不实在！"

这是道德绑架，因为你没有按照他期望的样子回答，他很难受，想激怒你。不要上他的当。

学员：我这个性格，不会拒绝别人，装作沉默会难受。

有些人会习惯性地信息掌控，就是用打探信息的方式来掌控你；他什么都问、什么都打听，用这种方式来控制你和你身边的人。对这种人你一定要非常警惕，直接把他们甩出你的圈子。

我有一个16岁的小客户和他妈妈无所不谈。我就教他："如果在美国，你已经算成年了，要有自己的隐私；有一些事情是不适合跟你妈妈讲的。"这就是教对方划界限。他妈妈用这种方式事无巨细地了解他、打听他，什么都要置于自己的控制之下，孩子就像个牵线木偶。男人可能只会用暴力强行控制别人，但是女性如果控制一个弱者，通常是非暴力的，但这是很可怕的。从小在这种控制中长大的孩子是没有界限感的，他会觉得任何人都有权力来践踏自己的地盘，也就不会有健康的界限概念。

到这里，我们就介绍完了怎样通过"扭一下"来注入力量，以及什么时候需要"扭一下"。

第八讲
如何提问题

 先倾听，后提问

先给大家看一个辅导师必备的技能金字塔。

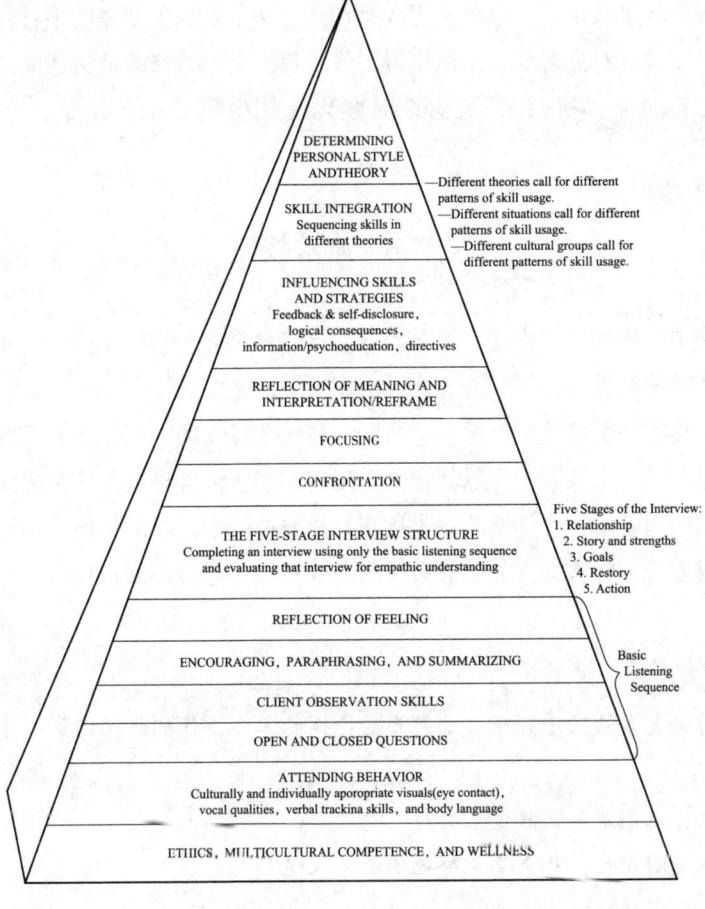

我们初级班原定的学习顺序如下：首先学习辅导理念伦理；然后是辅导者的基本素养；再往上是倾听技巧，这些我们前面都已经讲过了；接下来是问问题，包括开问题和闭问题；最后才是观察技能、平行表述和总结。这就是辅导金字塔的层次递进结构。

但我在初级班的课程中调整了顺序，让大家先学平行表述和总结，再学问问题。这是因为在具体的教学和辅导过程中，我发现初学者经常会犯一个错误：一旦学了问问题，就特别喜欢用这项技能，以至于他还没有好好倾听、做完平行表述、总结理解，就开始用问题来狂轰滥炸。提问题是一个主导性的、非常有力量的工具；掌握之后你会觉得很"爽"。自我表达是人的天性；当你热衷于主动"问"的时候，就很难认真倾听。不能说的时候才能听；所以通常哑巴的耳朵会很好使。心理辅导费用这么昂贵，是因为倾听本来就与人的本性相反。

积极倾听是很难的，这个过程大家都走过来了。我们要做的平行表述和总结，都是要鼓励对方多说，帮他说得更好。我们再稍微修改他讲述的故事，将它往正面、向上"扭一下"，这个时候再使用提问技能，才是一个合理的顺序。

二　魔术按钮

辅导中，被辅导者讲述了很多内容，这些就像是一堆"肉块"，而问题会成为一次辅导的骨架。提问的方式会决定辅导的走向。

什么样的问题算是好问题？怎么问？在什么时候问？用什么方式问？这些都非常重要。一个有效的问题就像是一扇门，能够使辅导进入一个更深的认知空间；问问题就像一个神奇的魔术按钮，只要按一下，就能知道一个你最想得到的与对方有关的答案。如果只有一次提问机会，你最想知道什么？

一对老夫妻的孩子猝死。如果面对这样的客户，你们想问的第一个问题是什么？

学生：他们是怎么熬过来的？

如果是刚发生，马上要来给他们做介入呢？

学员：需要把他们从谷底带出来，陪他们哭。

你刚才说的是面对客户的方法，但是你想知道什么？

学员：问他们下一步打算怎么办？

这个问题可能有点残酷。

学员：那老师你最想知道他们的什么问题？

我想知道他们有没有在怪谁？怪自己、怪对方，还是怪医院？因为这个事情很棘手；当事人如果在面对这种突发事件时陷入深深的自责，或对他人产生怨恨，就在朝着毁灭的方向走。所以，我需要先知道他有没有这个倾向，如果有的话需要及时处理。

当你面对一个被辅导者的时候，作为辅导者，你需要掌控大的方向，要知道魔术按钮一按，你就能得到一个答案。有了这个思路之后，你可以设计你的问题，引导你的整个辅导朝预设的方向走。辅导过程中一定不要让被辅导者牵着鼻子走，你一定要有方向，并引导他朝那个方向走。

5W1H 的提问方式

我们常说"5W1H"，5W 是指 Who（谁），When（时间），Where（地点），What（什么事），Why（为什么），1H 是指 How（怎样）。提问的方式会决定你的辅导方向。

比如说，一位女士来辅导，说她要离婚。我们以这个案例来示范使用"5W1H"提问时要注意的几个问题。

- Who（谁）

你可以问："什么人会影响这个决定？""你要离婚这件事还有谁知道？"这些问题可以使你的辅导朝着她的支持系统发展，对她而言是非常重要的。

- When（时间）

"什么时候开始有离婚这样的想法？"这个问题往往会引出一个事件。她可能会说："两三年前就有。"她可能在此基础上接着说："因为那时候老公出轨了"，这就是一个事件。如果她没主动说，你可以追问："两三年前有什么转折点吗？或者有没有什么特别的事情发生？"

- Where（地点）

"Where"一类的问题应该怎么提？在这个情境中，如果你问"在哪儿离？"不是太好；但是这个 Where 可以不指一个特别具体的地点，把它理解成处境或者状况也是可以的。比如，"在什么样的环境下更想维系婚姻？""什么环境下更想放弃？"这样提问，信息量就出来了；因为一个人的决定其实受周边环境影响很大。比如，我们过年回到父母家就特别想跟配偶吵架；回自己的小家就好一些。

- Why（为什么）

"为什么"这个词是辅导里的禁语，永远不能出现在你的辅导中。如果想让她说出导致离婚想法的原因，你可以问："是什么原因、什么具体的事件让你有了离婚的想法？"

千万别直接问"为什么"！想想为什么不能这么说？因为它会让人觉得自己在被审讯。我们每个人的经历中都有过被审问的经历。我们从小就被问道："为什么就你完不成？""你为什么就不能像隔壁家孩子一样？""你为什么就左耳朵进右耳朵出呢？"这些问题让我们特别生气，长大后我们还真就成了这样。当一个成年人问"为什么"时，很多情况下并不是真的不知道答案，而是带着某种令人不快的情绪。所以，没有一个客户应该在辅导师这里被问"为什么"，人家不是花钱来找不痛快的。就算是义务辅导，也不能这样问。

即使这个人心理超级健康，没有遭受过"为什么"的伤害，当你问"为什么"时，她会被引向哪里？她会开始自己分析，然后找出几个离婚的理由。我们要避免客户进入分析状态。辅导是一个完整的过程，如果一开始就让她进入分析和解决问题的阶段，就会错失其他需要大量收集的信息。在初始阶段，我们其实需要通过大量的平行表述和总结找到她的事实、想法和情感，而这些都跟"为什么"无关。

所以，请把"Why（为什么）"彻底从问题列表中删除。就算有的时候你需要问原因，也不要问"为什么"，可以换成："是什么原因导致这样或者那样？"这样听起来就比较舒服。

学员：问"是什么原因"是不是也会让她进入分析问题的状态？

最后再问这个问题，一上来就问是绝对不行的。当你得到了其他所有信息，讲完了事实、想法、情感，这时才可能需要一个 Why。

小结一下：看似简单的提问，会直接决定你辅导的走向。被辅导者如同一棵树，她表述出来的内容显露在地上，但是地下盘根错节。在短暂的辅导之中，你不可能覆盖她人生的方方面面。所以你通过使用提问这个神奇按钮对她有大概了解之后，应该能找到一个方向。比如说，她提到了她的童年、婚姻、事业；如果辅导的方向是婚姻，你就可以通过不断地提问引导，最终将她引导到你想让她到达的地方。

学员："5W1H"中，最好用的是哪一个？

When（什么时候），这是一个超级好用的问题。因为只要被辅导者回答了这个问题，你就有了一条时间线：他过去已经、目前正在以及将来要经历的事情。他的回答会给时间打点：事情是结束了还是延续至今？这样就可以把他的故事清晰地分层了。而且当他打点的时候，往往会在事件最后挖出更深的信息。

当然，也不是所有的事情都可以问"什么时候"，比如一些突发性事件：一个人的妻子过世了，我们就不能问是什么时候过世的。这种信息最好在基本信息调查时让他自己表述。除此以外，大多数时候都可以问When，特别是当辅导者实在不知道问什么的时候，这个问题是非常有效、有力量的。

另外一个很好用的就是Who（谁）？因为辅导很多时候是与人际关系相关的，Who（谁）往往会引出关键事件、关键关系。

When和Who都是开问题；也就是你问完问题之后，对方需要一段描述才能回答，而且在这些回答里还藏有一些可以深挖的信息。提出开问题可以有效挖掘谈话的深度。

四 What else（还有什么）

另外一个重要的问题叫作"What else？"（"还有什么？"）这也是一个开问题。这个问题为什么重要呢？因为它会帮助你查漏补缺，还能帮助你收获一些意想不到的信息。有些人一上来展示给你的是浅层信息；但当你问完这个问题后，他们自己就会往深层次走。

我经常在辅导中使用这类问题，比如："除了你刚才说的内容，你还经历过什么对你有影响的事情？"一位女士来做辅导，前面说的全部是她描述的信息；当我把"What else"问题抛出来之后，她想了片刻回答道："其实我还跟公司老板有一腿。"她本来没准备跟我说这一点，只想解决她当下的婚姻问题，但是被我这么一问之后，她就把根源问题说了出来。如果她一直处在婚外情中，婚姻根本不可能好转。如果我不问这个问题，我们的辅导就会朝着解决她目前的婚姻困境这个方向走了。

当你把"5W1H"都问完了,也做完平行表述、总结之后,不妨回顾一下之前的谈话内容;在辅导快要结束的时候,可以再问一个这样的问题:"我们今天的谈话时间快要结束了,你想一想,有没有落掉的、忘记跟我分享的事情?"

还有一个很管用的"What else"问题是:"有没有什么是你已经想到但还没有说出来的?"注意要找准时间问这个问题。

我曾经辅导过一个女孩,凭借我的经验看来,她像是一位性侵受害者。来找我的时候,开始只说了一些外围内容。最后我问她:"有没有什么是你心里想到了,但还没有说出来的?没关系,你想说就说,不想说可以下次再说。"她被我这么一问,马上就哭了,说:"我从来没告诉过别人……"

What else?还有什么你想让我知道的?这是一个非常有力的问题,使用的时候一定要慎重。

五 闭问题

还有一些问题,在确认的时候可以用到;比如我们之前学的平行表述和总结,后面会有个确认环节:"我有没有理解到你?"回答这个问题不需要说一大段话。当她说完"有"或者"没有"之后,你可能会再接着总结一段话,再确认一下。

另外,细节的落实,也会用到一些闭问题。比如说对方讲述发生一件事时的年龄,她说"我五岁的时候……",你就可以问:"父母说你五岁的时候,是吗?"

上面列举的这种就是闭问题,被辅导者的回答一般为"是""不是""对""不对",但咨询中应当尽量少用闭问题;如果用得太频繁,大部分时间就是你在说话,对方会有种被审讯的感觉。看守所里审讯犯罪嫌疑人,警官就会问各种闭问题,所以嫌疑人通常没有机会解释,一般只能说"是"或者"不是"。

闭问题整体上是让人不太愉快的,所以一定要减少使用频次。

六　禁用设问句

还有一种问题叫作设问，但我们要把设问句删掉。

为什么不能用设问句？来访者跟你倾诉了她的烦恼，然后你跟她说："你觉得这种情况下多读书会管用吗？"看起来像是在问问题，其实是强加自己的观点给对方。设问句就是表面提问题，实际提意见；而提意见是我们要避免的。"你觉得回家多干点活会对你们夫妻关系有修复效果吗？"我们经常听到有人这样跟我们说话。这其实是把提问者自己的观点和意见夹在问题中抛给对方，逼他们就范，说"是"或者"不是"。

提问往往是有进攻性的，三岁小孩都能提出世界上最伟大的科学家回答不了的问题，而且提问还会上瘾。我希望大家明白：问题是一个力量过于强大的武器，一定要在约束中使用，千万不能过度发问。提问往往要跟着平行表述；就是在对方说完了一段话之后，先做平行表述，然后跟他确认你有没有正确理解；做完这一步，再提出你设计好的问题。不能乱提，一定要有方向，而且要明确你的每一个提问都朝着这个方向。

七　问题的功能

我们接下来讲解问题在不同阶段可以发挥什么样的功能。

1. 开场进入辅导状态

辅导刚开始，寒暄热身之后，你可以抛出第一个设计的问题来开启你们的辅导。我们平时练习的时候，常常是两人往那一坐，然后说："今天聊点啥？最近过得怎么样？"这其实是一个非常松垮的状态，并不能指引辅导朝你想要的方向去。一场好的辅导中，每个问题都是经过设计的；它们不是分散的，而是要集中力量的。

刚开始辅导的时候就可以通过提问注入一点力量。想想要怎么做到？

你可以先做一个平行表述，或者总结："上一周我们谈到了你这些方面的事情，这一周有什么进步？"这样，从一开始你就通过问题给他正面、向上的指引。所以，我们设计问题的时候，别忘记向前、向上、向内的目标箭头。

对第一次来辅导的人该怎么开场呢？有人会问："怎么想到要来辅导？"

这样可以，但是另一个更好的方法是："通过今天的辅导，你想达到什么目标？"或者"你想解决什么困境？""你希望通过今天的辅导想让生活发生什么样的改变？"一开口就要把他往这个方向引。

对于成长型的客户（不是危机型也不是解决问题型的；这种客户本身已经很好了，但他希望再成长），你可以直接说："我们在之前的辅导已经看到了你的这些成长；你希望通过今天的辅导在其他哪些领域有所成长？"

面对不太健谈的客户，就需要稍微研究一下他，看他对什么比较感兴趣，然后再把他调动到一个可以和你谈话的状态。一开始可以聊聊穿着、天气、他的气色，等等。先用一些不关事、不关身的问题帮对方热热身，然后等预备得差不多、调动好他说话的状态了，就可以抛出以上这类经过设计的问题，一旦提出问题，对方就需要动脑了。

要学会设计我们的咨询问题，并通过练习转化成你运用得比较自然的语句，将它重述一下，然后把这些问题都总结出来。你甚至可以做一个问题本，把自己的问题记下来，这些会撑起你辅导的框架。比如，怎么开场？怎么注入力量？这些都是有固定的句型可循的。我自己也有一个问题本，真的非常好用。

2. 收集信息

我们需要问一些问题来收集、丰富基本信息，不能让客户一直处在不用思考的闲散状态。

我的客户来的时候，都会被要求填写基本信息表，其中包括年龄、婚姻状况、原生家庭等基本信息。什么算是基本信息？在你听他的故事之前，你通常需要先聊职业、年龄，然后是刚刚提到的家庭成分——包括他的原生家庭和现在的家庭。如果是未婚人士，他的原生家庭里面除父母外，兄弟姐妹的角色也很重要。了解这些信息对你接下来的辅导会有很大帮助。

比如，如果你在家排行老大，老大的气质就会一直在生活中伴随着你；独生子女是另一种生存状态；还有一种很特别的排行叫作老二——上有大，下有小的"老二"。他们被夹在中间，普遍比较容易被忽略，尤其是在中国家庭中。一对夫妻生了女儿，想要儿子，结果老二又是女儿，老三才是儿子，二女儿往往就有一个"二多余"的称呼，比较缺失身份感和认可。一次和朋友参加一个饭局，席间其他人听说我是心理咨询师，就让我"点评点评"他们每个人，我就边说笑边询问。我对一位常常眼帘低垂、欲言又止的女士问道：

"您在家中排行第二吗？"她大吃一惊，说她是上面有姐姐下面有弟弟，同席的人也都很惊讶，问我是怎么知道的。其实很简单，每个人身上都带着生活烙下的印记，只是看你会不会识别，对他人用不用心。

那么为什么我们还要了解被辅导者的职业环境、受教育程度呢？因为你如果知道对方是哪一个层次的，就知道你应该把自己调整到什么状态去面对他们。怎么问受教育程度呢？这方面你是可以观察到的，因为人的受教育程度，多少会体现在他的言谈之中。如果你观察出对方是一个受教育程度较高的人，你就可以问，但是如果你观察出他可能受教育程度不高，你就不要问了。

3. 主要问题

一个来找你辅导的人，他的主要问题是什么？他来找你，是想解决哪方面的问题？提问能帮助我们锁定他当下需要解决的主要问题。

要注意这个主要问题是对方的问题，而不是你所认为的他身上的主要问题。比如有人来找你，他说："我是同性恋，而我喜欢的那个人不喜欢我。"这时你千万不可以认为他的主要问题是"同性恋"——那是你认为的问题；你要学会进入他的主要问题——他喜欢的人不喜欢他。

4. 个人背景

锁定被辅导者的主要问题之后，你还需要了解他的背景：造成该问题的背景、与主要问题相关的其他背景、他认为的导致问题的主要背景，等等。

在收集信息的阶段，可能会回溯到他的原生家庭、过去在他身上发生的事情；这个过程中你或多或少能了解他的目标：他通过这个辅导想达成什么目的？这些都需要通过简单的问题问出来。当然，你如果逐一发问，会让人觉得像去医院看病一样，有点不自在。所以你要设计问题，能不问的就不问，用聊天的方式切入也可以。如果他已经通过跟你说话时的小细节透露出了答案，就不要再问了。把他讲述的细节都记下来，你就了解了他的情况。如果必须要问，也不要一上来就抛给他一连串问题，可以每聊一定时间就穿插一个问题，从而让问题分散开，显得自然些。

问背景信息要找契机。没有合适的契机，就不要往里硬塞问题。辅导并不是了解到全部信息才能进行。如果你选定了一个话题并朝着那个方向走，可能其他一些信息就显得不那么重要，不必一一问清。

想到什么，直接问就好；或者是通过观察和倾听记下来。比如，他当时在哪里？在做什么？要问背景问题，你还可以说："有什么跟你刚才所说的问题相关？有什么事是你想让我知道的？"

5. 具体化

提问不仅可以帮助你得到更多的细节，还能传达你对被辅导者的兴趣。如果对方讲了一件干巴巴、没什么意思的事，你就可以跟他说："能否再给我讲一讲你刚才说的事？"你甚至可以告诉他自己对那件事特别感兴趣，他随后就会用更丰富的语言再讲给你听。也可以指定他具体讲什么，比如你说："刚才你跟我提到了那件事，那件事发生时你是怎么想的？"这样，你就给他设定了具体化的范围。

有一个非常有效的问题叫作"比如说？"或者"能不能举个例子？"在辅导中，你可能会遇到一些天马行空的人：他们说话不能落实，来来去去都是"我觉得、我感到"。怎么帮他具体化呢？用"5W1H"，注意这时不要问 Why 和 How。具体化的问题仍然要顺着被辅导者陈述的事实、想法、情感去问，所以可以先问一些问题来丰富事实，然后挖掘他的一些想法，最后挖掘他的情感。这个过程中根据你辅导目标的特点权衡要提哪些问题，并不是必须三个方面都问到。

比如被辅导者说："他很让我崩溃！"这个时候就很适合用具体化问题："他具体对你做了什么让你崩溃呢？""他经常让你崩溃吗？""你还记得上一次让你崩溃是什么时候吗？""他让你崩溃之前做了什么？之后你做了什么？""你是在一个什么情形下崩溃了？"……这些都是具体化问题，可以起到核实的作用。

学员：我有点好奇，崩溃是一种内心感受还是外化的表现，比如砸东西？

你看，这就是具体化问题了。举个例子，被辅导者说："我老公从来不跟我好好说话。"然后你就说："能不能举个例子？"这就把一个很宽泛的概念落实到一个具体事件上。"比如说？"以及"能不能举个例子？"这两个问题非常好用，大家要记住。

八　注入力量的问题和支持系统

另外一类非常重要的问题叫作"注入力量的问题"。你可以用自己的问题给对方注入力量。其实，理想的状态是你提出的所有问题都有一个力量的根基，也就是你提的每个问题都蕴含着让他往上、往前走的力量。

1. 本人的力量

我们在前面讲平行表述和总结时，曾经告诉大家要有一个听出力量的耳朵：一边听、一边暗暗记住他的力量，然后在笔记上标注出来。接下来就要抛给他一些注入力量的问题。注意，千万不要把你认为他有的力量强加给他，要引导他自己发现。

我有时会直接问被辅导者："当你经历这一切的时候，是什么力量支撑你走过来的？"这就是一个很典型的注入力量的问题，一般在你问出这句话之后，很多人就会打开话匣子，开始主动寻找自己的力量。

此外，你还可以加入自己的观察，用这样的一个句型："虽然你经历过这些……但是我观察到你仍然可以（比如，仍然能够信任别人、仍然还没有放弃努力，等等）……我想知道是什么支撑你走过来的？"这也是一个注入力量的句型，一般在前半部分要稍微着力一些："你经历过的这些如果发生在别人身上，可能足以让他们崩溃了，但是我观察到你仍然……我想知道是什么支撑着你走过来的？或者，我想知道你是怎么做到的？"

假如一个人说了自己很多的失败经历，在那些沮丧的、失败的回忆中，你可以用这样一个问题："可不可以告诉我你哪怕一次成功的经历？我想听一些细节。"他可能会说："没有，一次都没有。"这时你该怎么说呢？"那就请你给我讲一讲你最接近成功的那一次。"这种问题会有什么效果呢？这样的人其实一直在向下沉，我们就是要改变他的思维方式，引导他向上。

2. 支持系统的力量

询问被辅导者的支持系统，也能给他注入力量。

案例

曾经有个女孩说自己面试总是特别恐惧紧张，辅导者就问她有没有过成功的经历？她说有过一次，是去一家公司面试。辅导者顺势就问："当时有没有谁给你鼓励？"然后这个女孩说："我那次成功是因为我男朋友给我鼓励，说'你肯定没问题'，我的室友也特别相信我。"

这就是在问她的支持系统。有一些典型的询问支持系统的问题，比如："当你经历这一切的时候，有没有人和你站在一起？有没有人可以倾诉？身边有没有可以理解你的人？"不管多么孤僻或者封闭的人，他活在这世界上，一定有另一个人在支持着他、爱着他。辅导者要把这个人挖出来，如果能挖出很多的人就更好了。

我有的时候会这样问:"有没有这样一个人,不管你遇到什么事儿,哪怕你半夜3点给他打电话,他都会接?"这就是在寻找被辅导者的支持者,或者对他非常重要的人。这个支持者可能是他的人生导师,也可能是特别信任的朋友。大家不要忽略友情的力量,很多人的命运往往是因为他交了什么样的朋友而改变:一个妻子和自己的丈夫闹离婚,这时她可能给两个朋友之一打电话寻求支持。一个朋友会说:"跟他离!姐们支持你!孩子送我家!"另一个朋友则说:"他真浑蛋!但是男人浑蛋,我们女人也不是好惹的!咱不离,拖死他!"你看,当这位女士面临危机时,给不同的朋友打电话可能会决定她生命的不同走向。所以,人一定要有朋友,人生不能没有朋友。

有一种情况是:被辅导者曾经有过一个支持者,但是这个人现在已经不在了。比如说:"我姥姥在世时特别理解我,无论什么时候都支持我、无条件爱我,但现在她去世了。"这种情况怎么办?

你有一个很有效的方法:"假设你姥姥就坐在这,她看到你经历的这一切,会对你说什么?"支持者即使去世了也没关系,我们还可以汲取他们的力量。这样被辅导者就被引入了自我辅导。

学员:人是不是可以不断这样做,通过自我辅导获得力量?

人是可以通过自我辅导好很多的。我曾有一个学员,她每次下课之后都用课堂学的知识给自己进行好几个小时的自我辅导。因为她当时刚生完孩子,不方便去找人辅导,她就在QQ上打字:一段提问,一段回答。但是很少有人能坚持这样做。

回到前面姥姥的故事。"假设她在这,她会对你说什么?"这是一种提问方法。另一种方法是:"虽然姥姥现在不在了,但是你现在身上有什么东西、什么品质,是你姥姥留下来的?姥姥有哪些品格仍然对你有积极的影响?"这样发问,被辅导者就会跳脱出他原来的思维方式:之前他可能会认为"我什么都没了,唯一一个爱我的人也死了",就会很自怜。我们帮助他换种思维方式:"姥姥虽然死了,但是她的勤劳善良、坚忍、宽容等美好品格仍然活在我身上。"这样,我们也帮助他找到了自己的力量。无论这些力量是从哪里来的,现在它们已经成为他自己的了。

还有一种情况:被辅导者曾经有一个力挺他的朋友,但后来因为某种原因两人关系破裂、绝交了。他的朋友原本是被辅导者的一个力量来源,结果反而成了他的一个伤痕,这种情况该怎么办呢?可以采用类似前面的提问办法:"虽然你们已经绝交了,但在这之前,发生了哪些让你难忘的事情?"这样能够引导被辅导者进入关系破裂之前的回忆中汲取力量。

具体来说，你可以先表示一下遗憾："对你这么重要的一个关系破裂了，真是挺遗憾的。但是在你们关系破裂之前，你从中得到了什么？汲取了什么力量？这些力量中哪些仍然在祝福你？"他就会回想起来：在绝交之前的那段关系仍然是美好的，自己仍然从对方身上得到很多而且欣赏对方；回想起来的时候仍然是有喜悦的。

我曾经有一个朋友品位非常高级，整个人充满艺术气息；我觉得自己跟她在一起的几年里自己的审美水平也大幅度提高。虽然现在她跟我绝交了，但是我仍然享受着这段关系带给我的福利。跟朋友绝交肯定是个痛苦的事情，但是这已经结束了。人生总是充满遗憾和缺失，但这些并不影响你的生活继续下去。我给人辅导有时也会说："我需要你知道一点：我们辅导者不能解决人生中所有的问题，因为很多问题是无解的。有时候，人不得不带着一些缺憾活下去。"

创伤有可能对一个人造成很严重的伤害，这些伤害目前你解决不了，辅导者也没办法帮你彻底解决。这种创伤性事件可能会导致两种后果：一种是，创伤占你生活的比例越来越大，慢慢吞噬你其他领域的快乐，直至最后把你整个人吞噬，使你变得暗无天日；另一种是，你虽然受了很严重的伤，我现在也没办法治疗这个伤痕，但是我可以扩大你其他的部分，你可以去做更多感兴趣的事情、结交新的朋友，扩展你的健康生活。虽然现在那个创伤还不能痊愈，但通过努力，我们可以使它在你人生中所占的比例变小。

学员：当辅导者说："你这个问题我也没办法解决"时，对方会不会失望，觉得没有依靠？

不会。有一句话叫："真理使我们得自由"。"真理"其实也可以翻译成"真相"，"真相"是可以让人自由的。你需要面对真相：这个创伤目前就是好不了，但是我们可以做点别的，把它放在一边。当我们的生命越来越健康，创伤所占的比例就越来越小。等我们积攒了足够的力量，再回来解决它！你生命的成长不应该卡在这儿。

拿我自己来说：若干年前我在美国读书，因为一些原因我的一个至交好友跟我绝交了，当时真的非常难过。那天我从教室出来，在校园里边走边哭，非常痛苦，这件事就成了我的一个创伤。但是后来我在其他方面发展太好了，以至我甚至无暇想起那件事。这个创伤到现在还没有恢复——我们还处于绝交状态，但是没关系，有一些缺憾、一些痛苦就是没办法弥补的，即使是带着伤痕的人，也能一辈子勇往直前。

九　回避场外信息

在辅导的时候，辅导者要有意回避其他信息来源。也就是说，你要避免从其他渠道了解被辅导者的信息。有人给我介绍客户，经常会说："要不要我先给你讲一讲他这个人的情况？"我会回答："不用，我只需要知道性别、年龄和主要问题就行了。我不需要你给我讲，不需要从你的角度看他的情况。"

比如，父母带儿女来接受辅导的情况就特别典型。我曾经辅导过一位小客户，他妈妈三天两头给我发微信说："萨老师，我儿子起不来床，还没去上学……"然后我就很客气地回复她："我不在辅导外的时间处理客户问题。而且，您跟我说的这些对辅导是没有帮助的，只有孩子在辅导期间亲口对我说的话才是用得上的。"这位妈妈跟我说孩子一周几天没去上学，但我不可能在辅导过程中对孩子说："你是不是这一周几天没上学？"这会让他感到自己被窥探。

辅导者要尽可能地避开其他信息，因为它们会干扰你的判断。有的人可能会对你说："这个人在你那接受辅导是吧？他一直在骗你，他实际上是……的人。"你可以应承："OK，你说的我听到了。但是请不要干涉我们的辅导：如果被辅导者在骗我，这是我和他之间要解决的问题。我需要自己来面对他，从他给我讲的故事中提取信息，而不需要你的论断。"这既是辅导工作的需要，也是我们职业道德的要求。

十　学员练习反馈：辅导师初长成

到现在我们已经学习了不少辅导技能；请大家反馈一下你们这一周的练习情况。谁完成了两个小时的练习时间？

学员A：我这周没有刻意练习，但是跟别人讲话的时候，只要听到对方说负面词，我就会练习帮他"扭一下"。

"扭"成了吗？

学员A：我觉得还是挺困难的，一时半会儿常常想不到应该怎么扭，经常会被卡住，比较吃力。

很好，你至少练习了。

学员B：我有时会不自信，怕自己"扭"不好，或者说得不合适冒犯到别人。

练习中有比较成功的案例吗？

学员 C：我和另一个学员互相练习，感觉效果还不错。虽然我们还不是很适应这个模式，但是已经对负面词敏感了很多。我俩有时候会停下来问对方："这个问题你有吗？你怎么调整？"听到负面词就立刻反应出应该怎么"扭"，目前还是不太容易。

学员 D：我用的总结比较多，"扭一下"还不是很熟练，但是我有时候会尝试去用。比如我处理孩子幼儿园分班的事情时，在跟幼儿园老师的沟通中就使用了倾听、总结。

能按照步骤走就已经很不错了，一定要安排时间练习。大家根据自己目前的水平，觉得前面学的内容能掌握百分之多少？哪些方面比较吃力？

学员 D：我觉得"扭一下"这部分内容很吃力，倾听或者总结这两部分内容相对来说要比以前好很多。

和以前不一样了，很好。

学员 F：我一直在想，是不是自己没学好语文导致在总结和平行表述这一部分感觉比较费劲；我要用他自己的故事把他从低谷的状态中拉出来，还要给他正能量。

可能是。这的确跟文字功底有关，因为它毕竟包含很多文字工作。我们是在处理别人的语言。

学员 F：所以我觉得高才生学起来肯定比较容易。

也不一定，做辅导跟你的语言能力是有关的，但也可以熟能生巧。一个人如果一直没能开发好自己的语言功能并用来表情达意，这个能力就会一直比较空缺。比如说，很多理科生就不太会用准确的词来描述自己的情感。但是，即使你之前活了二三十年都没能好好开发过这部分功能，这个课程也会给你一个改变的机会。所以，不要觉得：我这方面能力就不行，不如班里的学霸；而要想：我碰到了一个自己非常有潜力的领域。如果我能开发好这个能力，人生就能带来很大的转变。

学员 B：我发现找别人的力量不是太容易。

我们下一章会讲到力量轮。这一章讲问题，但问题中有很重要的一部分是在注入力量，这会对你们有莫大的帮助。我不希望在座的任何人将自己局限，或是给自己贴上任何标签，这就限制了自己的发展。

学员 G：我跟我哥哥也练过一两次。在这个过程当中，我发现标签词、负面词和刻板成见对一个人来说是多么可怕。但我的长辈们还在孜孜不倦地做这个事；他们自己被别人这样对待，也这样对待别人。所以，我开始意识到生活中这种东西特别多：不论是我对自己还是对他人的认识都被贴满了标签；似乎除了贴标签，我们就不知道怎么去看待一个人。当我对这些东西产生敏感之后，才发现它们会带来多么可怕的负面效应。另外，我也会跟女儿沟通，虽然她还小、能说的内容不多，但是我发现使用这些沟通技能之后，在跟女儿的关系方面收获很大，我至少知道该怎么跟她沟通了。

是的。我们学习的辅导技能，即使对两岁多的孩子都管用的。从我女儿会说一两个字的时候起，我就使用平行表述。比如，如果我女儿哪天在公园玩滑梯不想回家，我就会说："你看，你已经玩了几个小时滑梯（事实）；你想一直玩下去（想法）；现在你要走了，感到很伤心（情感）。"她可能只会回应说："是的"，但是她已经被总结、倾听、理解了，人类都有这些需求。一旦它们被满足了，她就会非常神奇地平静下来。她跟别的孩子很不一样：她的情绪特别健康，而且善解人意，还特别喜欢跟人聊天。她晚上经常会搂着我说："妈妈，咱俩聊会儿天吧，"然后会问我："你今天过得怎么样？有什么开心和感恩的事情？"

学员 G：确实特别暖心。

有一天我特别崩溃，跟我儿子发火，大声吼了他。然后我女儿就过来，特别认真地看着我说："妈妈，你先冷静一下。"然后领着弟弟说："弟弟我们走，姐姐陪你玩。"

学员 A：哇，四岁的孩子能有这样处理情绪的方式？

学员 B：40 岁的人也不见得有这样的情商，说不定三个人还打了起来。

对，所以平行表述要从娃娃抓起；大家有孩子的抓紧，没孩子的可以积累着将来用。一旦遇到问题，马上就能用上。这对培养孩子的语言功能也有很大的帮助。如果孩子说了一句乱七八糟、词不达意的话，而你随后用成熟、清晰的话给她做平行表述，他们就知道话该怎么说了。这一周大家都在努力改变，这个练习过程很痛苦，但有朝一日你们会破茧而出，变得很不一样。

学员 D：萨老师，您当时学的时候练了多久？

我们当时可苦了，一周 6 小时练习时间，一分钟一分钟地算，持续了 3 年多；最后实习时，一学期要做完 200 小时的辅导，基本每天除了辅导啥都干不了。

学员 D：但是我觉得你已经熬过来了；别人说什么话，你都能知道下一句怎么答复。

这就是熟能生巧。我特别理解你们，刚开始学的时候，真的不知道该怎么说话。

学员：那客户都是自己找吗？

当时是一个班的同学两两结对练习；在这种练习强度下，我们很快就把从小到大所有的事都说完了；这之后就开始说周围的人，然后再扮演社会上各种类型的人。

学员C：上周在练习时，我感觉特别容易进入对方的故事里，但又怕忘了任务；然后我就一边回忆任务、一边听她的故事，还要找力量；感觉就很紧张，什么也抓不着。

同时要做这么多的事情，有点困难，对吧？

学员C：当别人在这个困境中，我容易跟她坠落下去、被她带走，我就想：我该怎么办？感觉非常棘手……

这说明你比较有同情心，这是很好的辅导者素养，如果保持在可控范围内会是一个优势。

学员D：沉浸在对方的故事中，是不是也有一种可能：这次没有能帮他"扭"过来，但是在下一次辅导中可以"扭"过来？

同理心用得好的话，会是一个非常有利的辅导工具。比如在对这个人的辅导过程中，你可以偶尔一两次用"陪她一起哭"的方式表达同理心。但是一定得节制，不然她会觉得自己对你造成了困扰、给你添麻烦了、让你伤心了，反倒开始照顾你的情绪，这就不行了。

我在教初级班的时候，刚上了几次课，学生们就说："老师你再开个进阶班吧。"我说："我不能逮着同一群羊撸羊毛啊。"他们说："不，是我们还没撸光你这只羊的毛。"辅导师的成长不是一蹴而就的；在学习知识技能的基础上，还需要大家持之以恒地耐心练习。下一章我们要系统梳理一下辅导的五个步骤，然后在最后一章用力量轮的解析与建构来结束初级班的课程。

第九讲
辅导流程

我们到目前为止，只是在一步一步地累积技能，有一种只见砖头，不见建筑的感觉。其实我们应该有一个建筑结构，它包含五个主体部分。

辅导步骤：
- 第一步：关系建立
- 第二步：提取故事、力量
- 第三步：设立目标
- 第四步：故事重构
- 第五步：行动

一个完整的辅导应该要走完这五步。

 关系建立

我们回想一下之前学的内容——第一课我们讲了辅导理念：我们要成为什么样的人，避免让人想到不安全的因素，避免不好好说话的因素，等等。大家刚学完前一两课的时候，发现自己做的全都不对，一度都不知道该怎么说话。然后我们又学了聆听技巧，辅导中我们应该用什么表情、动作？怎么开始跟人说话？语气、语调、镜像，等等。我们开始有了框架——怎么跟人建立关系。我们之后学习积极聆听也是为了建立信任关系。关系的建立是整个辅导的基础，如果没有这个基础，后面都免谈。

 提取故事、力量

我们前面花了很多功夫来教各位怎么跟辅导对象建立信任关系。现在大家

的练习对象大多是已经与你建立了信任关系的；你们有长期的友谊支撑，一次失败也没关系。但是我教给你们的，是面对一个陌生人，从零开始在五分钟之内与他建立起信任关系。

建立关系的过程，并不是说做好了这一步，再做下一步。在实际操作中，可能会有几个步骤交叉融合的情况。比方说建立关系的过程中，你也会提取故事，就好像挖素材一样。

我们用什么来提取故事？

一种方法是积极聆听。它包括三个部分：鼓励、平行表述、总结。这是最重要的提取故事的方法。

另一种方法是提问。积极聆听和提问是提取对方故事最常用的方法。

在了解他的故事的同时，我们还要做什么？——关注他的力量。一边积累故事素材，一边积累对方的力量。不仅要积累对方的力量，还要悄悄注入力量。我们学了什么技能来注入力量？

学员：注入力量的问题。

对，还有呢？

学员：总结的时候，得说"我观察到"或者是"你说了"一类的词语。

总结的时候，要用力量型的话语。

 设立目标

接下来，我们的辅导要有目标。这不是说要让被辅导者成为杰出人士、赚几百万元，而是说辅导本身要有一个目标。如果你是辅导者，希望通过六次辅导提高被辅导者的自我认知，就需要设定每次谈话希望达到的一个小目标。当然，这个目标可能会随着辅导的过程有所调整，但你应当胸有成竹，不能漫无目的地跟他谈。当然，我们即便没有目标，凭着自己敏锐的直觉，或多或少也会引导人向前、向上。但是，我们应当从一开始建立关系时就有目标意识。

比如，一个学生要去见他将来的导师，他这次谈话的目标就是引起导师的注意，获得好感，让导师收自己为徒。接下来就要围绕着这个目标来设计问题；所以他设计了一个很到位的问题，这个问题恰恰是对方非常在意的领域，又是对方的强项，问题本身又很精巧，导师一下子眼睛就亮了。再比如，一个人要自杀。你这次谈话的目标就是阻止他自杀，所以就得围绕这个目标来设计。目标有的时候不是那么明确，但是你必须要有一个问题意识：知道他的主要问题在哪、他想解决的问题是什么，然后围绕着这个问题进行辅导。

大家要记住：这个目标不是你对他的期望，而是他自己的目标。所以，你要和对方一起设立目标。有一句话叫"不知方向，必无善终"；也就是说，如果你不知道谈话要往哪个方向走，一定会不了了之。

学员：我能够知道特别明显的目标；但如果目标不明显该怎么办？

我们下面会有一节课专门讲目标，现在还没到时候。

四 故事重构

故事重构，目的是打破对方原有的故事，但你还是要使用、重构他的素材。故事重构的核心是意义的重建，重点是要让对方自己来重建，而不是由你代办。只有对方自己重构的故事，才是对方能够接受的。很有趣的一点是：你把前三步做好之后——与他建立了信任的关系；提取了他的故事，并在此过程中给他注入了力量；跟他一起制定了目标，他往往自己就会开始重构他的故事。他将突破原先苦毒的、愤怒的故事，自己重构一个开放的、充满希望的故事并活在其中。

学员：所以，一个活在受害者故事当中的人是不可能有原谅能力的？

对。我们只是故事的重构者，但又不能直接重构这个故事。我们要通过这些技能，使对方有能力重新讲述自己的故事，把他从自己原有故事的"监牢"中释放出来。一切故事都有重构的可能性。

五 行动

若不行动，一切都是徒劳。辅导最终一定会落实到被辅导对象日常生活的改变中；如果他把每周或者定期的辅导当作一个精神按摩，就不会有效。所以，如果想将对方从原有故事的"监牢"中释放出来，就一定要落实到他的行动和改变上；哪怕只是一点点改变也可以，但一定是可落实、可持续的日常行动。

怎么促使人开始行动，也是另外单独的一节课。当你做完这一步的时候，差不多就已经做完了一个疗程，至少一个问题应当得到解决。除了癔症这类问题可能需要三个疗程，一般问题应该在一个疗程之后就可以看到起色。

第十讲
力量轮的解析与建构

我们在这一章讲"力量轮",也就是力量的寻找与聚焦。

> **案例**

  我在求学期间,曾经遇到过一个经济条件很宽裕但却特别吝啬的人。这听起来是不是有点矛盾?他习惯不修边幅,虽然在一线城市有好几套房,却喜欢到处捡别人不要的东西。而且即使同类的东西多得用不了,也舍不得拿出一个给别人。他的性格很刚硬,一说话就能让人紧张、焦虑。我一直用自己所学的技能来辅导他。建立关系之后,我就收集了他的故事;再后来我就找到了他的力量:他坚韧、真实。我也在这个过程中给他注入力量并树立目标。他开始从自己过去悲惨而又充满愤怒、仇恨的故事中走出来,对生活有了期盼。

  他后来重新讲述他的故事。前面描述的各种情况都已经消失,他开始主动请大家吃饭、送东西给别人、看见谁有困难马上就去帮助。他也开始重视穿着仪表,完全变了个人。他曾经历过婚姻变故,一度很受打击,但后来他可以坦然面对,认为一个人的生活也挺好的。之后不久,他又遇到一位"美国丽人"。

  现在回想起来,当时的我就像现在的各位一样,还在学习阶段,很多技巧运用得都不纯熟,所以对他的辅导其实是练手。但即使是这个练手的过程,也能产生这样令人惊叹的生命改变。

  所以,我们掌握的这些技能在辅导中都是非常有力量的工具,可以成为祝福的源头——多少人的生命会因为遇到你而发生改变!所以,希望大家明白:一个重构过的故事,是有力量的。

  我们接下来就学习力量轮。什么叫力量轮?

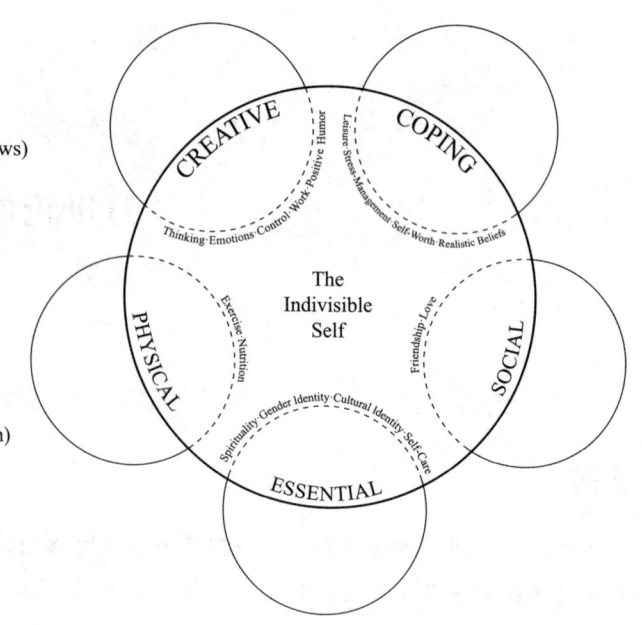

CONTEXTS:
Local(safety)
Family
Neighborhood
Community

Instiutioal(policies & laws)
Education
Religion
Government
Business/lndustry

Global(world events)
Politics
Culture
Global Events
Environment
Media

Chronometrical(lifespan)
Perpetual
Positive
Purposeful

我们这门课程一个很重要的关键词就是"力量"。上面这张图把人的力量划分成了5大项、17小项，一个正常、健康的人应当能够从这5大项、17小项中汲取力量。不幸的是，我们从小受的教育忽略力量、只看问题和缺点，所以我有时想给人注入力量，或者是寻找力量都异常困难。有时在练习过程中，对方已经努力地"显摆"出了自己的力量，我们辅导师却还领会不到！寻找力量是一个很细致的工作，泛泛的一句"你真棒"等于没说。如果我们细化到这些小项中，就可以精准地找到对方或者你自己的力量。

希望大家先从自己开始练习我讲的力量轮。先拿一张大纸，把你的力量全部写到这张纸上，这些力量就会成为你的宝库，当你面对困难或者压力的时候，就能够从中提取资源。你要直面自己的力量，并不断从中得到滋养。我让上一届的一名学生说出自己的力量，他觉得自己夸自己有点不习惯，好像是骄傲的表现。大家把这个问题记下来，回去之后在一张大卡纸上写满你的力量。不要在力量后面加"但是"，每一项后面都可能有很多"但是"，你不用管那些。因为人是从力量中成长，而不是从弱点和缺陷中成长。

助教：我们中国人经常从负面角度想问题：我们选举领导时，哪怕只是选一个小组长，都会考虑他有什么缺点，而非他的长处、力量、优点。

力量轮的第一板块叫"基本我"或者"核心我"，是一个人的核心力量；

第二板块叫"社会力";第三板块叫"应对力";第四板块叫"创造力";第五板块叫"身体力"。每个板块下面还有小的划分,其中都有力量。

一 核心我

1. 灵性力

"核心我"分为四项,其中第一项是人格中最重要的部分,叫作灵性。一个人之所以为人,最重要的因素就是灵性。这是一个人能够汲取最多力量的资源。

我们做力量轮,涉及辅导五步骤中的第二步:提取故事和力量。这时你需要重建故事吗?不需要,只要提取他自己故事的力量,从他已有的力量系统中提取并抓住它。

当你面对人生困境的时候,你从信息系统中能汲取什么?你从你的信念,或者说信仰体系之中,形成了什么为人处世的准则?你的信念怎样塑造了你?回答了这些问题,有助于定位你的灵性力。

2. 性别力

"核心我"的第二项是你的性别。这对很多人来说可能有点奇怪,从性别定位能汲取什么力量?最近京东做了个广告,提到一个概念——"女子力"。这个词有点别扭,但是至少说明社会上都知道有"女子力""男友力"这一类力量。

你的性别是可以给你提供力量的。我们首先要接纳自己的性别,所以先想一想:我喜不喜欢自己是男性或者女性的事实?有没有不喜欢自己性别的?

学员:小时候,因为我爸爸有一段时间是文工团的成员,我也就特别喜欢文艺。我从小就对这方面有所关注,但在成长过程中这些会被认为是女孩做的事,所以就会感到很挣扎。

你喜欢的事情,被贴上了女性的性别标签。

学员:对,就是被贴上了"你喜欢女孩做的事情"的标签,所以在那段时间我不是不喜欢自己的性别,而是有些挣扎。

其实在中国社会,尤其在一些重男轻女的地区,女孩不喜欢自己性别的现象比较普遍。好多女孩都有"胜男""向男"或者"盼弟""招弟"一类的名字。这样的女孩其实很可怜,她会有两种扭曲:一种是不接纳自己、认为自己不够好；另一种则会产生报复心理，认为自己一定要比所有男性都优秀，要把他们都比下去。所以很多女孩就是要挑战自己，专门去做那些男性做的事情。

学员：简直说出了心声。

有的女孩会说，我学数理化就要比男生更厉害，想用这种方式证明自己。其实这就是没有和自己的性别和好。一个人这样会在一生中造成很大的张力，直到他完全拥抱自己的性别，为此全然接纳、喜悦。所以要明白，自己作为女人或者男人都是可喜的，应当要把这个性别的优势和力量发挥出来。如果性别错位，一定程度上会造成混乱。

男性的特质包含勇敢、坚韧、保护、开拓、方向感、逻辑性强，等等，这些特质越明显越好。某个性别特质也可以存在于另一性别中，但要把握度。比方说，男性天然就要承担起对家庭、弱者的保护，这是他应当做的，而且越多越好。设想我和一个男性一起过马路，车从哪边过来，他就挡到哪边，这个过程放在男性身上非常合理，而且会让人感到很愉快。但如果倒过来，一个女人这样为男性左右挡车，旁人就会觉得很怪异。

女性所具有的一些特质包含温柔、美丽、细腻，等等，也是越多越好。男性不是不能温柔细腻，但是想象一下，如果我们描述一个女人"特别温柔"，脑海中浮现的画面是不是很美好？然而，如果有人描述一个男人时也说他"格外温柔细腻"，我们是不是突然感觉不那么舒服了？

男学员：我的工作性质使我比公司里大多数人都要细腻，因为工作本身就需要细腻这一特质，但是好像大多数男生并没有这个特质。

这是你的个体优势。

男学员：对，我家老大就是女的，但她的逻辑性特别强。

助教：这也是她的个体优势。

对，我们说的都是普遍情况，但是每个个体都有不一样的地方。

女性虽然看上去比较柔弱，但其实内心很有韧性：她们为自己心爱的人可以付出很多，而且坚忍，内在的精神力量很强。比如孩子病了，妈妈可以几天几夜不睡觉地抱着，但是男性如果一晚上睡不好，第二天就容易发火，一顿饭没按点吃上，就会很不高兴。

学员：我已经对号入座了，我爸就那样。

还有一点很重要：女人能生孩子。这真是很奇妙的事情，虽然这个过程很痛苦，但是生命借着女人的身体诞生，而且女人还是孩子主要的监护者和教育者。所以特蕾莎修女说："今天的母亲是什么样，明天的世界就是什么样。"

还有一句更经典的句子:"推动摇篮的手,就是推动世界的手。"女性是一个家庭的灵魂,所以有句话叫"happy wife, happy life."如果一个母亲、一个妻子是快乐、好相处、自信而又美丽的,她整个家庭的气氛就会是这样的,她的孩子也会不一样;如果她是焦虑的、狂躁的、充满控制欲的,那么她的家庭氛围、孩子的整体气质也会是那样的。

其实女性也好、男性也罢,都不必与异性刻意争抢,在自己的特质之内发挥就好。何必在自己拼不过的领域与人家硬拼呢?在一些公司里,女人跟男人拼熬夜;男人身体就是经熬,女人金枝玉叶的,熬两宿马上就变"黄脸婆"了。而女性参加任何社交活动都能打扮得令人赏心悦目,这就是一个很大的优势。男人基本没有这一项,只能拼实力,很辛苦。

我们要动脑筋,考虑怎么把我们的这些优势落实到日常生活中。我发现我接触过的女性中,有太多根本不知道有自己的女性优势这一资源可以使用。

学员:对,我昨天的案例就是一个女性。她外表看上去很女性,心里的"老大"气质却十分浓厚。她觉得自己特别硬,她所有的朋友也都觉得是这样。男人们会觉得她很不好相处:她有自己就够了,需要我干吗?所以我认为她没有跟自己的性别和好。

好,你找到辅导的方向了。

3. 成长环境

每一种文化、每一个地区、每一种氛围都会有它自己的力量,这是"核心我"的第三项。

(1)农村、城市

农村孩子的力量首先在于他从小跟大自然在一起,这是一个很大的优势;城里孩子的自然缺失症特别严重。其次,农村夜不闭户的社会关系使孩子更有"人情味",他会成长为一个关系型的人。我老公就是农村的。我结婚去他们家的时候,他们家的门就跟没有一样,整个村的人都过来看我,过来说两句话、吃两颗瓜子就走了。好像迎娶新媳妇是大家的喜事一样,村子里的人都知道、都参与。农村孩子从小就有机会学习处理复杂的社会关系。

那城里孩子有什么优势呢?他们眼界广,城市生活中社交更简单,而且比较容易养成专注度、培养兴趣。此外,城市还提供了更多的资源和可能性。

（2）特殊环境

这里说说其他生长环境，比如学校。

有没有人是在学校里长大的？这样的文化环境给你什么力量呢？一般来讲，学校的环境比较单纯，周边住户全是讲授各科目的老师，大家日常听到、讲到的都是各种知识。周围玩伴都是老师家的孩子，大家随便玩，很安全、很自由。在学校环境下长大的孩子，身上会有一种很自然的文化气息；这不是矫揉造作的，而是自然流淌出来的。这是一个很宝贵的成长背景。

成长环境为什么会放到"核心我"板块？因为这会渗透到一个人深层次的内在部分。

（3）商人家庭

有没有人家里是做生意的？这个会给你什么力量呢？

学员：给我的力量就是独立、有经济头脑，比较会为人处世，而且父母的教育非常强调拼搏。

从商的家庭，一般来说都有积极向上、奋发的家庭氛围，这也会对孩子有很积极的影响。

（4）独生子女

独生子女比起多子女家庭中的孩子，更容易得到家长的爱和关注。我之前问过很多独生子女，他们普遍反馈的一个优势就是能够独处，往往更能剖析自己的内心。

非独生子女有什么优势呢？这样的孩子从小就需要处理朋辈关系，可能有更强的社交能力、更有包容性。我女儿出去跟别人吵架了，就会说："你们都不跟我玩也没关系，反正我有一个最爱我的弟弟，你们有吗？他永远都爱我。"然后就说："走，弟弟咱俩玩。"有几个兄弟姐妹就是硬气。

我仅列举了几个方面，大家想一想自己的成长地区、成长环境，背后有什么可以汲取的力量？

4. 自我关怀

"核心我"的第四项叫作自我关怀，或者自我照顾。

照顾自己的能力，是一个人很核心的部分，而且与爱的能力直接相关。可能我们没有受过类似的教导，但我们肯定听过：在飞机上如果遇到紧急情况，机组人员会提醒说：要先戴自己的氧气罩再去戴孩子的。生死关头，你要先有能力照顾好自己，然后才可能去照顾别人。

我们一开始讲过：爱的能力是从自我约束中来的。当时很多人可能无法理解，为什么一个能约束自己的人才能够有效地照顾和爱别人。爱不是我们想象中的情绪大起大落，或者是荷尔蒙带来的刺激，爱是一种能力。爱一定是从很强的自我关怀、自我照顾的能力中产生的。

我之前在美国读书的时候，住处隔壁是一位单身妈妈。那个妈妈说她特别爱她的女儿，以致放弃了自己的生活。但是我们进去她家后，发现根本没地方下脚：她的生活完全是混乱的，她和女儿就像生活在垃圾堆里一样。她完全管理不好自己，头不梳、脸不洗，连自己的饮食都不能照顾，更没办法给孩子做饭，导致孩子每天吃垃圾食品。虽然她可能在情感上认为自己非常爱女儿，但事实上她已经失去了照顾自己的能力，何谈爱女儿呢？

自我照顾是如此地基本，以至于几乎被我们忽略。

（1）个人清洁

要保持各方面整洁，在意自己的外表，因为你的外表直接传达出自己的状态和生活态度。

（2）健康管理

养成健康的生活习惯，保持自己的身体健康非常重要。

①饮食

有一篇文章《她们的身材不该是这样》，主要是讲饮食会决定你的身材、样貌；因为你吃进去的东西会变成你身体的一部分。关于饮食的内容包括两个方面：

- 饮食应该有计划和安排。不能有什么吃什么，也不能想吃什么吃什么。要注意饮食结构：每天摄入的碳水化合物、蛋白质、蔬菜、水果都应该是均衡的。深加工的食物对我们身体非常不好，因为其中含有各种添加剂；避免各种油炸的，加入很多酱油、味精的，高油脂的食物，等等。饮食应该讲究均衡、浅加工；比较原始地蒸一下、煮一下，稍微放一点点盐就好。

- 一日三餐要按时吃。比如，不吃早饭就是非常不负责任的习惯；过了晚上六七点还在吃晚饭、夜宵，也是非常不好的。一日三餐按时吃，看起来很简单，但落实在日常生活中就会成为你的力量，让你和你的身体都进入秩序中。

好好吃饭是一个成年人对自己应尽的责任。吃饭不应该只是为了让你活下去，而应该"矫情"一点。尤其是女生，更应该避免食用放了很多添加剂的食物，它们会使你老得很快。

②睡眠

如果长期睡眠不规律,就会非常严重地损害一个人的健康。辅导中,我有时会直接问客户的睡眠状况,结果发现往往一塌糊涂:有凌晨三点睡的;有天亮睡天黑起的。睡眠不足可能带来焦虑、抑郁,大脑功能受损或者炎症等问题;种种问题背后的原因可能就是睡眠不足。发现这个切入点后,我就让他们先调整睡眠,睡眠恢复正常后,整个人就进入了良性循环。所以说,睡眠对人身体、精神的健康状况都有很重要的影响。

这对男性来说尤为重要。一个男性如果睡不好觉,第二天跟人发生冲突的概率会很大。所以各位妻子们,不要在老公很困的时候去跟他吵架,让他睡好了再说。他在很困很累的状态是很容易发脾气的。

好好管理自己的睡眠时间能给人带来很大的力量。我做辅导时,一定要早睡早起,要不然根本无法支撑;大家练习过也知道辅导的强度有多大。如果我哪一天晚睡了,当天的辅导就基本做不好,所以我要长期保持自己的良好睡眠。

③运动

大家平时都做什么运动?运动频率如何?

运动是与一个人的自制力、意志力紧密连在一起的。运动本身是一件痛苦的事,但是运动过后身体会分泌多巴胺,给你带来快感。大家可以养成运动的习惯,找一个适合自己的运动方式。每周一定要有至少两个小时的运动时间。现在各种运动软件使用也很方便,如果没时间去健身房或者跳舞、游泳,可以下载 keep 一类的软件,跟着做运动。

我自己每周会去跳舞,因为这对我来说比较有趣:既能和大家在一起,又能学一些比较有趣的动作,不是很枯燥。

④情绪管理

大家有什么方式可以让自己心情愉悦?我自己的诀窍是:跳舞、美食、深眠、祈祷。每个人都应该有自己成熟的情绪管理方案;不要让自己失控,也不要让别人来管理你的情绪。

什么叫让别人来管理你的情绪?

- 一种情况就是:你放弃了管理自己情绪的主动权,完全把它交给了你的配偶、孩子或者其他人。这种情况典型的表现就是:别人怎么样,你就怎么样。

> **案例**

一天晚上我突然收到一个紧急辅导要求：对方第二天就要离婚，必须立刻调解。后来对方又不想来辅导了，已经决定要离婚。然后我就说："你们听过离婚也是可以辅导的吗？我们可以讨论怎样把离婚的损失降到最低、伤害降到最小。"这对夫妻因为考虑到有两岁的孩子，决定改请我做离婚辅导。

经过我的评估，发现他们根本没到闹离婚的地步，问题的症结在于女方完全没有自我了。她说，自从结婚以后就完全丢下自己，一心扑在老公和孩子身上。我问她怎么管理自己的情绪，她就说："没有管理，老公如果对我不好，我就加倍地对他不好；如果对我好，我就给他好脸色。"

大家明白吗？其实每个人都应该做自己情绪的主人。你可以对我不好，但是我可以选择永远爱你、包容你，有理性地来跟你交谈，把事情说清楚；而不是你吼我一句，我就吼你10句。

- 放弃自我情绪管理的另一种情况是发生了情绪绑架。

> **案例**

我之前有位客户说："我快被逼疯了，我妈高兴还是不高兴完全取决于我。她经常对我说的一句话是：'我对你什么要求都没有，我不求你学业出色，不求你找个好老公，也不求你工作多么努力，你每天高高兴兴就好。你高兴我就高兴，你不高兴我就不高兴。'"

这些话听起来好像感人肺腑，但是真的会把人逼疯。这种压力很可怕：谁能够为了让另一个人高兴而逼迫自己整天"高高兴兴"？所以，这个妈妈放弃了对自己情绪的管理权，转而试图管理女儿的情绪。大家可以想一想：我们有没有类似的情况？有的时候或许没这么明显，但是你可能会说："你陪我说说话吧，只要你跟我说说话，我就好了"，"今天我心情不好，你带我做些什么，我就好了"……诸如此类的话其实都是不负责任的。一个成年人应该管理好自己的情绪，让自己处在放松、愉快、容易相处的状态。

学员：找人倾诉算情绪管理的一种方式吗？

应该算，找人倾诉是一种健康的情绪管理方式，但要注意：你不能逼着你的朋友做你的垃圾桶，而要在健康、平等的交往中管理自己的情绪。

以上列举的就是"核心我"的四个方面：灵性力、性别力、成长环境、自我关怀。我们在辅导的过程中，要挖掘辅导对象在这些方面的力量。

案例

有些深度抑郁的客户连起床、洗脸都很费劲，这样的情况下反而不用担心他们的生命安全。在精神病院里，不用提防深度抑郁症患者自杀，因为他们没有自杀的能力。如果深度抑郁的人通过治疗，状态好到一定程度，这时才是最危险的，因为他已经有能力自杀了。所以如果抑郁症患者——那种坐在你面前已经连说话的力气都没有了的人，能够洗头、化妆，干干净净地来见你，这就是她自我关怀的力量。你看到之后就要大大夸赞她一番，比如："今天你真不容易，为了见我还化了一个妆。"你努力鼓励她，她就会找到一点点力量。

我也见过另一些人，他们其他方面一塌糊涂，但是作息却特别规律。我问他："现在好多人都做不到像你这样10点睡、6点起，你是怎么做到的？"他可能就会讲他是怎么做到的，随后你就能顺着这条线索挖出别的力量。大家首先要详细思考并且熟悉自己这方面的力量，然后才能更好地发现对方的力量。

总结

关于这个"核心我"，大家要努力把自己已有的力量标出来，同时想一想怎么去得到还没有的力量。之后就要去做：比如我想早睡，就想想我是怎么做到规律生活的；我想运动，但是好像没什么力量，就要找自己内心已有的力量去移植。我们之前讲过，力量轮中的各个力量是互相链接的；你在这方面可能没有力量，但是你接着往下找，别的地方的力量或许就能带动这一部分。

举个例子：你不能早睡早起，但是有很强的朋友力——你有一群知心的朋友，那你就可以找生活特别规律、能早睡早起的朋友，让他带动你。这样你就借用了另外一个力量来带动自己的薄弱环节。

二　社交我

1. 友情力

把友情放在爱情、家庭前面，无疑体现了朋友的重要性。不管我们遇到什么事都可以和知心朋友倾诉；哪怕半夜三更房子塌了，你都可以给他打电话。谁是你这样的朋友？你对谁来说是这样的朋友？通常来说，你既有这样的朋友，你自己也是别人的这种朋友。

为什么朋友对一个人这么重要？大家想一想，活到现在，能改变你的只有朋友。你的父母一辈子都想改变你，但是他们对现在的你影响力已经很小了，你基本不可能再为父母改变什么。你的老师、领导，也只是在工作或者学习上对你有一些影响。至于你的孩子，你会改变孩子，塑造孩子，但是孩子给你带来的改变影响很小。只有你的朋友还可以不断地改变你——你的成长、突破、品格建立，各个方面的成长都受到朋友的影响。可以说，有什么样的朋友很大程度上就决定了你是什么样的人！

我人生的几次重大突破都是跟朋友有关的；我朋友的重大改变也是和我或他们的朋友有关的。

（1）成为朋友的能力

你可以问自己几个问题：你的友情力是什么？或者说，你有什么力量能够使别人成为你的朋友？

彼此成为朋友，特别重要的方面有两点：

①花时间

要想成为真正的朋友，彼此之间都要花费时间用心经营。因为时间是我们最宝贵的资源，如果你在意这段友情，就要愿意用自己的时间去陪伴。比方说，我与目前在美国的北大室友王安安，即使远隔重洋，我们仍然是非常好的朋友。我们经常视频、语音聊天，每次聊天都有一个多小时。

北京很大，去见个朋友大半天时间就没了；这样的情况下你还愿不愿意花费时间和代价？大家都很忙，是否还甘愿挤出时间来花在朋友身上？我会把见朋友的时间排入我的日程，差不多每周都会有一些时间和朋友在一起。就像运动一样：你永远想着"等我有空了再做"，结果就是永远没空；"如果正好碰到一起，我们就坐下来聊聊"的概率几乎为零。所以，你得刻意把它排在你的日程表里，落实到你的日常生活中，这样才有可能维系比较好的关系。

②愿意对方好

这是做朋友的一个重要素质：当你朋友境遇好的时候，要真心为他高兴。比如，你俩原本都单身，但她先嫁了个高富帅，友谊的小船就翻了，这就不是真正的朋友。她瘦了、变美了、事业成功了、生了一对双胞胎时，你有没有真心为她高兴？真正的朋友会真心为对方感到高兴，这是我们作为一个朋友的重要素质。

同样这也可以帮你辨别别人是不是你真正的朋友。

（2）交新朋友的能力

兴趣爱好广泛、说话风趣幽默、对人有好奇心，等等，都能帮助你交到新的朋友。

（3）维系长期健康关系的能力

有的人特别会交朋友：到哪都春风满面，能够很快结识一群新朋友，但是却没有长期维系健康、稳定友情的能力。大家最长的朋友关系持续了多少年？你和谁从初中到现在一直是朋友？你有什么能力与特质能够维系长期的友情？

好多女性结婚生子之后就失去了自我，这时友情力就特别重要。生孩子是女性最重大的一个转折期；刚生完孩子之后更是高危阶段，这时很容易出现婚姻危机、产后抑郁，导致自我形象一落千丈。友情力往往在这时有救命的作用。哪怕有一两个真心爱她的朋友挺她一把、支持她一下，隔三岔五叫她出来玩一会儿，对她都是非常重要的。

我有一个群叫"喝它的"，里面就有好多这样的妈妈、"绝望主妇"。我们偶尔打扮得漂漂亮亮的，出来聚一聚，喝点酒，说点笑话大家一起乐。这实在太重要了，能够注入很强的力量，对很多妈妈来说，这就是"救命稻草"。

所以，要看重你的朋友，自己也要努力成为一个优秀的朋友。

2. 爱的能力

（1）家庭

①在原生家庭之中你得到什么力量

在你的原生家庭中对你造成直接影响的，除了父母，还有爷爷奶奶或者姥姥姥爷。想想原生家庭中对你影响最大的人，他们给了你怎样的力量？

学员：无条件的爱与接纳。

这是比较理想的情况，一个人从健康家庭中能得到很多力量。但是有一些人的原生家庭其实是很痛苦的，他们在原生家庭中被摧毁，时至今日仍然受到负面的影响。但是，这里我们要扭转思维：即使是一个特别差劲的、给你造成很多伤害的原生家庭，一定也带着一些力量，我们要朝着这个方向去寻找力量。

最近"原生家庭"的概念特别火，很多人觉得自己的问题都是父母造成的。但这其实是一个非常不负责任的想法。有的人都四五十岁了，还说："我这样没自信，就是因为我妈从来不肯定我。"事实上，原生家庭的问题确实会对人有负面影响，但是你没必要一辈子带着这个问题。你可以让自己强大，当你的力量大到可以挣脱这种禁锢时，你就真正成长了。

案例

曾经，我朋友对我的印象就是特别自怜。回想起来，我的原生家庭还真有问题：我爸酗酒，我每天听到我爸回家晃晃荡荡的脚步声就非常恐惧。而我妈妈比较焦虑、经常抱怨、脾气大。

我上大学时其实是活在这个阴影之下的。后来我从国外回来，我的朋友再见到我时，就说我完全不一样了：那种自卑、过度自怜的情绪没有了，因为我挣脱了原生家庭对我的禁锢。回想起来，我的原生家庭其实也给了我非常大的力量，比方说：我爸妈从来不拿我和别的孩子比，仅这一点就特别宝贵，而且他们从来不以成绩来判断我的价值。

还记得我定亲时，在酒桌上我的准公公喝得有些多了，就说："我儿子在体制内工作，将来菲菲也要努力考个公务员。"结果我爸一拍桌子："我姑娘是鹰，鹰怎么能被关在鸟笼子里？"

其实，父爱为我带来了很大的力量；虽然不愉快的回忆很多，但是最终想来，他给我的是一种坚定的认可，而且特别理解和支持我。我为此很感动。

所以，我们其实都可以把思维扭转过来，从原生家庭中寻找强大的力量。

但是有一些特殊情况：如果被辅导者在原生家庭中受到过非常严重的伤害，比如说性侵、身体和精神虐待，就不要强迫对方在这件事上去寻找什么力量，这太反人性了，没必要逼自己去想：其实这个爹也蛮好的，也给过我力量。对此表示遗憾就好了：这个家庭过去让我受到很大的伤害，为此我感到遗憾，但是，这些将不会再影响我。

②如果你现在有自己的家庭，你的孩子从中能得到什么力量

已婚的同学好好思考一下：我们作为人类，被赋予养育的能力和使命，是有责任教养抚育孩子的。那么，孩子可以从你以及你们的夫妻关系中得到什么样的力量呢？这种力量，可以影响他成长为什么样的人？

（2）爱情

①恋爱

大家可能都谈过恋爱。爱情是个巨大的力量源，可以有力地改变一个人。有人做过研究，陷入热恋状态的人大脑分泌的荷尔蒙所产生的快乐、兴奋的刺激，比海洛因还强很多倍。所以，热恋的状态是很烧脑的。不管男性女性，在进入热恋期时，身体、容貌甚至体型都会发生改变。

如果大家发现身边女孩皮肤变得细腻、白皙，变漂亮，身材变好，更有女性魅力；男孩如果更自信、更强壮，他们可能就是陷入热恋了。爱的刺激和性的荷尔蒙分泌混合在一起，是一种强大的力量。

恋爱是件很美好的事情，要始终保持自己在可爱的状态；千万不要一结婚或者一生孩子，就放弃自己恋爱时的状态。要一直将自己保持在可爱的、愉快的、好相处的状态。

②爱人的能力

大家可以想一想，爱情给了你什么力量？或者，你有什么力量或特质能够招人喜欢？其实能够爱一个人，这本身就是个很强的力量，会让你不断变好。大家看过电影《初恋那件小事》吗？故事里的小女孩原本又黑又丑，但她爱上了一个特别优秀的学长，然后就不断地为这个人挑战自己、突破自己，最后成了一个特别优秀的人。

有人会说："你当时追我的时候，给我送零食买花，在楼下一等就是两小时，为什么现在结了婚，就对我不冷不热了？"大家要知道一点：疯狂的、高强度的热恋状态持续不了太久，他要是一生都那样爱你，就会死得很早，因为他的大脑会被烧坏。所以女孩们，不要期待你的老公一辈子像初恋时那样爱你，因为这样的情感太强烈了，如果一直持续下去，会对人产生破坏性的影响。

③性

性生活中得到的力量，往往会被我们忽略。性在人格当中处于非常核心的部分，如果这部分没处理好，会彻底毁掉一个人！婚姻之外的性关系对人的伤害非常大；但是婚姻之中的性关系，如果好好利用，会成为一个很强大的力量。

美好的性关系会让男性感受到自信与活力；而女性在自信之外，还会觉得自己很美、很迷人。所以，有很好的性关系对一个健康的成年人来说是很愉快的。

 应对我

1. 放松娱乐

放松、娱乐也是常常被忽略的部分。有些人会说:"现在谁还在玩？我们好久没玩了！"事实上，人应该时常做一些让自己快乐的事。我讲过一个"杯子理论"：

- 假设你有一个情绪杯子，做自己喜欢的事情就好像往杯子里注水，包括放松、娱乐、和你喜欢的人在一起待着……每个人都应该有特别的爱好。比如说，我以前喜欢骑着自行车从斜坡上往下冲，这就是一件能为我的杯子注水的事情；再比如说你有喜欢的人，跟他在一起的时候，什么都不用做，你就感觉到自己在吸收很愉快的能量。

写出你爱干的事，再写出你喜欢和谁一起待着。

- 做另外一些事情就像是往外倒水，消耗你的能量。这样的事情很多，比如责任、不得不做的事情和不得不面对的人。

- 注意"水位警戒线"。杯子里的水每天都会有进出，你要知道水位下降到什么位置时，你就无法控制情绪了。如果你的情绪水位线比较高，你就会比较高兴，精神饱满，做事情效率高，跟人相处也比较愉快；但如果你的水位线降到警戒线以下，你的情绪就处于亚健康状态，就会感到烦闷、疲惫、心情不好，做事情事倍功半、效率不高。

如果水位线下降到接近杯底的位置，那么这个人可能会抑郁、有自杀倾向，人际关系可能也会很糟糕，甚至基本丧失工作能力。

所以，一个健康的成年人有责任管理自己的情绪杯子，让水位线始终处在一个比较高的状态。这跟我们前面讲的身体自我管理是一样的：不要指望别人来替你管理自己的杯子。

我们时常面对各种责任、义务、工作等，认为这些"正事"还忙不过来，就没有资格去给杯子蓄水。我们甚至会干脆砍掉取悦自己这个部分：比如，有的人以前每周打一次篮球，但是因为要加班，就把这个时间砍掉了。我们很容易认为"出水"是正事，"蓄水"则不是，正事还没干完不能去玩。然而，只出水不蓄水是自杀式的做法。

我们需要分析，这里面的"正事"哪些是不必要的，哪些是叩以砍掉的，

哪些不在你的责任范围内。

案例

比如说，我非常明确：自己最大的正事就是家庭。我是一个丈夫的妻子和两个孩子的妈妈，这是我最重要的职责；另外，辅导课是我目前的事业，我也需要把它做好，这两项是我的责任。

其他的部分，比方说有人之前倡议成立一个已婚女性互助小组，把这些"绝望主妇"攒到一起，从而彼此照顾，有一起娱乐游玩的机会。大家都让我来做领袖，因为我非常适合——我又会做辅导，又懂娱乐休闲。但是我认为这不是我的"正事"，所以就毅然决然地拒绝了。因为我只能顾及自己责任范围内的正事，而没有能力管其他事情。

你要清楚自己的"正事"，并不打折扣地做好；然后再减掉那些不在你责任范围内的事情。有的人好欺负，不懂拒绝、不会划分自己的界限，别人就什么事都找他办。这样的事情越来越多，就把他拖垮了。这就好比葡萄树：为了让它结果子，种植者要把其他冗余的枝杈全部剪掉，只留一个枝子。

总有人问我：看你这么忙，怎么还有那么多时间休闲娱乐？做妻子、妈妈、辅导师，这三件事情消耗我巨大的精力；我如果要保持自己的情绪杯处在饱满的状态，就需要注入更多的精力。所以，我会刻意把与朋友见面、跳舞等让我愉快的事情安排到日常生活之中，而不是等自己有时间再做，因为我们的时间永远不够用。

消耗强度越大越要刻意地注入能量，将自己的水杯保持在充满的状态。所以，你越忙越要把自己的爱好写下来、安排进日常生活。只要这些事是健康、道德的，都可以去做。

你的爱好中应该有至少一两项是能让你出汗的。人每周都要出汗，这样才能保持身体和情绪的健康。有一个大学老师一个人干好几个人的工作：同时教好几门课程。他在异常忙碌的情况下，每周也会抽出一天时间去爬山、骑自行车，让自己处在一个良好的状态，保持高效。大家一定要找到给自己注水的方式，然后想一想：自己现在的水位线在哪？如果觉得有点低了，就要赶紧调上去。

2. 压力管理

现代社会充满了各种各样让我们崩溃的压力。压力管理的重点在于：你要主动管理压力，而不能让压力管理你。你感受到的压力大小由两个因素决定：一个是外界给你的压力，另外一个是你的抗压能力。每个人的抗压能力都不一样。同样的事、同样的压力，对某些人来说很快就能度过，但另一些人就直接被压垮了。

压力分类特别重要，否则很多事搅在一起，会像乱麻一样令人心绪烦乱。我会教我的客户将压力分为以下四类：

重大可控	重大不可控
非重大可控	非重大不可控

- 重大可控：你只需要关注重大可控事件，这对你的影响最大，而且还在你的可控范围内。
- 重大不可控：比如我父亲得病这件事，一定是重大的，但是它不可控，你要学会跟它相处。
- 非重大不可控：应该在优先级列表最后，可以先放到一边。当你完成划分之后，就会发现很多事情是不可控的，根本不用为它们操心。
- 非重大可控：有一些小事情——比如说别人说你坏话了，你可以解释清楚；但是这种事不重要，就不用现在解决，甚至根本不用解决。

如果我们不这样整理，就会把很大一部分时间、精力以及情绪压力放在又小又不可控的事情上。按这个图划分完，找到重大可控的事件，然后再分步骤，把它分解成一个个的小问题，具体要做的事情就一步步呈现出来了。

3. 自爱

喜欢自己，对自己满意，为自己有价值而感到骄傲是一种力量。做到自爱就能从心里接纳自己，感到自己宝贵。

健康地接纳自己对很多人来说是很困难的。有的人看不上自己，总拿自己跟别人比，觉得自己什么都不行。如果这样的人对待别人像对待自己一样，那简直是一种虐待。让人觉得挑剔、不好相处的人，根本原因就在于他不喜欢自己。

拥有喜欢自己的能力特别重要。你如果喜欢自己，就会有很强的感染力，别人都能感受得到。这种能力和你的外貌、个人能力都没有直接相关性。我见过又高又漂亮，身材好，老公对她也好，可以说什么都好的女性，但她就是看不上自己。

  有的人迷之自信，有超强的感染力。以前我的一个室友，她说："萨林娜是我见过最喜欢自己的人。"在她眼中我又懒又馋，不知道为啥就是这么喜欢自己，所以她就被我的这个特质吸引，因为她没见过这样的人。她曾经跟我说："我发现自爱是吸引人的，它会吸引别人也爱你；自爱不是自恋，一个有健康自我接纳的人会散发出一种可爱的气质。"

  一个不爱自己或者看不上自己的人，即使外在条件很优越，散发出来的气质也是被否定、被打压的气质，也就真的会有人来贬低他的价值。奇妙的是，与此相反，越能够自我接纳、自尊自爱的人，被爱的能力也越强。

  有一种观念叫"枪打出头鸟"，要求你"不要翘尾巴""不要出风头"；好像你只要稍微自信一点、高兴一点、自我认知高一点，别人就会来打压你。中国的父母很奇怪，他们在外人面前比孩子不服输，结果一回到家就开始打压孩子："你哪儿都不如别人！"这导致孩子感到很混乱：我到底好还是不好啊？所以别人一夸，你就手足无措，不知道该怎么办：别人说你漂亮或者可爱——"哎呀没有没有"；别人说你很有能力，事情做得很不错——"哎呀没有，都是靠运气"。于是就形成一种文化：大家不敢高高兴兴、不敢打扮得美，也不敢活得舒服。你要是把自己的美展示出来，别人就会觉得你虚荣，会来批评你。我们不能特别自在、快乐地活着，把自己的优点发挥到极致，反而习惯把自己束缚起来，最好能藏在一个没人留意的角落。我有个大姐说，她的理想就是成为一只灰溜溜的老鼠，缩在一个角落，这样谁都看不到。这其实非常可惜。

  我们应该敢于充分展现自己的各种感受：敢哭敢笑、敢生气、敢表达、敢为自己说话、敢辩论、敢否定、敢质疑、敢于维护自己的权利、敢犯错、敢尝试、敢接纳自己失败、敢接纳自己的不完美。但也不要盲目自信，而要意识到自己的力量在哪、自己的弱项在哪，扬长避短。要知道自己的位置、自己的界限，最大地发挥自己优势。

  我在辅导的过程中发现90%以上的客户都不喜欢自己。因为你对自己的认知会非常清晰地体现在外在的言谈举止和气质上：你的身体语言、表情、说话的声音，都会体现出不喜欢自己，这是藏不住的。

所以怎样健康地接纳自己？要清楚：我就是宝贵的；我的价值不受这个世界的标准评判，所以别人的看法现在不太能影响我。你自信了，做事情就会越来越好，然后外界会给你反馈更多的肯定，从而形成一种良性循环。

学生：我以前挺不认可自己的，但是别人都说我是天使，我就好了很多。

能相信别人对自己的肯定也是一种力量。有的人，你越肯定他，他越不信：你们都是哄我。你们人太好了，故意这样夸我。其实接受别人眼中自己的优点也是一种力量。

如何看一个人的自我认知？你要是夸他，他回答"谢谢"，就是比较健康、自然的反应。而我们大部分人都会说："哪里哪里，没有没有，不是不是，你不了解我。"这就说明他的自我认知比较低，或者心里暗暗觉得对方夸自己是不是有什么目的。

大家要知道，我们学的力量轮是动态的：即便现在某一方面还没做到或者还有待提高，这在我们成长学习的过程中也可以改变。一个健康的人应该有发掘自己力量的能力：这一方面我有，就好好地发挥和使用；这一方面我没有或者比较欠缺，就想一想怎么可以补上。其实每一个部分都会有一点力量，哪怕你在某一方面很弱，你也一定要相信：最弱的部分也会挖掘出力量。你可以把已有的力量作为垫脚石，再往前迈一步。

4. 对真相的认知

对真相的认知，也可以称作实事求是：按照事实来理解，主观符合客观。鲁迅说："真的猛士，敢于直面惨淡的人生，敢于正视淋漓的鲜血。"真相永远是中立、友好的，但很多人在真相面前会进入一种主观状态，不能按照真相来理解自己和这个世界。这在辅导中很常见。我辅导的时候，会挖掘每个人内心不符合真相的信念，这些往往就是囚禁他的东西。所以，我们需要不断地回归到真相之中。有时候知道真相是很残酷的事情，但却是医治的起点。

培养对真相的理解和面对能力，不是让我们去做侦探，侦查别人的真相是什么；而是让我们有能力、有勇气面对自我和这个残酷的世界，能够形成比较客观，不受自己情绪、偏见影响的认知。

每个人都有自己的条条框框或者有色眼镜，很难按照真相去看待自己和世界、相信自己眼中和别人眼中的你根本不一样。

大家可以通过美国心理学家乔瑟夫（Joseph）和哈里（Harry）提出的乔哈里视窗（Johari Window）模型来进行自我意识的发现，也可以在这个模型的指导下恳请他人反馈来提升我们主观意志与客观现实的吻合程度。

乔哈里视窗

	他人知道	他人不知道	
	公开象限	隐私象限	自己知道
	盲点象限	潜能象限	自己不知道

（自我揭示 / 恳请反馈）

- 公开象限——你知道，他人也知道的部分，是你社会性的一面。这个部分如果比较大是很好的；因为别人所见即你所是，你也就不用太伪装，也说明你对自己的认知比较客观，为人光明磊落。

- 隐私象限——你自己知道，但别人不知道的部分。这个部分的大小是由你来控制的。假设一个人的隐私象限特别大，公开象限小，他通常不会快乐；因为他把太多事放在自己心里，独自承载了太多秘密，是很沉重的。但这一部分是可以通过理性的自我揭示来缩小的——注意，不是缩小到完全没有，每个人都要有健康的隐私权。

- 盲区象限——你自己不知道，但别人知道的部分。其实我们每个人都有自己的盲区。一个人的问题可能自己不知道，但别人都看得很清楚。盲区象限太大的人往往自我认知偏差较严重，他没有活在真相中，这样的人通常是自满和自以为是的，不太听得见别人的反馈；或是毫无主见，人云亦云，缺乏自省能力的；若是他真想改变，可以通过真诚地恳请他人反馈来缩小这个部分在他生命中的占比。

- 潜能象限——你不知道，别人也不知道的部分。用冰山理论来说，就是你藏在水面下的部分，这里埋藏着你的潜能，你未来无限的可能性，或许在某个关键节点或极端刺激下会爆发出来无穷的力量。若有幸遇到高人指点，我们或许能因势利导地挖掘出我们的潜能，成就一番出人意料的伟业。

四 创造力

第四块叫"创造力"（creative self）。创造力又包括以下五个部分：

1. 逻辑思维能力

有些女同学的测试结果反映出客观性很高、主观性很低，说明她们很现实。这样的测试结果在男生中更为常见。这是创造力的一种，即你的逻辑思维能力，也包括分析问题、解决问题及自我调整的能力。

你们遇到一个难题或者一个挑战时候，会把它列表写出来，做攻略吗？

案例

我有个年轻的女性客户就是攻略高手。她说，她每次见到一个喜欢的男孩，就会做攻略：列出他的需求——他想要什么，而我有什么、没有什么；列出自己的目标——阶段性目标、周目标、月目标，多久把他拿下；列出我有什么资源、可以怎么调动，做一个完美的攻略图，然后一步步推进。

当然这是个不太好的例子，但她真的从不失手：只要是她想要拿下的，她就按这个步骤一步步往前推。她就非常好地运用了自己的逻辑思维能力，当然用在正道上会更好。

我希望大家不要被感觉或是现实压力牵着走，而要有一个清晰的思路：知道自己要什么，为了达到目的要怎么走、需要几个步骤。我们写论文或者做项目，往往很会运用这方面的能力，但是在现实生活中往往会迷糊，因为我们不会想着要把这个能力用在日常生活之中，去达到生活中的一些小目标，其实还挺浪费的。

这个能力是需要不断练习的，而且越练越强。先从小的目标开始，最重要的是：你要明白自己要什么。

- 第一步是：你要明确地知道自己想要什么，或者想成为什么样的人。
- 第二步叫作两点取直。

一个点是现在的你，另一个点则是你要达到的目标。两点之间线段最短，你想达到任何一个目标，一定要用最短路径，不要绕路。这里就需要你分析出直线路径是哪一条。比方说你想把托福考到100分，而你现在的水平只有50分，那你可以考虑不背单词直接做真题。我一个客户要做一个影视项目。我问他现在在做什么，他说每天看5~6部电影。我就说："你绕到哪去了？你在5个月内要做出项目，现在却每天忙着看5~6部电影，这就是逃避。你现在该做的是：找到你的截止日期，明确在此之前你需要做成什么项目、需要多少个小时，然后把小时数平均分配到每天并且落实。"

- 第三步叫作壮士断腕。就是说要做成一件事，就需要舍弃一些别的事；如果你的某个目标没有进入你的日程安排，就是无效目标。你的努力一定要落实到每一天，在此过程中会用到思维能力、执行力和意志力。

2. 情感能力

创造力的第二个部分是情感能力（emotion）。

（1）情感伴随着创造力

为什么把情感放在创造力中？因为你的创造力是与生俱来的，同时也一定伴随着情感。

我们这个世界其实没有"物质"，全都是能量聚合体。我们的情感也是一个非常强大的能量，是一种创造力。合理恰当地表达自己的情绪是一种很了不起的能力。

把情绪表达出来其实并不容易，别人接受起来也不容易。有一个朋友说：对中国人而言似乎只有两种情绪表达是不羞耻的：一个是生气，一个是高兴。所以，我们会把很多其他的情绪转化为生气。比如说某个人感到羞耻，他不会说自己感到很羞耻，而只会生气；他悲伤了也不会在别人面前哭，或者说"我真的很难过，给我个抱抱"，他只能表达生气。失落、痛苦、恐惧，他统统表达为生气。于是我们看到了一个国家、一个民族，一大家子人互相生气；因为好像只有这个表达是不羞耻的、是可以被接纳的。我们学过情绪表，其中的情绪词汇有一两百个。可是我们只会用高兴、生气。

（2）命名情绪

准确地给你们的情绪起名字，你就能够知道自己正在经历什么。丰沛的情感是一个很强大的力量，在情感缺失的社会里更是如此。当你恰当、准确地表达出你的同情、善意、温柔、兴奋、悲伤等情感时，这些都会成为美好的东西。

学员：刚才我想到了一个反例。我昨天跟同事在一起讨论一个已经讨论过好多次的问题,当时感觉很烦,我就说:"气死我了!"然后今天早上,同事就给我发了一条消息:"抱歉,在沟通的时候让你感到生气,以后我会努力明白自己在说什么。"我赶紧给他回消息说:"其实我并没有真的生气,只是调侃一下。"好像我们的确只会说"气死我了""笑死我了",这样真的会让人误解。

如果现在让你换个词,来正确形容你当时的情绪呢?

学员:焦躁。

对,这就比"气死我了"要准确得多。

所以情绪管理中一个很重要的步骤,就是要知道你经历了什么、产生了什么情绪,以及怎样处理这个情绪。

(3)处理情绪

处理情绪,通常有两种方式:

- 一是直接解决,比如用罗伯特议事法则。你能够主导这件事情,或者能够影响到这件事时,就没必要在它上面反复纠结了。

- 另一种是无能为力。你不是领导,不能参与、不能提意见,就只能自己排解。你对自己说:"我经历了这个事情感到焦躁,但是我无能为力,所以我需要给自己一点时间排解。"这时可以出去转转,或者做深呼吸、做一个开姿势,想一个能够排解这种情绪的方法。

我们要慢慢训练自己的情绪能力:知道自己经历了什么、这个经历导致了什么样的情绪,准确命名这个情绪,然后选择处理这个情绪的方式。

案例

学员:昨天我跟老板微信聊天谈公事,她提了点意见,我就解释了一下。结果她居然就来了一句:"注意素质。"当时我气得不行,一个人带着孩子也很窝火,就没控制住,直接微信回她说:"这么点小事不要扯到素质,你会不会说话?"

后来我冷静下来:我跟我老板很熟,知道她不是心怀恶意的人,也不想跟她闹僵,于是我就又回了一句:"我知道你没有什么恶意,但是有的时候你对我说话不太尊重,你这样我会有点难过。"然后她立刻回了一句:"别难过,你说出来我才知道。"

其实我一开始非常生气,想要跟她对骂,这个生气背后其实是有羞耻,但我不知道应该怎么表达。

有人说你要注意素质,这本身就是非常严重的羞辱性语言,你直接反应是生气,这是人最直接、最正常的反应。这个生气背后其实是难过,你说难过就表达得很好;还有就是迷茫,因为这个关系还是蛮重要的,她这样伤害你、让你疼痛,你的反应是正确的。你给情绪命名了,然后反馈给对方,这属于直接处理的情况;这个事情也的确在你的能力范围内,而且处理得很好。直接告诉对方自己的情绪是对的。如果她再反唇相讥,这就是她的事了,你能做的已经做完了。

绝大多数人都是盲目地被情绪推着走,所以处于金字塔的底层。那些真正爬到金字塔最顶端的人有两个特点:第一,他们不会被情绪控制;第二,他们会控制自己的情绪,使其服务于自己的目标。这就体现了情绪的创造力。

学员:这是不是跟自控力有关?它跟消磨情绪有什么区别?

自控力只是达到了不被情绪控制,还没有学会使用情绪来达成自己的目标,为目标赋能。

学员:怎么使用情绪,举个例子?

比如说你要开展一个新项目,这是有一定风险的,你首先需要的是勇气、激情;其次你需要控制恐惧、怯懦、自卑的情绪。第一步,不让负面情绪控制你;第二步,增强和放大你需要的情绪,而且要调动这个情绪去影响你身边的人,让你团队的其他人跟着你进入同样的情绪。这样你就使用了自己的情绪能量来完成目标。高手对决,最后拼的就是"逆商":身处逆境,在环境极端、士气低迷、充满绝望、张力十足的氛围下,学会如何拒绝负面情绪,放大你所需要的正面情绪,并用正面情绪去影响与你合作的人。

学员:比如说,如果我需要勇气,就得做一些事情使自己勇气大增?是这样吗?

是的,如果我需要勇气,就会用跟人聊天的方式问别人:"你眼中的我是什么样的?你觉得我什么时候是有勇气的?"我用这种方式来攒勇气。

案例

助教:我大学时,有一次带着十几个人的团队去做一个类似于支教的项目。我们已经在那里连续做了好几年,其实已经合作得很好了。但是那一年不知道是换了教务主任还是什么原因,我们原本要找70多个学生,结果当天只来了十几个。作为领队，我当时就崩溃了，坐在操场的乒乓球台上，情绪特别低落。我们团队里有一个资历比我更老的队员，他就跟我说："其实你这时候不应该自己在那失落，因为你要承担的是整个团队的责任。你需要做的是给你的团队信心，告诉他们：'我们可以继续做这个项目，还有其他办法。'"后来我们团队就开始给每一个学生打电话，问他们为什么不能来，这才知道原来老师根本没有通知到他们，他们就放假回家了。就这样，后来我们又找回来40多个学生，项目得以继续。

3. 意志力

也可以叫执行力。意志力是指由你掌控自己人生，而不让其他事情来控制你的能力。在美国的时候，我的导师说：一个健康的、负责任的人应该花50%以上的精力来管理自己的时间、金钱、人际关系。然后他还说：通常喜欢去管理别人的人，都是自我管理很差的人。他的自控力很差，控制欲却很强，所以总是想去干涉别人的生活。

学员：其实就是因为自我管理在自己身上失败了。

对。很典型的例子就是家长事无巨细地管孩子，觉得孩子什么都不对：孩子写个字嫌丑，走个路也嫌姿势难看。这其实都是家长没有好好进行自我管理的表现。

什么是执行力？即你定下一个目标去执行时，有多大的动力去实现它。比如说，你明确了自己每天运动的目标，那么无论刮风、下雨还是下雪都要坚持，这就是执行力，也就是意志力。

4. 工作

永远不要低估工作带给人的价值。工作是一个人的自我实现，可以带给人生活的意义、价值及尊严。当你拿到第一笔工资的时候是什么感受？

学员：很高兴，感到自己有价值，而且还挺满足的。因为我拿到这笔钱之后，就有能力买到我想要的东西，甚至可以大花一笔。

想花就花，因为这是我自己挣的。这是一个人社会化过程中很重要的一步：他意识到自己通过劳动赚了这笔钱，还可以自由地支配。工作带给人极大的尊严和价值感。

学员：怪不得家庭主妇们通常是没有这种愉悦感的！

一个人在工作之中可以使用自己的能力，实现自己的想法。在工作中制定目标并一个个攻破，就能积累强烈的成就感。所以，不要总是用负面的态度对待工作，抱着"这是被逼无奈养家糊口"，或者"我不过是个打工狗"一类的非常沮丧、非常负面的想法。你其实可以从工作中汲取到很多的力量。

要学会问自己：我在工作中养成了哪些好习惯，在哪些方面经历了成长？我喜欢自己工作的哪些方面？有规律性的工作会规划你的人生秩序，令你有朝九晚五的日常生活，这本身就是特别幸福的事。要多看看自己在工作中得到了什么力量、突破了自己的哪些限制、培养了怎样的勇气。

这一方面比较欠缺的是家庭主妇和自由职业者。前者缺乏的是秩序和成就感，后者缺乏的是秩序。这两种人需要更大的勇气和毅力来做好自己的工作，去看到自己的价值。

5. 正向幽默

正向的幽默，不是低俗段子或者取笑别人的不健康的幽默，而是一种健康向上的幽默。这种幽默感是创造力中查漏补缺的一项内容，会使你的人生充满勇气。一个幽默的人是很有勇气，而且很受欢迎的，他说什么、干什么都带有某种正面的、积极的能量。幽默感是一种天赋，但是也能通过后天练习得到。

幽默的人不太会让人有压力，他的人际关系通常比较好，大家也比较喜欢他。怎么练习幽默感呢？首先就是练习别把自己太当回事。很多不太幽默的人就是太严肃，很容易被冒犯。可以先拿自己下手，开自己的玩笑、嘲笑一下自己，然后让别人在自己身上找点乐子。

幽默是人际关系的润滑剂。有时很严肃、很紧张的氛围，幽默一下就能得到缓解。幽默的背后，往往是爱与勇气。

五 身体力

人们比较容易注意精神、情绪，而忽略身体，其实身体非常重要。

举个简单的例子：抑郁症发展到重度抑郁阶段，很多时候是因为身体没有管理好。一个重度抑郁的人如果开始规律作息——好好睡觉、吃饭、运动，会大大改善他的病情。这是有大量科学数据证实的。运动会让大脑分泌多巴胺来自动对抗抑郁，你的身体也会得到修复。

一旦知道了这一点，你就不难发现，其实很多问题从根本上来说都是身体的问题。管理好身体是最直接、最有效、最快、最便宜的疗法。所以，如果没钱做心理咨询，你就去跑步，这是造物主放在人体内的一个调节机制。

我生完女儿之后得了非常严重的产后抑郁症，严重到每天都以泪洗面，想要寻死。那期间在学心理辅导，发现其实多运动就能改善，这之后我就去学校健身房跑步。孩子还很小，我就把她放到跑步机旁边。当时我一边跑步一边控制不住地哭，但还是坚持跑；大概坚持了一个多月就缓过来了。

知道运动有效之后，你一定要去做。有的人说：我都抑郁了，怎么还能跑步？如果抱着这种态度，你就进入恶性循环了。人总有求生的本能，你要活，就要按正常的规律做事。

还有很多婚姻遇到问题的夫妻来做婚姻辅导，辅导十次八次之后效果还是不好。其实原因很简单：这个丈夫的饮食没有被照顾好，他的睡眠被剥夺，他没有规律的性生活。这三项权利被剥夺，对男性来说简直就是毁灭性的。如果男性在这三方面得到满足，通常会感到非常幸福。男性很容易满足，这也是他们的力量；只要有稳固的根基，他们是很容易开心的，要求没那么高。好多妻子操持家务非常辛苦，结果老公还是出轨了。如果你问："你们多长时间有一次性生活？"回答："半年。"这是舍近求远啊！男性出轨，很大程度上是因为妻子满足不了他的基本生理需求。这不是给他们开脱，而是客观地说，身体的需求对一个人的影响是至关重要的。

注重身体力，要关注运动和饮食两个方面。

（1）运动

你有坚持运动的习惯吗？有规律的运动计划，并且在认真执行吗？大家都要动起来，分泌多巴胺，修复你的身体力。运动的好处非常多，一定要培养良好的运动习惯。

（2）饮食

这方面内容我在前面的"自我关怀能力"中也强调过。现代人饮食的一个问题是加工过度。大家要知道一点：你吃的东西会变成你的一部分，怎么吃会影响你整个人的身心健康。现在的人是很难做到饮食健康的，这需要刻意去调整。

- 一日三餐要按时。不管你多忙，一定要吃早饭，而且早饭一定要有蛋白质。因为睡了一宿，你的胆汁都积蓄在胆囊内，只有吃了蛋白质或者油脂，胆汁才能释放。早晨吃蛋白质不会胖，因为胆汁释放，就能消化蛋白质和脂肪。如果你不吃早饭或是不吃含蛋白质和脂肪的东西，胆汁就会堆积在胆囊里。这就是长期不吃早饭的人容易得胆结石的原因。另外，不要吃夜宵，过了晚上6点就什么都不要吃了。

- 不要吃过度加工的东西。市面上卖的包装精美的食物很多放了大量添加剂；不吃油盐含量高的食物，油炸食品之类尽量不吃。
- 吃饭需要注意营养全面。一天之内要摄取各种营养物质：粗纤维、优质碳水化合物、蛋白质、脂肪、糖类。如果长期坚持，你的身体将更加健康、精力充沛。

到这里我们就讲完了力量轮，大家可以归纳一下自己的力量。每一项都要详细地写出来，这些都是你的牌，要试着使用。遇到问题的时候，要想想从你的牌里边选哪些牌可以应对。辅导别人的时候，也要试着按照力量盘来定位他的力量，推动它运转起来。

本章结束的时候，您的初级班课程也就结束了。"纸上得来终觉浅，绝知此事要躬行"，我们所讲的这些知识、技巧，一定要落实到你的生活中、应用到你的辅导中，你才能真正掌握这些方法，并且用它们来助己助人。

◆ **初级班学员的改变分享**

在初级班里，我们学习了心理辅导的入门知识。

之前我给初级班的学员布置了一个命题作文：上完初级班以后，你的人生发生了什么变化？这个课对你产生什么影响？大家的反馈非常热烈，以下是部分学员的分享：

学员A：我觉得我在学了一期的课之后变得敏锐了，发现很多人其实都需要心理辅导。比如跟同事交流的时候，我发现每个人内心都有伤痕，他们迫切需要被倾听，特别渴望倾诉。这段时间我经历了搬家与家里成员调整：我的保姆回老家了，现在是我跟婆婆一起分担家务；虽然身体疲惫一点，但是我学到的自我照顾和照顾他人的技能给了我很大的帮助。我们家庭现在更融洽了，夫妻之间更加相爱了；所以这次上进阶班，老公特别支持，两个孩子他今天都管了，让我出来上课。我对心理辅导非常喜爱，也在考虑学习更多技能，再拿一些相关的学位，去帮助更多的人。

学员B：印象中最深的就是"表述过去可以给它重新赋予意义"，这对我帮助特别大。当我用那些技能审视自己的经历，换一个眼光重新看问题的时候，就看到很多积极正面的东西。我原来觉得原生家庭有各种问题，对我的婚姻伤害很大；但现在看，我的经历其实很宝贵，因为有些经历不是别人能够拥有或者理解的。所以当我这样看的时候，对过去的生活理解不一样了，过去已经被翻篇，未来的路已经拓展。

学员C：初级班给我留下印象最深的内容就是力量轮。这部分内容非常实用：我原来情绪不是很受控，而且对自己的认知比较低；上完力量轮这一课后，我知道了原来情绪可以细分成那么多方面，可以确切地知道自己是在经历什么情绪，也看到自己很多很好的力量。之后遇到同样情况的时候，我不再是一团糟，可以平静下来分析、处理一些情况。还有一点很重要：辅导让我知道自己需要倾听别人的心声。有很多朋友经常来找我吐槽，讲述自己遇到的困难，以前我急于给他们意见，后来才发现自己的人类格子常常把他们框住了，我渐渐学会了如何倾听别人的心声。

学员 D：学初级班期间正好是我研究生毕业那段时间。以前我的身份一直是学生，步入职场之后很多方面都不适应。我刚开始学这个课的目的是帮助身边的同学朋友，但是随着我自己身份的转变，这门课也帮助了我自己：比如如何和同事相处并为他们提供帮助——这些在这个阶段对我很重要。我刚离开集体生活，进入工作环境，这段时间其实有一些不适应，但是萨老师的课给我注入了很多力量。

如果有人问："心理辅导有用吗？"看一看这些鲜活的案例，你就会知道它真的有用。我看到很多人开始接受系统、专业的辅导。持之以恒地推进下去，会有越来越多的人在各个方面发生改变，发掘出自己更多的内在力量，展现出人原本应有的样子。

我给大家一个愿景：大家好好学、好好练，将来你们也会看到很多人在你们的辅导帮助下，变成更好的样子。你会成为祝福的源头——谁遇到你，谁就受到祝福。

现在，我们就要正式进入进阶班的学习了。

下篇

进阶班

第一讲
辅导的五个步骤

大家学完初级班的技能，如果可以灵活运用，就已经比90%以上的人会讲话了。初级班学的是基础技能，比较偏重练习；进阶班的内容就上升到人生层面了。

我所讲的内容主要以下面这本书为指引，书名为《心理咨询的技巧和策略》。

进阶班会有很多内容出自这本书。这本书是全美甚至全世界辅导领域的基础教材，翻译成中文是这一本。这本书非常实用，大家如果感兴趣可以买来读一读。

我会把这本书里最核心、最精彩的内容呈现给大家，所以大家一定要珍惜机会，好好学习和掌握。如果你觉得初级班有点难，那么进阶班会更难、对人的挑战也更大，但是你会非常享受这个挑战过程。

我们先重温一下辅导的五个步骤。

一个完整的辅导，要走完五个阶段：建立关系、倾听故事、设立辅导目标、故事的重述、行动。

一 建立关系

这个阶段最核心的是信任，这也是一切辅导的基础。如果做不到这一层面，后边全部免谈。大家现在的练习对象往往是熟人，如果是一个完全不认识的人，你怎样在3~5分钟之内取得他的信任呢？如何在很短的时间内让他感觉跟你说话有安全感，敢于向你倾诉呢？这是辅导的基础。

我们学了哪些技能来建立安全的关系？

初级班刚开始我们学习了辅导的禁忌：

不能表现出同情；不能把人放进自己的人类格子；不能说教，不能提建议，不能帮忙；不能当垃圾桶听吐槽；不能无限回顾过去；不要逼人认罪；不能在听别人说话的时候想着怎么回答；等等。

接下来我们学习了倾听技巧：

有效倾听、核心3V1B，还学了一个非常有效的技能：镜像。

案例

有一天我需要辅导一个很酷的女生，所以我就在穿着上镜像了一下。

大家看这个着装（配图），这其实是不太符合辅导老师的着装要求的：牛仔外套太随意，但因为那天只有她一个客户，而且她就是这样风格的人，所以我就在各方面都与她保持镜像——从着装到妆容、表情、动作，都是如此。那天的辅导特别愉快，她一进来就感到很舒服，很快就建立了辅导关系。

我们辅导者每天都要将自己调试到被辅导者的状态：你的动作表情、说话方式要与对方气场保持一致；但不能装，也不能完全学人家。

 倾听故事

初级班第六讲我们学习了积极聆听。

积极聆听包括鼓励、平行表述和总结，其中最重要的是平行表述，这一项练好了，辅导就成功了一半。积极聆听是一项特别核心的技能：它既能帮助你建立关系，又能给你故事和力量。使用积极聆听技能会让对方感受到你在认真地倾听，而且他说的内容对你来说是重要的。不但使你理解了他说的信息，而且可以促进对方的信任。

通过上面这些技能的叠加使用，我们可以快速跟人建立信任关系。积极聆听看似简单，但可能要同时运用数十项技能。我们练习了各项分解动作，还需要大家坚持不断地练习灵活组合。希望大家能够把自己的练习坚持下去。

我们就像一位厨师做菜：我们的原材料就是这个人的故事。我们不能无中生有地辅导，而要先了解一个人的故事，这个故事中要包含一些生动的、有质感的、真正影响到他的细节。这和戏剧家、小说家是不一样的。我们要对这个人真实的故事进行加工、改造，把这个人从他自己故事的牢笼之中放出来。

在我们得到故事的同时，还需要寻找他的力量，这两者是并行的。后面扭转他故事的，一定是他本人的力量；而这些力量在他叙述的过程中是分散的、他自己没有意识到的，甚至是他压抑和极力否认的。我们作为受过专业训练的人，要在听故事的过程中去积极寻找他的力量。但是找到之后不要直接说出来，而是先把它记下来。所以我们要会做笔记：一边记录他的故事，一边寻找他的力量，并在笔记上画圈或者画波浪线把它们特别标出来。用笔记下来之后，你既有了他的故事，又有了他的力量。

初级班我们还学习了注入力量的技巧："扭一下"可以帮助对方重塑故事、得到力量。

初级班最后我们还学习了力量轮：它就像一张地图，可以帮助你熟悉自己的力量分布；也因为熟悉了自己的力量分布，我们才能用同样的眼光去寻找另外一个人的力量分布。

三 设立辅导目标

任何一个辅导，都要围绕着一个目标进行。人生各个方面都要用到目标，但目标意识却是很多人非常欠缺的。做任何事情之前，都要想清楚自己真正要的是什么。

一个客户因为请不下来婚假，跟领导发飙，说大不了我辞职。
你真的想好了吗？
客户：我根本不敢辞，我一旦辞职就失业了，分的房子也没有了。
那你的目标是什么？
客户：目标是请下来婚假。我就是太激动了，一下子没控制住自己。

做任何事情、说任何话，都要围绕着一个目标：你要提前想好自己需要什么，再将你的一切行为和言语朝着这个明确的目标去推进。如果人生能够被目标管理就会少走好多弯路、少干好多傻事。

辅导同样要有目标，要清楚你的客户通过辅导想得到什么。如果是辅导一个完全不认识的人，刚开始的时候我会说："你可以先介绍一下自己，你有哪些是想让我了解的；我也希望知道你通过这次辅导想解决什么问题。"

但是要知道，客户的目标不一定要成为辅导者的目标，因为很少有人能给你一个合乎标准的目标。我们后面会学习什么样的目标是合适的，并用 smart 原则修正目标。辅导者自己也要有目标，这个目标又分长期目标和短期目标。

比如，有个人主动去找公司领导层沟通，表示要换一个岗位，这就是一个很明确的目标。他分了步骤一步步落实，所说所做都围绕这个目标努力向前推进，最后达成了。这就是一个很好的被目标驱动的案例。

如果你没有明确的目标，辅导就会漫无目的。换句话说：如果你一开始没有明确的方向，不知道你的辅导要朝哪个方向推进，那么你的辅导就变成了散漫的聊天，更像是一次按摩：他心情不好就过来找你，你给他"心灵按摩"，他感到舒服了就走了；第二周又不爽了，再过来找你给他"揉一揉"。我不希望我们的辅导变成这样，这是对双方时间的浪费。

以目标来推动的辅导不会发散。如果你一开始就有很强的目标意识，在辅导中的每一个动作、每一个问题、每一句话都围绕着目标来服务,那么,我们就不会浪费任何一句话。比如开场问:"先聊点什么"就是废话,因为它没有推进你的目标。我之前也讲过一个例子:一个两小时的电影剧本,开篇十分钟左右一定会告诉你主角的目标是什么,全剧接下来都会围绕着那个目标推进。没有一个镜头是浪费的;每一句台词都要达到目的,而不能记流水账。时间那么宝贵,不能用来浪费。

我们辅导和拍电影是有共通之处的,都是在做故事;不同的是:电影是编的,而我们的故事是真实的。电影的模式一般都是在开始时描绘一个困境、一个牢笼,然后"扭"一下,最后打开这个牢笼,获得一个新的意义。其实我们辅导也是一样的。大师级的辅导师都是按分钟收费的:他们熟练掌握这些技能之后,在非常短的时间内密集地来塑造、改变一个人,根本浪费不起时间。辅导收费如此之高,就是因为它是一项高强度和高智能的工作。现在很多职业被人工智能代替,但是心理辅导是不会被代替的,因为在第一层关系的建立上,机器人就输了——没有人会信任一个机器人;即使它被输入了这些程序,模仿得惟妙惟肖,一个正常的、理性的人也不会跟它建立关系。

辅导中我们一开始就要带着这种目标意识来提问。我一般会问初次见面的客户:"你想解决什么问题?或者说,你目前的人生阶段想有什么突破?"要用有力量的词汇去问。如果是见过面的客户,我会问他:"从上次见面到今天,你经历了什么样的成长?"我不会问:"你过得怎么样?"而是明确地问他:"你经历了什么改变?这其中有哪些方面想让我知道?"

学生:他要是说没有呢?

对,会有人说没有。那我就说:"我们回顾一下",然后用总结的方式回顾上一次我们聊的问题。这之后我会问:"这个问题目前怎么样了?"很少有人一点都不成长。他可能会因为习惯性的消极思维否认说:"也就那样","我这人没救啦"。但是,你只要绕过他的消极思维让他直接说事情就行,这样还是能挖掘到他的成长的。

四 故事的重述

对被辅导者来说,一个旧的故事是他已经习惯了的,带着一些辖制人、囚禁人的因素。在辅导的过程中要有新故事的诞生。新故事和旧故事的素材一样,但讲述的方式却不一样。新的讲述会让困住他的牢笼被打开——过去的故事是封闭的、辖制人的、没有可能性的、悲观的；经过系统辅导之后，他们的故事被重述、发生改变，你就能看到这个人来辅导的时候是一个样子，走的时候却是另一个样子。

他重述自己故事的时候会很激动，你如同目睹了一个灵魂从过去的监牢里被放出来，这个过程非常令人动容。

案例

我有一个客户原生家庭很不幸——他的母亲患有精神疾病。他的过去非常悲观、压抑、消极；他认为任何美好的事物都跟自己没关系，自己也不配拥有美好、不配获得幸福。他整个人呈现出非常低的自我认知，没有安全感，甚至处在一种自虐性的生活方式中。在辅导后他重述了自己的故事，意识到自己的尊贵："我的尊贵不是由原生家庭，也不是由我的经历赋予的；这些事情过去发生在我身上，非常遗憾，我也没办法避免；但是从现在开始，我可以活出一个尊贵的、被爱的、不一样的人生。"他的旧故事被重述之后，整个人非常高兴，面容都不一样了。

故事重述的核心内容是新意义的诞生。但这一步完成之后，还要落实到行动上。

五 行动

一个完整的辅导一定是以行为的改变结束；你的辅导最终一定会落实到被辅导者日常行为的改变上，每一次辅导都要带来至少一个真实的行为改变。

这个是最难的，也是辅导的硬功夫，没有这个基础，后面的改变就都不会有。故事的得到和力量的寻找，直至最后故事的重构，一定要根据被辅导者内在的力量进行。

以上我们重温了辅导的五个步骤。具体的辅导过程不一定完全按照这个顺序：也许你一开始就有目标了；也可能你们一边叙述故事、挖掘力量，一边做重构。具体的辅导流程要根据每个人的特殊情况来制定，而且这个流程不能只是记在本上，也要刻在大脑里。

第二讲
目标的识别与扭转

 一　设定目标的时机

你在辅导开场时就可以问你的辅导对象："你想解决什么问题？"你得到的一般是一个方向、他关心的一个点，这时候还不能形成具体的目标。要等到你们建立了关系，你基本得到了他的故事和力量之后，再来明确地设定目标。

在设立目标之前，因为你已经得到了关系、故事和力量，可以先做个大概的总结；你可以叫他的名字说："××，我们已经聊了这些内容，我大概总结一下……"总结的过程中，你其实已经注入了力量，就好像是给他的故事画上了一个分号或者是句号，他就意识到这个部分的叙述已经完成了，可以往前推进了。

总结之后，你也可以根据力量轮的相关知识，用评价的方式稍微再加一点力量、给对方一点反馈。比如你可以说："其实你自己都没意识到，听到你的故事，有几点还让我很惊讶的（或者说还让我很感动的）……"等。可以个性化一点，讲一下你观察到的力量，不需要说太多。

在评论、反馈之后，就可以抛出设定目标的问题。注意：这是你们的辅导目标，不是被辅导者的人生目标。对于被辅导者的人生目标，我们能帮助的很有限。不要被客户的目标绑架。他可能会说一些特别不靠谱的目标，你要把这些变为现实可行的辅导目标。你可以说："你希望我们一起能够达到什么目标？"或者："我们已经总结了，也看到了你的力量。你希望接下来的辅导能够在哪些方面帮助你成长或者改变？"你要表明自己和他是站在一条战线上，会一起努力推进。这样，他会有安全感并抛出他的目标。

二 SMART目标设定法

我们了解一下靠谱的目标应该是什么样的，之后再学习如何破解不靠谱的目标。好的目标应该符合 SMART 原理，每一个首字母都有不同的含义。

1. S：Small（小）/Specific（具体）

目标一定要足够小。比方说"我要更幸福"就是一个不够小的目标。靠谱的目标一定是小的。为什么很多人放弃了自己的目标？因为他制定的目标和计划根本不符合 SMART 原则，所以他无法执行。这就会累积他的挫败感，对他形成一个暗示："我干什么都完成不了，连自己定的目标都达不到。"他可能会越来越不敢迈出这一步。还有一点是目标要足够具体。小且具体，就是一个靠谱的目标。

2. M：Measurable（可衡量的）

一个目标是否达到，应该是可评估、可测量的，而且要有起点和终点。

一个目标如果没有起始点，就是无效的。所以，我一般在制定目标之后都会问客户："从什么时候开始做？"如果他说"一个月以后吧"，这就是个没用的目标。一定要制定一个今天就可以开始做的目标。于是我就说："那我们一个月之后再来实现你的那个目标，现在换一个从今天起就可以做的目标。"这样的情况很常见，比如我最近这个月要出差，无法实现这个目标，就要在一个月之后开始。

一个目标还要有时间上的终点。建议不要超过两个月。有团队做过实验，长期目标最长可以定两个月时间实现；可能的两个月之内，你可以把大目标拆分成不同的小目标，每个小目标则要放在两周之内完成。

达成目标一定要有时间计划。举个最典型的例子：减肥。如果你的目标是一个月减 10 斤，就要细化目标：每一周要减 2.5 斤；开始时间：今天；具体的步骤：少吃碳水化合物、不吃糖、多吃蔬菜、结合运动。这就是一个可测量的目标，你一个月之后再到我这来，就应该比现在瘦 10 斤。

3. A：Attainable（可达到的）

目标一定要是可达到的，这就需要辅导师的智慧了。

很少有人真正清楚自己的实力，对自己的评估往往过低或者过高，有的时候，被辅导者接受辅导后，认为自己潜力无穷，觉得自己什么事都能做成，很容易头脑一热，制定一个在他能力范围之外的目标。

我们一定要根据对他的了解，找到适合他能力范围的目标，既不能过低，也不能过高。比如他现在每天凌晨3点睡，你说："那我们定一个目标，2：50睡。"这确实是一个进步，但没有挑战性，他会觉得："那我得需要多少周才能调整成一个正常人啊！"但是如果你说："以后就晚上10点睡吧"，他可能会说："好，我试试。"但是大家知道，晚睡类似的瘾症，不可能马上调整过来，这就超出了他的能力范围。

制定目标不能好高骛远，也不能太保守。这是有点难度的，你得评估这个人的实力、意志力、执行能力。靠客户自己评估是很难的，因为我们往往是最不了解自己的人，所以需要辅导者评估。有的时候我会请他自己做一个目标，如果发现这个目标他明显做不到，我就会说："我们还是换个稍微容易一点的目标吧，给自己留一些空间。"

案例

客户：我现在每天3点睡，那我的目标是要提前到2点睡。

那你准备一周之内有几天在2点之前睡？

客户：不就7天吗？我全都保持在2点睡。

这可能一下子做不到，因为人是有惯性的。你先给自己每周规定4天早睡，剩下的3天还可以继续熬夜。你先安排一下，确定是哪4天。

对于晚睡的人来说，提前一个小时睡虽然很难，却是可以做到的。记得要给对方一定的弹性空间，不要太死板。

4. R：Responsible（负责任的）

目标的唯一责任人就是这个客户，不能有第三方介入。

案例

一位妻子定了一个目标：这一周不跟老公吵架。但是，吵架不是一个人的事情；你不跟他吵，他可能过来跟你吵。所以这个目标不是她自己能负全责的。可以将目标调整为：这一周不管老公怎么对待我——哪怕他挑衅我——排除发生家暴的情况，我都不跟他对峙，回避正面冲突。这是她可以负责的。

> **案例**

丈夫计划每天固定时间给有网瘾的妻子断网。但这个目标是不可行的。一方面,丈夫做不到每天坚持;另一方面,这样做有可能会引发严重的家庭矛盾,比如妻子誓死捍卫网络,跟丈夫打起来。

此外,辅导者切记:别把自己卷进去!需要你来协助完成的目标是一个很糟糕的目标。比如有个客户说:"我定个目标——每天绕着操场跑两圈,跑完就给你发短信打卡。"这样就不行,为什么?我们辅导师从一开始就要给自己设立界限,保护自己的私人时间;像上面这样的例子,对方可能会随时打扰你的私人时间,而且你会跟他形成不健康的辅导关系。他目标的达成需要借力于辅导师,这样或许能起作用,但我们还是应该把目标归还给当事人,让他对自己的目标负责。让他明白:哪怕这个目标很小,只是迈出一小步,也是他自己成长的结果,也可增强他的自豪感。

5. T:Tangible(可具象化的)

想象一下这个目标实现之后会是什么样?辅导师要能够帮助客户看到这个画面。

一个可展望的、具体的目标实现之后的场景,会给人注入很强的力量。所以辅导师就要跟他一起来做这个梦:当这个目标实现的时候,你是怎样的?你身边的人会怎么看你?他们会说什么?

> **案例**

想象一下,当你瘦了20斤之后,会是什么样子?

客户:回到20年前。

这时候你可以翻出自己20年前的照片,看看那个时候的样子。想象一下,你会过上什么样的生活?

客户:去买很多新衣服,现在的衣服肯定都穿不了了。

在你只有瘦了20斤才能穿进去的裙子或者衣服中,你最喜欢的一件是什么样的?

客户:应该是旗袍。我原来有很多很漂亮的旗袍,现在都穿不进去了。

那是件什么颜色的旗袍呢?

客户:白底,也带一点绿色。

你要配什么样的耳饰？

客户：戴了流苏的耳饰。

你要画什么样的妆，来配这个耳饰和衣服呢？

客户：浓妆。

发型呢？

客户：要盘个髻。

当你变成这个样子：穿着那件喜欢的旗袍，像刚才说的这样装扮起来，身边谁会第一个发现你的改变？

客户：我老公。

他会说什么呢？

客户："哇，简直像换了个老婆！"

我们要帮助这个人清晰地看到目标达成以后的画面。我自己一度体重160斤，又黑又胖；当时我就想好了自己瘦40斤之后会是什么样、要穿什么衣服、要干什么事、会给人留下什么印象。这个目标激励我一直往前走。然后我把这个总目标分解为一周、两周可以实现的小目标，一步步实现，最后真的做到了。我现在就活成了当时梦想中的样子。

案例

有一本书叫《怦然心动的人生整理魔法》。其中有一个案例：收纳师来到一位日本女性客户家里，问她："你想通过我的帮助，成为什么样子？"对方说："我想有女人味。"当时她家里一片狼藉，简直无法下脚。每天回家之后，她都要从地上刨出一条路走到自己的床边，然后再把床上堆的东西全部推到床底下，刨出一条缝睡觉，连翻身的地方都没有。早晨起来之后，她再从衣服堆中扒出一件皱巴巴的衣服穿上。

收纳师问她："你想象一下，当你达成这个目标的时候，会是什么样的？"

她说："我希望回到家推开门，看到家里干净整齐，闻到姜参的味道，听到世界名曲。然后我可以在音乐声中洗一个泡泡浴，水中撒点花瓣。洗完澡之后，我会穿上粉色的真丝睡袍，把衣服叠好整整齐齐地放在抽屉里。衣柜里的衣服也要按照颜色和厚度排列好，非常整齐。"

这个画面激励着她，最后她真的达到了自己的目标。

具象化其实不难，但首先需要有目标。目标设定以后，就朝着脑中的画面努力，真的做到了这些，人生也就实现大翻转了。

我们自己作为辅导师，也要习惯性地用这五个标准来检验我们的目标。不是仅符合一两个标准就可以，符合了全部标准才是一个 SMART 目标。

非 SMART 目标破解法

不靠谱的目标分为以下四种。

1. 积极的目标

大家不要以为积极的目标都是好目标。这里"积极"的意思是期望某个抽象的好事物增加。比如有人说："我的目标就是想要更幸福"，这是在期望一个好事物的增加，所以叫作积极目标。但这其实是个不靠谱的目标。

如果对方给的是个抽象的积极目标，我们就需要让它具体化。具体怎么做呢？可以用一个叫作"奇迹问题"的技巧。

案例

客户："我想更快乐。"

你这样说，表示你想更高兴。假设今天你回家了，美美地睡了一觉，你睡觉的过程中发生了一个奇迹——你的目标达到了，但是你还不知道。你可以想一下：早晨你醒来睁开眼时，你看到什么发生了改变，就知道你的目标达到了？

客户："我醒来扭头一看，发现自己喜欢的人正躺在身边。"

这意味着这个客户真正想得到的是爱情。我们通过一个"奇迹问题"，就能挖掘出她真正想要的；她"快乐"的目标也就变得具体了——就是喜欢的人在她身边。这样具体化了的积极目标，就是个好的目标（当然，如果她喜欢的人有家庭，这就是一个有害的目标了）。

接下来就可以用 SMART 原则进一步完善目标。

比如客户说："我想更有钱。"同样，我们问他"奇迹问题"：第二天醒来希望看到什么？如果他回答说："我希望我有一张免费机票，让我可以去毛里求斯玩一趟"，就表明他的"更有钱"是为了实现一次旅行。我们接下来就可以开始制定去毛里求斯旅游的 SMART 方案了。

总之，我们可以使用"奇迹问题"使积极目标具体化、形象化。

2. 消极的目标

消极目标也不一定是坏目标。这里"消极"是指期望某种不好的事物减少。比如说"我不想生气",这里"生气"是个坏事情;想不生气,就是期望坏的事物减少;所以这就是个消极目标,但并不是个坏目标。你会发现很多人的目标都是这样的:"我不想晚睡""我不想吵架""我想少犯错"……

对于消极目标,我们首先要将其变成积极目标。比如,被辅导者设定目标为"少吵架",辅导师可以说:"你是想变得更平和,对吗?或者说你是想更好地管理情绪?"转换一下,用另外一种说法,把它变成一个可正向增长的目标。因为减少不好的事物本身是没有多大动力的,但如果我们把它变成一个好的事物并努力增加它,内驱力就大多了。

我们把被辅导者的消极目标变成积极目标之后,就可以用 SMART 原则,帮助他制定小目标。

3. 有害的目标

"有害"是指这个目标实现会危害自己或者别人。比如,有些人说自己来辅导的目的是想学怎么死得舒服一点、学会怎么离家出走不被抓到,还有初中生说想要怀孕,这样就不用去上学了。这些逻辑很奇怪,但现实中辅导者确实会遇到这样的人。比较常见的有害目标是想离婚、想跟父母断绝关系、想拆散别人的家庭,等等。

如果对方说:"我想死得舒服一点",首先不要被吓住,因为他很可能是想语出惊人来镇住你。你可以很平静地问他:"当你这个目标达到了,你希望得到什么?"他可能就会说:"这样我就不会继续给别人添麻烦了。"这样他的有害目标就变成了消极目标,接下来就可以帮他进一步转变为积极目标。你可以说:"你说你想死得舒服一点,这样就不会再继续给别人添麻烦了。换句话说,你希望对别人有帮助,或者说想成为在别人眼中有价值的人。"

将消极目标转变成积极目标之后,我们就可以继续用 SMART 原则来细化目标了。

4. 我不知道目标

你可能会经常遇到这种回应:"我不知道我的目标是什么。"这时也不要灰心;对方给出这样的答案,有三种可能:

- 第一种是:你们所建立的关系还没到订立目标的程度。如果是这样,就要退回到建立关系的阶段;

- 第二种是：对方其实还没有准备好发生改变。这就需要往回退一步，继续注入力量；
- 第三种是：对方的理解力和认知水平确实比较低，这时只能将进度减慢，要保持自己处在比对方略高的水平，继续带着他往前走。辅导儿童或者是11~13岁的青少年，以及受教育程度很低的人可能会遇到这样的情况。辅导者可以分析一下具体是什么原因，往回退一步，再和他一起努力，不要让他感觉吃力、无法跟上。因为我们始终是一个陪伴者：不管他处在什么水平，我们都要处于相应的位置。

作业：

大家先想一个自己目前人生阶段的小目标，然后把它整理一下，使之符合SMART的五个条件。下次上课的时候，每人要清楚地用一句话表述自己的目标。

本讲附录：

设立 SMART 目标示例

同学 A、同学 Z、萨老师 S

A：我的目标就是早睡，因为我熬夜已经到了非常严重的地步。

S：这个目标非常好。熬夜的情况已经很严重了吗？

A：对，最近生活太紊乱了，睡不好觉，生活各方面都受到很大影响。

S：你可以重复一下自己的目标吗？

A：我的目标就是早睡、按时睡觉。这个可以吗？

S：不行。你需要用一句话说出你的目标，而且这句话要符合 SMART 的五项原则。

A：我打算在两个月内，把睡觉时间调整到 12 点以前，并对这个事情负责。

S：从什么时候开始？

A：从今天开始，昨天晚上我 3 点多才睡。我原本目标是不熬夜，这是一个消极的目标；我想我应该把它变成一个积极目标：早睡或者按时睡觉。我希望经过调整之后，自己能够变得神清气爽、头脑清晰、做事高效，皮肤也变好。

S：你刚才说要在两个月内调整到 12 点之前睡觉，这具体怎么操作呢？你有没有更小的目标呢？因为用两个月的时间把睡觉时间从 3 点调整到 12 点，仍然算是一个比较大的工程，不太符合 Small（小）的原则，大家认为呢？

A：那我每周至少提前半小时入睡，这样可以吗？

S：听起来是可以的，这样的话两个月的大目标就分解成了周目标，也就是每周比上一周早半小时睡觉这样的小目标，大家用 SMART 原则再分析一下：她现在的这个目标够小了吗？

Z：到周目标这里算是够小了。

S：对，每周半小时的调整目标已经够小了。那 Specific（具体）这一项呢？这个目标够具体吗？

Z：每周提前半小时也挺具体的。

S：好的，那 Measurable（可衡量的）这点呢？这个目标可以衡量吗？

众同学：是可以的。

S：好，然后是 Achievable（可达到的）；你认为这个目标在自己能力范围之内吗？

A：我当然希望这样。

Z：我个人的感觉是：最开始可以不用定两个月那么长周期的目标；我觉得你可以尝试先定一个双周目标，两周后评估一下这个目标是不是 Achievable。

S：对，因为你不知道自己能做到什么程度。就像 Z 说的那样，我们可以定一个长期目标和一些短期目标。长期目标实现最长不超过两个月，短期目标则要小于两周。明确目标之后，你有没有想好达到目标的方式？也就是说，你要怎样达到提前半小时入睡的目标？现在阻碍你的是什么？

A：我之前一直以为是看微信导致自己晚睡，但经过这些天的观察，我发现自己熬夜常常是因为把好多容易导致兴奋的事放在了睡前完成。就拿昨天来说，我在睡前开始收拾猪肘子，两三个小时坐在厨房，边听音乐边拔毛，兴奋得不得了。我实在很享受那个过程，不知不觉时间就流逝了。

（现场大笑）

S：好，所以需要注意的是不仅目标要具体，而且实现目标的途径也是需要认真思考的。所以这个目标的实现方式需要自己再设计一下。

Responsible（负责任的）这里呢？如你所说的话应该是你自己负责，这样是可以的。然后 Tangible（可具象化的），你已经展望目标实现以后的情景了，说明符合这个要求。现在看来你制定了一个合格目标，现在你需要用一句话把这个目标清楚地写出来。

同学 B、萨老师 S、众同学

B：我的目标是早起。

S：你现在是几点起床呢？

B：7 点。我的小目标是接下来一周能够有两天 6 点起床。我本来定的是三天，但觉得可能做不到，就改成两天了。大目标是两个月之后每周能有 5 天 6 点起床。实现目标的方法是约了一个有早起习惯的朋友，每天他起床之后就给我打电话叫我起床。他还说："如果我叫了你，但你不起床，就要给我发红包。"

S：好，大家评估一下：这种方法算不算违背了 Responsible 的原则？

众同学：这个责任人有第三方可以吗？

B：不是说可以有两个责任人吗？

S：我解释一下，因为在这个目标里，B 是主动邀请另一方来介入的，而且要对这个人负责，所以这个第三方责任人是可以的。

B：我之所以这样安排，是因为我原本的方法是定闹铃，后来发现就算定了闹铃我还是起不来。所以我就邀请了另一个人监督我。

S：B 相当于是用了自己的资源来请朋友做这件事，而她的朋友如果做不到，就会损失自己的信誉。也就是说，这个第三方仍然处在被监督的关系中，所以这个目标仍然是由 B 自己负责的。朋友的介入是可以的，但是老公就不行了。

B：最后在展望的这部分，我期望能够利用早起之后的一小时读书。以前我总是在晚上读书，现在我想把它放到早上去做。

S：大家知道早起的秘诀是什么吗？就是早睡！

B：我觉得自己睡得挺早了，通常是 9 点半或 10 点左右睡。不知道这算不算是比较早的。

众同学：哇，很好了！

B：但不知道为什么，我就是无法 6 点起床，即便醒了也不想起床。我还发现目标很难用一句话写出来；一定要按照 S-M-A-R-T 这一顺序写吗？

S：不用按照这个顺序，你只需要把它总结成一句同时满足那五个条件就可以。举例来说就是：我的目标是从什么时候开始、到什么时候结束；要通过什么方式去实现；可以达到怎样的结果。

B：我的目标是：从今天起的一周内，至少两天在 6 点起床；过程中会借助有早起好习惯的朋友提醒；我自己对结果负责；当我实现早起后，我可以每天用早起后的时间读书。

同学 C、萨老师 S

C：不知道我这样定目标对不对？我是以周为单位来定的，就是每周至少要画一幅画。

S：好的，可以。

C：这个目标其实是我花了很长时间才确定下来的，因为我也不太清楚自己想要什么。所以，我回去之后跟老公商量了一下，他说可以尝试画画。他记得我前段时间跟他提过，自己有每周画一幅画的期待，为此我早在一年以前就买了手绘板，遗憾的是买来就一直都放在那里没动。所以，我认为可以将每周至少画一幅画作为自己的目标。

S：对你来说，这个目标是 Achievable 的吗？

C：达到这点其实不难，主要困难在于我比较懒，总是不想打开电脑做这件事。

S：画画是你的业余爱好，还是你的专业？

C：最初是一个爱好，后来慢慢就变成了专业。我是个设计师，绘画技能属于设计师的一个加分项，并不是决定因素；但如果在业余时间可以练习绘画，对设计师的设计工作会有一定的帮助。由于它在我的工作中不起决定性作用，所以我平时就没有花太多精力画画。我初步的设想是：如果有大块时间，我每周至少可以用手绘板画一幅画；如果没有时间，我就看看之前攒下的绘画教程。

S：你这个目标听上去包含了两件事情：看教程和画画。

C：那就先不看教程，只画画吧。

S：不看教程可以满足你的期待吗？

C：看教程会帮助我画得更好一些；不看教程、只是临摹也是可以的。

S：那你更想怎么样呢？

C：我更想亲自动笔，还是临摹吧。

S：这里大家需要注意：她的目标中其实介入了另外一个事项。虽然它看上去像是辅助事项，在实际操作层面其实是另一件事。这就需要制定目标的人对其进行排序和取舍；当然还有一种可能，就是这两个事项同时做，这时这两件事就都成为目标。

C：这是可以的吗？

S：是可以的。也就是说把这两个目标绑在一起，作为一个整体对待。这样，你的目标可能就不是一周画一次画了，而是这一周在看教程的同时画画。总之，不要把这件事变得不可实现。因为如果把这两件事绑在一起，就很可能成为一个无法达到的目标。

C：我的教程是以课时为单位的，所以我把这部分目标定为一周看一课时教程，是否可以呢？

S：你可以自己评估，只要不超过你 Achievable 范围就可以。

C：最后是可展望这一部分：如果达到了这个目标，就能对我的专业带来很多帮助。而且，无论是我自己还是我老公，都喜欢我经常画画的状态。之前我经常出现好久没画就更懒得动笔的情况，希望能够通过达到目标来改善这样的状态。

S：也就是说，你希望在实现这个目标之后，自己可以达到一个更积极与更自信的状态，并且这对你的工作也会有帮助。好的，这也是一个很清晰的展望。

你们看，C 的目标与 A 和 B 不一样：A 与 B 实际上都是消极目标，希望减少一个不好的事物，但我们用了积极的方式把它表现出来；而 C 的目标本身就是积极、成长型的。你们做辅导的时候，可能一开始会处理很多消极目标，因为这个人过去的生命中可能有很多破碎的、令人不甚满意的部分需要处理，但等他恢复、成长到一定阶段之后，你发现你们开始更多地制定积极目标。这会是一个非常可喜的进步。

C：虽然我刚开始制定了积极的目标，但是下一个就可能就是消极的，不能着急。（笑）

S：好，祝你成功！

C：我还在想要从什么时候开始。

S：原来你还没想好啊！

C：对，我预想的是在国庆节之后开始执行，因为我想在假期好好玩一下。说到这里我有个疑问，我不知道制定目标后要从什么时候开始：是必须立刻开始，还是可以再拖一拖呢？

S：制定目标后，最好就从今天开始。十一假期，你可以暂停一周，假期过后再继续按原计划执行。因为如果你在两周后才开始执行计划，间隔时间太久，实现目标的活力就会下降。

C：好的，我知道了！

同学 D、萨老师 S、同学 Z

D：我制订的是一个学习计划：小目标是一周完成两次沙龙课、两周完成三次小班课。

S：你刚才说的是你工作范畴内的计划，还是其他领域的？

D：对，现在学习就属于我的工作，我目前正在全职学习。

S：那是不是意味着，不管你定不定目标都要完成这个任务？

D：这样说也对。这件事对自律有一定要求，我已经有好长时间没上课了。

S：也就是说，这个课是你想上就可以上、不想上也可以停，是这样的吗？

D：是的。

S：那这样的话，还算可以。我们先在这里停一下，做一个简单说明：如果一些任务是你在工作中必须要完成的，那就算不上是目标，因为无论你是否定了目标都需要完成它。只有你可以在其中充分发挥能动性的事项才可以算是目标。就拿我的咨询工作来说：每周按照助理给我安排的客户来完成辅导就不能算是我的目标，因为如果完不成，我的咨询室就只能关门了。但 D 的这个目标就是可以的：因为在这个事项中，她可以发挥自己的能动性。

如果要针对工作中必须完成的事情来定目标，你可以把这项工作完成的程度作为衡量标准。例如：以前我做这件事只求能混过去，但是这次我希望把它做到一个不错的水平。

D：对，只是由于我之前一直不做这件事，所以就很焦虑，以至于整个人状态都很不好。

S：你评估一下这是不是 Achievable，因为听起来内容有点多。

D：应该是的。我之前都是一周上一次小班，现在把目标定到两周三次肯定是可以达到的；一周两次沙龙课也是在我正常能力范围内的。从上周的执行情况来看，一周的量基本完成了，过完下一周就可以评估大目标的可行性了。我的大目标是以两周为单位，小目标是以一周为单位。如果按这个进度顺利执行下去，我应该在 10 月底之前就可以把这一级别的内容学完，这就是我的最终目标。

在这里我想说一件特别感恩的事情。在我制订本周计划的时候，我问了自己一个"奇迹问题"："如果目标实现，我睁眼以后第一秒想看到什么画面？"我发现自己并不太期待什么伟大的梦想，我希望看到的画面就是可以更加接纳自己、爱自己。我也发现这个问题非常影响自己的状态：之前状态不佳的时候，我不太能接纳自己，也没有办法去执行我一切的计划。任何事情只要稍微有一点失败，我整个人、整个生活就完全崩盘了。

我看到这个奇迹画面以后，就在思考怎么把它变成小目标。比如说：想要接纳自己、爱自己的话，我可能就需要先在日常生活中，比如学习、作息等方面有一点点改变和调整。每达到一个小目标以后，我就能比之前更有自信一些。具体是不是这样我也不太懂，所以我把它列成了一个事项。

S：到这里再停一下。大家有没有发现：除了短期和长期的实际目标，还有一种就是带着"成为"的目标——有点"虚"的那种目标，但其实也不"虚"，它们实际上更重要，解决的是你人生中根深蒂固的问题。

就拿 D 刚才说的举例:"我想成为一个更接纳自己的人。"这种类型的目标完成周期可能会特别长,远远超过两个月,甚至可能需要花半辈子、一辈子时间。我们需要明白怎么把这样的目标分解为一个个小目标,放在两个月或两周内完成。这个过程中,你一定要知道这些阶段目标都围绕着一个主题:我要成为一个更接纳自己的人。

其实大家上这门课程,可能就是服务于这种长期大目标的;据此你就可以制定其他各种小目标。你可以分析自己:是哪些因素导致了你现在不接纳自己的状态?从容易改变的方面开始下手,一点一点积累你的成就感。成就感的积累不能一蹴而就,不会随着观念转变马上实现,而要通过叠加每一小步的成功体验才能得来。

你如果长期处在特别挫败和沮丧的状态,就需要积累差不多时长的成就感来对抗。包括之前 A 同学的晚睡问题,也是同样的道理:因为太沮丧、挫败感太深,对自己的论断根深蒂固,所以需要一点一点的小胜利来积累成就感。

关键就是 Achievable。你的目标一定要是可以达到的。千万别着急,别好高骛远,我们需要步步为营,而且每一步都要赢。所以,制定目标看起来简单,其实是非常精细的工作,常常需要微调。目标定得合适,就像车装满了燃油,可以开得很远。

D:我有个问题:如果我制定目标之后在实施过程中失败了,发现是因为之前目标定得过高,那么需要以多长时间为单位来评估这个目标是否不合适呢?

S:只要在执行过程中失败了,就说明目标不合适了。要给自己一个缓冲期,也就是一定的自由空间。像 B 的这个目标就很好,因为她希望一周先有两天早起。这样就可以根据自己每天的实际情况来安排是周一早起还是周五早起。在这里我再强调一点:目标一定不要卡得太死。也就是说,目标一定不能把生活空间塞得满满的,不然你会发现生活没有空间、没有余地。因为我们的生活充满了不确定性和意外,会有各种打扰你的事情:我们可能会生病,心情不好,跟男朋友、老公吵架,临时加班,等等。

有这样一个定律:当你比较空闲的时候,就可以好好完成自己的事情;但是当你特别忙的时候,就会有 2~3 倍的麻烦事同时发生,让你无法完成要做的事。

所以定目标的时候,一定要对自己有"恩慈",给自己足够灵活的调整和缓冲空间。这就是为什么我说 D 的这个目标听起来还是稍稍有点满。你可以采取干一周歇一周，或者干两周歇一周的方案，总之要使它稍微松动一些。

D：这已经是松动之后的计划，我本来写的是 3 天一次小班课。在执行过程中发生了一次失败，导致自己差点崩盘，以至于我必须努力回想自己之前到底定的是两周还是三周，因为我自己都忘了。

Z：没事，如果做不到，下次就再定得低一些，不用崩盘。

S：对。目标是可以调整的，需要给自己一个调试的时间。因为在这件事情上，你不是自己的老板，而是自己的朋友；你要恩慈地对待自己，不需要像一个凶恶的老板或者家长盯着孩子那样。

我在辅导的过程中发现好多人会习惯性地在内心将自己揍得鼻青脸肿。我有时候会直接说："如果你像对待自己这样对待另外一个人，他会告你虐待的。"

同学 E、萨老师 S、同学 Z

E：我的目标是在一个月内，每周锻炼两次，就从这周开始。

S：每次锻炼多久？

E：半小时到一个小时吧。我希望锻炼之后，可以提高自己的体能，并且身体能够紧致一些。这个目标是在我跟 D 吃猪肚鸡的时候定的。当时我跟她说，我的目标是要瘦多少斤。幸亏有她智慧的帮助，因为她说："瘦多少斤的这种目标很难达到，还不如定一个锻炼的目标，可实施性更高一些。"

S：需要把占体积比较大的脂肪转化为占体积比较小的肌肉。

Z：所以塑形就可以了，不需要瘦。

S：一斤脂肪的体积是一斤肌肉的 3 倍。

E：我之前的目标是一周锻炼 3 次。这周我试验了一下，觉得一周锻炼两次基本上是可以达到的。

S：听起来两次可能还是有点多。你现在是在工作吧？去锻炼的地方方便吗？

E：我锻炼的方式主要是在家或者在家附近的学校跑步。我从这周开始坚持一周两次的锻炼频率，在家的时候就跟着 Keep 软件锻炼。

S：哇，真有耐力！你认为这是 Achievable 对吧？

E：我觉得还好。

S：可以。没其他问题就去做吧，祝你成功！

同学 F、萨老师 S、同学 Z

F：我前一阶段时间安排得特别满，下一阶段还要完成之前做好的规划，所以现在好像不太适合制定新的目标。但我还是制定了一个特别小的目标：把咱们之前的教材用一周多的时间学完。

S：这还叫小目标吗？（笑）

Z：这个目标一点也不小。

S：不过她阅读速度可能比较快。你说的"一周多"具体是几天呢？

F：这周我其实做得不是特别好，所以我计划从下周开始。

Z：你计划拿出几天时间呢？

F：我计划每天晚上都读。

S：因为她还没有深思熟虑，咱们就先搁置在这里。

F：我已经完成这本书的一半了。

S：这样的话可能也行。

F：我是要把前面那一半再复习回顾一下。因为我之前都做了笔记，但是隔了这么长时间，我可能需要温习一下。

S：好的。我认为这个目标基本上是可以的，因为她是个学习能力很强的人。

F：这是我根据学习前半程的时间来安排的，所以后半程的这些内容用一周多的时间学习基本上是可行的。

S：好，学完了就在我们群里报个喜。

众同学：对，还可以把笔记内容分享一下。

同学 G、萨老师 S、同学 Z

G：我之前有一个运动的小目标。我已经坚持 3 个月了，我觉得自己做得挺好。

S：很好。你已经在实现目标这方面累积了一定的成就感。

G：不过我发现自己有一点问题：不够关注内心的需要。我的下一个目标是一周内至少有 3 天可以有 20 分钟关掉手机的独处时间，先执行一个月看一下效果。

S：这个目标达成之后你会怎么样？

G：我觉得我会更加明白我自己。

S：这是非常感人的一个小目标，而且也是我们每个人都迫切需要的。他的这个目标够小、够具体，也是比较 Achievable、Responsible 和 Measurable。

Z：我有过类似的目标。我当时是每周一次，但是时间会比这个长一点。可能每个人的情况不一样，但我自己一旦进入思考状态，就希望可以多琢磨一段时间；然而又不太可能每天都琢磨很久，所以就希望某一天下午给自己放两个小时的假，专门出去散步或者逛公园——并不是去一个特别新鲜的、能够刺激感官的地方，而只是去一个可以让我不受打扰、放松、反思的地方。

G：我本来定的是半个小时，但鉴于我现在的工作内容又杂又乱……

S：是，就你现在的工作时间来看，每天有 20 分钟已经很不容易了。我对你实现这个目标非常期待，祝你成功！

如果你有一个符合 SMART 原则的小目标并坚持去做，你就会发现自己能做到一些别人想都不敢想的事情。这其实就靠长期的累积！我希望通过这一轮为每个人制定 SMART 目标的示例，让大家更清楚目标制定的原则。加油！

第三讲

故事的解构与重构（一）

——囚禁人的三种故事型及其辨识

一　被囚禁的故事

第一章我们简单介绍过故事的重述：一个旧的故事是被辅导者已经习惯了的、带着一些辖制人、囚禁人的因素的故事。在辅导的过程中要有新故事的诞生，新故事的素材是和旧故事一样的，但讲述的方式不同。新的讲述能够打开困住被辅导者的"牢笼"。故事重述中的核心内容是新意义的诞生。

生活不完全是我们活过的日子，更多的是"我们为了讲述而在记忆中重现的日子"，这是来自加西亚·马尔克斯的一句话。我之前说"我们是由故事构成的"，就是加西亚这段话所表达的意思。任何一个普通人一生的故事素材库，都是无穷大的，但是真正对你今天造成影响的，是那些被你的筛选机制过滤过的、被你选择记住的内容。

然而，这些被你记住的内容中，真正把你塑造成为什么样的人，决定你目前状态、将来人生轨迹的，是你讲述故事的方式。所以，我们的辅导其实就是在修改故事！一个人是由故事组成的，所以描述故事的方式和选取素材的机制决定了他的人生。当你面对需要咨询辅导的人或者你自己时，要识别出他们生活在什么样的故事中。我们能给他们或者我们自己的最好礼物，就是把煎熬的、封闭的、囚禁人的故事打开一个缺口，把人释放出来，并且使他们活在一个开放性的、延展的、充满可能和希望的新故事中。

所以，故事的讲述有巨大的能量，甚至可以说它能够决定一个人的未来。通过观察一个人讲述故事的方式，我们基本就可以看出他将来会怎么样。

下面这一段文字摘自《追溯生命的溪流》一书，讲述了生活在"囚禁"

的故事之中可能对人产生怎样的阴影。

所谓阴影的领域是一个特殊的说法，而很多宗教和文化传统都用这种概念指代死亡的领域。这个阴间是亡灵的地方，他们的生命已经变得很苍白，变成死的。生命的种种色彩都成了死亡的灰白。今天有很多人也感觉到这种阴影的领域。虽然他们还活着，但他们感觉到自己被隔绝、没有生命力，被打入阴间。这种感受很可怕；它潜入他们，而他们无法逃脱这种感受。它破坏他们的生命，甚至影响他们最精彩的经历。这就是死亡的阴影，它可能会落到我们生活中的任何事件上。

它夺取生命的活力、精力和希望，当然也夺取任何喜悦。因为我们失去与自己的接触，恐惧逐渐代替喜悦，死亡和墓穴是这种生活的象征，这样人们就无法体验到生命本身。这种死亡的阴影，甚至在很早的时期已经会袭击人，会攻击青年和孩童，但并不是罕见的事。他们一开始可能没有意识到这个危险，经常很久以后才明白自己的命运。因为他们已经习惯了自己的感觉和思想方式，他们就不能想象人生还有另一种感觉。那些很早落入死亡阴影的人，一般不会认为自己是一个很有才华的人，一个有吸引力的、了不起的人。

他们对自己的印象是灰色的，而他们对前面的旅途没有信心，认为前途渺茫。在很多情况下，他们的生活缺少精力、光明和色彩，因为他们有根深蒂固的愧疚感和罪恶感，而这些不好的因素很早就进入了他们的内心。虽然他们经常觉得他们是有趣的，也是和蔼的人，他们是负责任的，不攻击别人、平易近人的灵活的人，但他们常常感觉到自己不舒服。因为他们经常体验到一些不好的感受，他们不断责备自己："我什么都做得不好""我不行""我没有吸引力""我不值得别人注意到我"……

他们的感受被压抑，几乎被消除，他们没有主见、没有信心，并始终怀疑自己没有做对。他们的感受经常是空洞玄虚，不具体，且显然没有生命的。他们感受到被拒绝——他们自己或别人禁止他们有这些感受。他们没有信心，但有的时候还很坚韧：比如他们需要描述自己的情况，或者他们肯定自己时。他们始终轻视自己、对自己没有很高的评价。简而言之，他们的感受缺少具体的对象、不够清晰，而他们经常没有足够深的感受，无论是对内或对外的事物。

有这种精神结构的人，显然落入了某种异化人的毁灭生命之力量的控制中。他们感觉到自己离自己的内在泉源很远，他们意识到自己在受苦——和那么多别人一样的受苦，但他们不知道具体为什么受苦。每一个人的命运都包括和死亡相遇，但这种死亡的形式即逐渐的解体，逐渐的消亡肯定是很危险的。人们往往很少注意到这种逐渐的死亡，而那些自己处于这种情况的人也经常注意不到。他们简单地认为这是他们生活的一部分，因为在他们眼中事实就是这样，而且没有选择。

这本书的内容程度很深，也很有针对性：这一段描述的其实不是别人，就是我们自己和我们将要去辅导的每一个人。我们都落在死的阴影之下，而这个阴影会以不同的故事来囚禁、消磨掉人的生命。我们接下来要学的就是可以与这个阴影对抗的方法——如何帮助自己和他人从这种阴影中跳出来。

 囚禁人的三种故事型

有三种典型的囚禁人的故事。每个人基本上都会落入其中的一种或者任意组合的两三种故事之中。第一种故事型叫作过时型；第二种故事型叫作刻板型；第三个故事型叫作悲剧型。

这三种故事型都有一些共同的特征，第一特征是封闭。这不仅是指把自己封闭在里面，同时也把别人也封闭在外面：它们阻碍了人们之间健康和美好的关系。

第二个特征是消耗。生活在这样的故事中的人处在一个不断内耗的状态；即便他一天下来什么都没干，到晚上也会觉得特别累，像是打了一天的仗。他与自己是不能和平、友好相处的，他的心灵与头脑就好像一个战场。

这两种共同特征会慢慢地剥夺一个人爱的能力、创造力、自信和所有快乐，就如同刚才书中描述的一样。

 故事型的辨识

1. 过时型故事的特征——重复

当你们跟一些人，尤其是很亲近的人聊天时，有没有注意到他们会反复提及一些事情？在你自己跟别人的沟通中，有没有一些事情是你时常挂在嘴边的？相信各位都会不同程度察觉到这个现象。重复性即反复提特定的事情、画面、细节，这是"过时故事型"的标志。

> **案例**

之前我辅导过一个大学女生。前几次见面聊天时，我就留意到她有意无意间提了好几次社团的人，后来我就直接问她是不是有喜欢的人在社团里，她立即就承认了。

她其实就只是正常在跟我聊学校的生活，但我发现了穿插在她聊天内容里她真正在意的事情。如果你受过专业训练，就会留出一个耳朵，并立刻注意到她讲的看似平常的故事中是有一些情况的。她承认喜欢的人在社团里的时候特别高兴：虽然她一直在遮掩、试图不让人看出来，但是别人发现之后，她就会感到释然。因为这个事件（在社团里有喜欢的人）已经过去了，所以它现在就是个过时的故事。

我们可以回想自己一般重复提起什么事。它有可能是一些你没有跟别人讲过，但在你的心里一遍遍对自己讲的故事；比如说遗憾的事情、羞愧的事情、不好的经历。有没有今非昔比的那种感受？比如过去曾经有过，但现在已经不复存在的那些美好的、有成就感的、温情的画面。这个回忆通常也会成为一种循环，会像电视重播一样一遍遍在脑海中出现。这种情况在你跟一些老革命、老干部这类人聊天的时候尤其明显：他们通常会反复述说当年自己的丰功伟业和风光景象。你们跟老人聊天的时候有没有听过"还是毛主席时代好"的这类表达？这就是他们对一个时代的怀念。

下面是过时型故事的具体表现：

（1）令人懊悔和负面的经历

这种重复性的故事往往会是一种懊悔的、负面的经历。这就好像一个人，他常常退回到自己内心的房间，那里黑乎乎的，只有一个无声黑白电视机，在反反复复地播放他过去的痛苦、失败和羞耻。所以这样的人一旦遇到困难，就会立刻躲到这个房间里。这是一个很典型的画面。

（2）今非昔比的情感

第二种不断重复的故事就是已经失去的一些美好，也就是"今非昔比"：过去曾经有过，但是已经不在了的一种情感。这种失去通常有两种主要体现：一个是婚姻，另一个是孩子。

1）婚姻

结婚之后的人时常挂在嘴边的一句抱怨就是："你不再是当年的你了。"

通常在这类人的记忆中留存着自己曾经是那样地被爱、被珍惜、被心疼，或者是他们当年如何亲密这类画面。然而这些都会过去，没有人仍然是当年那个人；若是自己不成长、没有与时俱进，他们就会把自己封闭在那段记忆之中，然后用过去的标准判断出：对方已经不爱自己了，对方已经不再是当年的人了，一切都变了，等等。事实上，每个人每天都在变化着，过去的标准并不适用于现在。

2）孩子

典型的表现就是：孩子已经长大、进入了青春期，很多人家里挂着的仍然是他三四岁时的照片。我们去到一个家庭中，看到家里这样的布置就知道亲子关系有问题。为什么会出现这样的现象呢？是因为这些父母没办法接受孩子已经长成为独立自主的大人的事实；他们的印象仍然停留在他小时候可爱乖巧，和父母亲密的时期。其实在正常情况下，孩子长大了就会有自己的想法、有更多独立的表达，不再继续活在父母过时的故事之中。但很多父母，尤其是母亲无法接受孩子的成长，沉浸在"我为你们付出了一辈子，结果你们现在都变成白眼狼了/翅膀硬了/不听话了、不把我放在眼里了"这类想法中，也就是我们常说的"青春期遇到更年期"。其实他们仍然活在自己心里认定的某个阶段。活在过去故事中的这些人，无论故事是痛苦的、失去的或是辉煌的，都很难适应和改变，也很难突破自己，不断成长。

（3）通过重复确认价值

第三种情况是试图通过重复确定自己的价值。

我以前学校大院里有一位老爷爷，他是个特别有智慧、有文化，又非常温和、善良的人。但是后来他中风了，又得了老年痴呆，所以他的其他记忆全部丧失了。之后他每天拿着自己的大学文凭，走到街上到处给人看，嘴里还不断地念叨着："我是几几年的大学生……"我们可以看到，当一个人大脑受损、记忆全部丧失的时候，只有最深的、能够确定他价值的那部分记忆仍然存在。大家可以想一想：如果自己失忆了或是记忆混乱了，你会拿什么东西去给别人看？

大家如果看过《飘》这本小说，就会注意到里面的一处情节：当斯嘉丽的妈妈快要死的时候还在喊着她初恋情人的名字。从她嫁给斯嘉丽爸爸的那一天起，她就把自己的过往埋藏起来了，装扮成一个贤妻良母，但其实她的内心一直无法忘怀自己的初恋。这也是一种悲惨的故事型。

(4) 篡改记忆

另外，大家要明确一点：活在这种故事中的人会不断地添油加醋、篡改记忆。什么叫篡改记忆？就是把一段记忆加工或者美化，记忆就是这样不断失真的。篡改记忆的人会不断地把一段痛苦的记忆理解或是想象得更痛苦。人类自我欺骗的能力是很强的，他会带着某种悲情或者是怨恨来篡改这个记忆。若是面对已经失去的美好记忆，人们会倾向于把它篡改得更加美好。比如很多家庭在孩子小的时候生活可能鸡飞狗跳；但是当孩子长大了之后，父母回想起来的就全是孩子乖巧、顺服的画面。

当然，篡改记忆这种操作也会出现在给人带来价值感的回忆中，使得原本普通的回忆也变得夸张。比如一位抗日老战士，本来当年费了很大劲才打死了一个鬼子，然而可能在其一次一次的讲述之中，这里添一点、那里添一点，每一次讲述都把自己描述得越来越神勇，最后就连自己都相信了。

以上就是过时故事型的表现。今后你在辅导中如果听到这样的故事，就可以判断出它们过时了。同时你也可以检验一下自己的内心有没有这类过时的故事型。

2. 刻板型故事的特征——不可改变

刻板的故事型最明显的表现是：这类人在讲话时经常会使用"就应该是""只要……就"这种类型的用语。这个表述背后是由一些非常牢固的信念系统支撑的。所以，刻板故事的背后其实是相关的信念系统及其解释方式，也就是他看待这个世界、解释一切的方式。

(1) 刻板故事的典型句式

1) "就应该是"

两周前一位男士和他妻子去我家吃饭，聊起一些事情。这位男士当着我和他妻子的面说："洗碗做饭的事不就应该是女人干的吗？"这句话听了很让人生气，也是"就应该……"型刻板故事的例子。

我之前辅导过的一些人经常会说："这种事儿（在公共场合保持安静之类）不是每个人都应该知道的吗？为什么他们就是做不到？"

上面这些句式背后的思维方式就是典型的刻板故事型，也可称之为"应该思维"。

2) "只要……就"

还有另一种典型的句式叫作"只要……就"，与此相关的例子就更多了。

比如我们常常听到："只要你付出一切，就能感动对方""只要努力就能成功""只要好好学习，将来就能有出息"这类的表达。现在有一些女生可能还会坚信"只要我漂亮就会有人喜欢"。

这个句式如果反过来表达就是："我不能……就是因为……"。比如说："你不喜欢我就是因为我胖""我现在工作不顺，就是因为家境不好""我现在不幸福，就是因为我原生家庭不好"，还有"我现在不能跟人进入亲密关系，就是因为在童年受过伤害"，等等。

一般人可能不会这么清楚地表达出来，但是他背后的思维方式很可能就是这样的。认知和理解能力越低的人往往越容易陷入这种刻板型的故事中。

3）各类格言警句

刻板型的故事往往还会和一些格言警句一起出现，比如："人活脸树活皮""有仇不报非君子""君子报仇十年不晚"之类。在中国有好多的格言警句其实都是属于刻板型的，呈现出只有一种可能性、一个选项的表象。再举个例子，大家很熟悉的一句话叫"士为知己者死，女为悦己者容"，所以一旦你打扮自己，可能就会有人问："你是不是要去约会？"其实现实中有各种各样的可能性：士可以为很多原因死——当然也可以为知己者死；同理，女完全可以为各种原因而容——可以为悦己者容，可以为己悦者容，也可以为悦己容。

人们一旦形成这种刻板的信条，就会形成封闭的脑回路。陷在这种故事中的人是很不可爱的，因为他们往往有着一套非常封闭且完整的系统，不管你和他说什么，他都可以马上用他信念系统中的理念怼回来。

（2）刻板背后的信念系统

其实活在这种刻板故事中的人自己也是不愉快的，因为他们会发现这个世界并不是按他的那一套来运作。比如，当他们发现自己努力之后还不成功的时候，他的信念就会越发坚固，并且得出以下结论："我还没有成功，就是因为我还不够努力""我付出一切他还不爱我，那一定是付出的还不够"，等等。这就好像拿着一把错误的钥匙去开锁，越是打不开，就越坚持，最终必然无法开启还无限地耗损自己。持有这种信念的人往往会把自己的目标定得很高，或是对自己有一个很高的人设，但是又常常达不到，所以就很容易活在挫败和不愉快之中，进而对自己产生更多的责难与不接纳。

与此同时，这类人会向外不断输出自己的这套信念系统，并且努力用这套系统规范化别人，希望别人也能满足他的这套"只要……就""不应该""应该"和"就是因为……所以……"的信念系统。当别人达不到他的期待或者不理会他这一套时，他就会立刻呈现出愤怒的情绪。有的人总是活在怒气之中，看起来对谁都是气冲冲的，很可能就是这个情况。

> **案例**

我有一个北大毕业的小师弟在某家公司工作。公司让他做PPT，他立刻发飙说："我可是北大毕业的，怎么能做PPT呢？"大家可以清楚地看到他背后的这个信念系统：做PPT是个低级的活，应该由低级的人去干的。换言之，我自己是个高级的人，是不应该做PPT的。当然，他发飙之后，对方也很直接地告诉他：公司老板也都是亲自做PPT的。这位师弟现在已经从自己曾经的信念系统中走出来了，所以每次在回忆这件事情的时候，都会哈哈大笑。

除此之外，我们常看的韩剧、洗脑剧等，也会给你灌输一些信念。所以你会发现，现在好多年轻人谈恋爱时会常常困在"男人就应该如何如何""你要是爱我就应该怎样"这类信念中。

> **案例**

之前我辅导过一对夫妻，妻子说丈夫不爱她，丈夫就用一个例子跟她解释说我是很爱你的。这个例子是这样表达的："我跑一百公里给你拿一个东西，然后再跑回来把这个交给你，整个过程我都很高兴。但是我的身体在跑了这200公里之后会累的。"结果这个妻子却认定：如果丈夫真的爱她，就不会感觉到累。

为什么会这么认为呢？其实这就是被影视剧洗脑了。

（3）人是如何刻板化的

有人可能会问：一个人坚持普通的标准叫不叫刻板化？这不算是刻板化，因为这是在正常的理性和常识支配下的行动，不属于刻板化。我们需要稍微解释一下人是如何刻板化的，也就是说，这个信念系统和解释方式是怎么来的。

有一句话叫作：我们是信念的产物，而非信念是我们的产物。我们的信念系统是如何建立起来的呢？刻板化的信念系统其实是我们的初始设置和原始数据，是在我们有自己独立的意识之前被灌输进去的。我们可能都没有意识到自己什么时候就有了这些想法和信念。因为在我们还没有独立人格、辨识能力和抵抗力的时候，我们的大脑就被输入了这些信号。

1）最主要的输入源：父母、家庭、学校

可能大家从小都被灌输过"只要学习好，就什么都好""学习不好的都是坏孩子"这类思想。结果就是：一个人的成绩与品格、终极价值是直接挂钩的。这个信念系统就变成了：只要学习成绩好，品格就好，进而你就既有价值又宝贵；若是学习不好，那你身上的一切都不好。

2) 媒体/广告

广告新闻、影视剧等无孔不入地向我们输入各种信息。我们坐地铁、搭电梯、走在路灯下，目之所及之处都是广告。可见我们在没有独立人格和辨识能力之前，这个世界已经在用强大且非常有效的方式给我们灌输信息了。我们人这个"电脑"运行下去总得装个操作系统，你用惯了这个原装系统之后也就懒得换了。即便后来你发现这个系统用起来别扭，甚至和现实也有一定的不符，但还是习惯性地用这个系统。我们就此运转下去之后，也逐渐丧失了检验它是否合理的能力。

> 案例

我的两个孩子到超市里，只要看到电视里做过广告的商品，就会跟我要。因为他们已经被电视媒体输入了诸如"爱我就给我买……""爸爸妈妈没时间陪伴，就买某智能机器人"这样的信息。

其实这些广告词的背后是有一个很强大的信念系统的，即"你们都欠我的"和"爱我就要满足我的一切需要"。媒体反复灌输的无外乎就是：这个世界就应该满足我的一切需求。有一年我回老家，在公交车站看见一个整容广告，顿时被吓坏了，那广告牌上面赫然写着："上帝欠你的，我们还给你！"

原有的信念系统是很难改变的。而且不得不说，人真是有一种非常强大的能力，就是把一切美好的东西变成刻板的、辖制人的东西。陷入刻板故事中的人，会把自己的信念系统看得比活生生的人、感受和生命更加重要。

仔细想想，世界上好多灾难都是由某些领袖的刻板型故事引起的。一个很典型的例子是，"二战"时期的德国领袖希特勒认为日耳曼民族是最优秀的民族，犹太民族是最低劣的民族，为了人类血统的纯净要消灭犹太人，为人类做贡献。

3. 悲剧型故事的特征——负面

悲剧型的故事充满负面情绪，同时带给人阴云密布的感觉。

有一类人只要一进入我们的空间，就会带给人一种强大的、让人压抑紧张、空气凝固的气氛。你可以通过他散发出的气场立刻辨识出他生活在悲剧型故事中。这种悲剧型故事的讲述者将自己的身份定位为受害者，他心里一直认为被错待或者被亏欠，抑或是承受了不白之冤。这种悲剧型的故事往往伴随着重大创伤事件。

（1）悲剧型的故事伴随着创伤事件

重大创伤事件的定义是因人而异的。有的人小时候天天被爸妈揍，也可以内心阳光明媚，活泼开朗；对另一些人来说，3岁的时候被打了一巴掌就是自己的重大创伤事件。从原则上来讲，只要被辅导者认为是重大创伤事件，辅导师就不能表现出对对方创伤事件的轻视，而要认真面对。

对于大多数人来说，常见的创伤事件可能有：原生家庭的变故、双亲中一方的死亡、离婚、被虐待、被逼债、破产、被霸凌，等等。还有一种比较常见的情况是：家人长期患病。

案例

对于我公公来说，他的重大创伤事件是被欺负和埋死人。为什么会这样呢？用他的话来说，他们家就是因为人少在农村总是被欺负；加之他有6个叔叔，而这6个叔叔没有儿子，所以他一辈子都在不断地埋葬死人。这样的重大创伤事件，使他逐渐形成了刻板印象：一定要有出息才不会被欺负，一定要当官才会有价值。

所以我们可以看到：这些活在悲剧型故事中的人讲述自己的故事时，往往是带着某种英雄主义情结的。你会发现这些人会以自己在长期受苦过程中的心态来描述他的故事，而且会把自己的价值放在故事中，而最终这些故事往往会带来自义和无助。在我公公埋死人这件事上，他的英雄主义情结体现就是：他认为自己是个孝子，因为家人长期受欺负而承担着苦难。最终他得出的结论就是：只有他是一个负责任并有孝道的好人。这就是这种故事带来的自义。

需要注意的是：一旦把这种悲剧型的故事瓦解，支撑他的那个价值体系也就没有了。所以我们在处理这种故事的时候一定要小心，不能一下子把它瓦解掉！因为这种人往往就是靠着这样的故事支撑着自己的人生。

（2）悲剧型故事的典型句式

1）"自从……我就……""要不是……早就……""如果你……我就……"

各位有没有听过自己妈妈说过这样的话："自从我嫁给你爸，我这辈子就完了/我就完全变了个人/一辈子全都牺牲了。"还有的会说："要不是因为你，我早就跟你爸离婚了""如果你考不上重点大学，我就白牺牲了/白付出了/白受苦了。"通过这些句型,你就能识别出她们是活在悲剧型故事中的。这些句式可能是我们的父辈经常挂在嘴边的。

我们同辈的人可能会这样表达:"自从我爸妈离婚,我就没有一天是快乐的",或者"自从我那次高考失败,我就把自己全盘否定了",抑或是"自从我那次被霸凌,我就再也不想相信任何人"。

我们可能或多或少从周围人身上听到过这样的剧情,你也可以想想自己内心有没有这一类型的悲剧型故事。

2)"我这个人就……"

比如说"我这个人就不配幸福""我这个人就比不上别人""我这人就是不行",等等。这就是对自己产生了一种刻板且带有悲剧性色彩的否定。

"谁跟我都过不了""谁娶我谁就倒霉""没有任何一个人在完全了解我之后还能接纳我"大家听过这种句型吗?活在这种故事中的人是无法承受压力的,因为这个故事本身是封闭而脆弱的。活在这种故事中的人还有另外一个特征,就是身体长期处于亚健康状态。这样的人是活得脆弱不堪且十分辛苦的。

这一类型的人在现实生活中,不管经历多大的挫折,都会用加倍消极的方式来回应,并且会连带着对周围的人造成伤害。他们只要遇到任何一点事,新仇旧恨立刻全部涌现出来,可能别人只是在工作中跟他吵了两句,他就气得吃不下饭、睡不着觉,还跟人拼命地述说怨气。这样的人会对他周围的环境造成非常负面的影响。

小结

活在这三种故事型中的人,他们的人生好像陷入一个循环,好像在反反复复地经历同样的事情、同样的模式;他们被这样的故事囚禁住了。一个很典型的例子就是:童年时候目睹或者被家暴的孩子,长大之后找一个有家暴倾向的配偶的概率是正常孩子的五倍;他们身上会散发出"来家暴我"的气息,因为他们的思维模式、故事型已经把自己困在里面了。

更加严重的是,很少有人的生命仅仅包含其中一种类型的故事,大多数人的人生故事往往是混合型的。我们要做的是分辨出他的不同故事分别属于哪种故事型。比如说有的人最主要的问题是活在悲剧型的故事中,但是还伴随着刻板型的故事。甚至还有些人的故事是三种故事型的混合。这时你就要发现他最主要的故事型是什么、附带的故事型又是什么,然后给予不同的处理。

第四讲

故事的解构与重构（二）

——故事型的突破技巧

上一讲我们讲完了三种囚禁人的故事型。当你开始做辅导之后，每天都要面对这些故事；如果不知道破解之道，辅导师和被辅导者都会很痛苦地被困在故事的"牢笼"中打转。

该怎么办呢？本讲我们要教授一些具体的方法。这些方法很实用，但是大家要牢记：使用这些方法的时候，不能让人觉察到你在刻意使用，一定要表现得特别自然，这就需要勤加练习。

 一 破解过时故事型

过时型故事的特点是重复。一些话、一些词、一些场景或者一些事件在被辅导者的表述中重复出现，所以比较好辨识。

人为什么会在讲述中不知不觉地重复强调一些事情？因为在他重复的内容里，曾经有支撑过他的力量；这个力量现在没有了，但他内心的空缺还在，所以他仍然在重复地寻找。还有一个很重要的原因：一个被不断重复的故事往往没有被认真倾听过。

比如，祥林嫂在儿子阿毛被狼叼走之后，为什么把这件事讲了一百遍、逮着谁都讲？因为她没有被认真倾听过。再比如，咱们的爷爷奶奶辈总是讲他们年轻时的光辉岁月，我们普遍的反应就是："你这讲多少遍了，又来了。"这是因为他们的心理需求被习惯性地忽略或者漠视了。

我们需要这样做：

1. 第一步：陪他回到过去

我们要像进入圣地一样，陪对方一起，小心翼翼地、仔细地、带着充分的尊重和好奇回到故事之中。这是对活在过时型故事当中的人的最大帮助。为什么要"陪他回到过去"？因为这对他来说是人生中特别重要的、闪光的一段历史。

"陪他回到过去"需要其他技能的配合，会涉及我们在基础课中学习的内容。

（1）倾听

需要用到的技能：倾听技巧——3V1B；积极聆听的三个法宝——鼓励、平行表述和总结。这些技能在平时的辅导中会经常用到，但当你遇到过时型故事时，更要铆足精神来使用它们。

（2）提问题

我们需要用非常细节性的问题来引导他，使他的故事栩栩如生地重现。要达到这样的效果：好像真的和他一起回到了过去，看到了当时他是什么样的、他在意的人是什么样的、他经历了什么、他的感受、他的触觉、他的嗅觉、他的视觉、他的转变……我们不要担心让对方感到被窥探，因为人其实很愿意被这样细致地询问。

案例

学员：能不能举个例子？

萨：比如，A女士结婚前曾与很多男朋友交往过，但她心里真正在意的只有她的初恋，而那段感情还挺悲惨地结束了。她在不同的男朋友身上找那个人的影子，这其实就是活在过时的故事中。我们就需要和她一起"回到过去"，复活她的记忆：他们当时怎么相遇的？他们最美好的回忆是什么？那天她的初恋男友穿的是什么样的衣服？面部轮廓、眼神是什么样的？那一天他用了什么香水？说了什么话？声音语气如何……记忆是特别神奇的东西：我们记不住上周三晚上吃了什么饭，但是我们记得20年前某个午后恋人对你说的那句话，而且字字清晰，甚至他的表情、眼神、语调你都记得。这个回忆会深藏在你心里，是你一个特别珍贵的回忆。直到有一个信任的、对你感兴趣的、爱你的人和你一起分享这个画面，那一刻这个记忆就复活了！

萨：大家回忆一下，自己一生之中全身心感受到幸福、满足、充盈，充满生命力的时刻有多少？是按秒计算、按分钟计算，还是按小时计算？

学员：最多几分钟。

萨：对，其实想一想也挺悲惨的——前半生累积无数，幸福感也就几分钟！我记得自己高中时暗恋一个男生，当时特别喜欢他。有一天他病了，我就给他打了个电话。他说："其实我也喜欢你。"那一刻我内心充满了难以言表的幸福感。可是我挂了电话以后，我当时的男朋友打来电话，问刚才为什么占线？我就告诉他刚才被表白的事情，然后他就开始寻死觅活。我的人生高峰体验马上就没有了。之后三个人互相虐了大半年，最终一个人出车祸休学，另一个要跳楼，而我自己则伤心过度大病一场。后来我用了好几年的时间来处理这个伤痛。如果有专业人士可以陪我"回到过去"，回到跟喜欢的男生打电话的那个瞬间，这个事情就会很快过去，不会这么多年如鲠在喉。

其实每个人都有这样以分钟计算，甚至以秒计算的幸福时刻。这种幸福的闪光经历就像是宇宙中闪闪发光的流星，其熠熠光辉会一直留存在人的心里。即使你和最爱的人谈恋爱时的高光时刻，也很快会被现实氧化。人类是特别执着的，他只要体验过，就会一直被这个高光时刻支撑着。所以，要陪他回到那个时刻，并带着最大的尊重和理解，帮助他丰富这个故事。在这个过程中不要评判，比如你不能对刚才故事里的我说："你那样做不对，你都有男朋友了，怎么还能这样？"在这个过程中你只要倾听、陪他回到过去就好了。

当他讲完这一切，你首先要做的就是感谢对方，也给予对方尊重。可以让他知道：他愿意和你分享故事，这件事本身在你看来就很珍贵、很值得感谢。然后，要表明你认可这个故事的重要性。可以说："你这么信任我，愿意告诉我这个珍贵的故事，非常感谢。"我有时陪一些客户回到她们的故事中时，真的是会陪她们一起流泪的。我从不吝啬我的兴趣或者感谢，我甚至会夸赞她们的表达。我会说："听你这样讲下来，像是放电影一样，我很少听到这么曲折又充满意味的故事。"

细节性故事，总结起来大致有八个方面：看、听、味、嗅、触，直觉和理性思考，以及这件事带来的改变。

学员：我不敢直接问出来怎么办？

不一定每个细节都详细询问，你可以按照这八个方面去分析。而且，这个提问只适用于在对方看来是积极、美好的回忆；如果是特别痛苦、恶心的经历，就不要问细节了。

（3）负面性的故事

"陪他回去"这一步可能需要很长时间。如果是负面性的故事，我们也要陪对方回去，但是一定要控制细节和比例：你明白了这个故事就好，不要去深挖细节。这个过程中要始终带着情绪——可能是心疼，也可能是面对这种情况时正常人的情感表现。比如说你陪他回到童年被虐待的故事中，这个故事很痛，就不要问他细节。即使他讲的时候可能特别平静，但是你也需要带着愤怒的情绪。因为面对这样的处境，正常的人类情绪应该是愤怒的。

2. 第二步——找到支撑点

被辅导者讲完这个故事之后，你要进一步找到他的支撑点，引导他说出：他在这个故事中真正想要的是什么？支撑他的力量是什么？

比如，前面提到的那位在不同男人身上找初恋男友影子的 A 女士，她真正想要的是什么？用什么样的问题能够得出答案呢？

你可以正面问："你跟初恋男友在一起时，最美好的体会和感受是什么？"也可以反向问，你可以说："谢谢你给我讲这么美好的一个故事，但是非常可惜，这已经过去了，那让你最难过的是什么呢？"当你进入一个特别美好的故事，但那份美好明显已经不存在了，你就可以直接这样问。如果不确定现状如何，你可以问："现在还是这样吗？"她如果说："哎，早就不是这样了。"你就可以接着问："那让你最难受的是什么？"

为什么我们有胆量这样直接问？因为你刚才陪她回到过去了，正因为你陪她回到过去了，她会认为你已经了解了她，所以你不仅可以分享她的喜悦，也可以分享她的难过。

我们往下继续深入，这位女士可能就会说："只有我的初恋男友认为我是这个世界上最可爱的、最特别的女孩"，或者"只有他说我长了一张最清纯的脸"。每个人看重的点都不一样，你可能会得到特别奇怪的回答，但是我们要充分地表示尊重和理解！

案例

我公公有一次就老泪纵横地说："他们哥俩小的时候（我老公和他哥哥），房子漏雨了，哥俩就拿盆在那儿接着。虽然那时候家里穷，但我就是特别怀念。我宁愿什么都不要，只想回到那个时候。"

陪他回顾完了，我就问："当时到底是哪里跟现在不一样，让您那么想回到那个时候？"我本以为他怀念的会是那种"虽然很穷，但是一家人聚在一起"的美好时光。结果老人家说："那时候他俩都听我的。"

听完我都想哭了：其实在我公公心里，最重要的根本不是家庭温暖。他只是觉得那时候孩子还小，听话，好控制。对他来说，最重要的是权力控制。其实他留恋的是自己作为父亲，能够掌控孩子的权柄。

所以不要感到惊奇，因为你的客户会奉上丰富多彩的答案。

当你问出他想要什么的时候，接下来要做的一件事非常重要，可以帮助他从过时的故事中走出来——画一条时间线。我们上初级班时也用过时间线。在使用时间线表述之前需要做一个大致的总结："你告诉了我这样的一个故事，你想要被欣赏；在过去的这个故事里，你得到的是……"一定要强调"在已经过去的"故事之中，或者说"在你 1998 年到 2000 年的故事之中"，你一定要明确地把这些框在一个叫作"过去"的括号里。

然后跟他说："但是很遗憾，你最看重的这个东西，现在已经没有了。"听起来很残酷是吧？但这是必要的，是为了让对方面对"没有了"的事实。回到 A 女士的故事，我们可以说："谢谢你带我回到你和初恋男友恋爱的时候。我也非常感动：一个男人竟然能这样对待一个女人，你在这个过程中最看重的是他对你的欣赏。但是现在我们都知道，你最看重的、最想要的东西已经不存在了。"

3. 第三步——找到转折点

接下来至关重要的问题叫作："什么时候没有了？"我们学习提问题的时候学过特别实用的一个问题叫作：When（从什么时候）？这个 When 是非常厉害的，是 5W1H 内容中我最喜欢、最常用、最实用的一个问题。对方会给你一个时间点，比如前面提到的那位 A 女士，她来咨询的时候其实是因为婚姻出了问题：她先生有了外遇。当我问她"从什么时候开始的？"她回答说："不就是从我老公认识那狐狸精开始的吗？"她抛出这个回答的时候，往往包含了一个时间点，而这个时间点就指向一个转折性事件。

案例

继续说我公公的例子。当时我接着往下问："爸，小时候他们哥俩都听你的话，但现在已经不是这样了，他俩是从什么时候开始不听你话的？"

他回答："上大学的时候。"

转折性事件就此出现。

大家要知道，转折性事件往往不是问题的开始。比如，婚姻中出现第三者，往往是因为在这之前婚姻就已经有问题了，因为一个健康有爱的婚姻是很难容下第三者的。在一方出轨之前，可能另一方已经长期忽略了出轨者心理和情感的变化。接下来要帮被辅导者指向一个转折性事件，这一步也是很残忍的："出现这个事件之前，到底是哪里开始不对劲了？"除了天灾人祸，这往往是个一般性事件。找到这个转折点之后，要把这个转折点稍微地向前后扩展一些：这个转折点之前发生了什么？之后又发生了什么？

这种分析能够起到的作用是：你在不知不觉中引导着对方，让她知道这件事已经过去了，现在需要把这件事梳理清楚。时间点梳理清楚之后，她可能会发现："其实第三者出现之前，我俩已经挺长时间没好好说话了。我忙我的事业，他忙他的工作，每天早上或晚上能见着一面。第三者出现之后，我俩因为这事已经吵了好多次。我没好好听他的想法，而他也不知道我怎么想的。现在我俩的婚姻就是名存实亡的僵死状态，为了孩子也只能这样了。"

到此，我们已经从之前的故事中知道了 A 女士最想要的其实是被欣赏，接下来就要在这里做文章了。可以这么说："其实你最想要的是老公对你的欣赏，对吗？通过这个事情，你认为他对你已经不再欣赏了。但是假设从今天开始，你想要重新获得老公对你的欣赏，可不可以谋划一下该怎么做？"

案例

说回我公公的例子。我这时候说："爸，俩孩子现在都不听你的话，是从上大学开始就这样了。现在你想一想，用什么样的方法，两个孩子会更容易听进去你的话呢？"要从客户自身出发，启发他们思考做怎样的调整能够达到他的目的。

注意！

破解过时型故事时，一个要点就是"慢"。千万不能着急走完流程，你要进三步退两步、评估对方的力量和他一起走。在这个过程中要不断用我们初级班学习的技巧，指出力量、注入力量；如果你觉得他目前还承受不了下一个流程，就在这一流程多停留一会儿；或者你往前走了一步，觉得他有点适应不了，就往回退一点，这个进度一定要非常巧妙地把握。有的人特别快，也许辅导一次就走完了这个过程，另一些人可能得好几次。但当你带着这个人走到最后一步的时候，就要引导他思考：我现在怎么才能得到我想要的？我现在可以做一些怎样的改变？不管他有没有行动，只要他想到这一步，他就从过去的故事中出来了。

这个过程是很重要的，让他知道什么变化了、什么没有变化，哪些是现在仍然可以努力的。

案例

还是说回我公公的例子。他接下来就会这么想：孩子上大学之后就不听我话了。他们长大了，不再是五六岁的小孩了，这个是已经变化的。没变化的是：我仍然是他们的爸爸，他们仍然爱我。所以，我在这个基础上能做点什么来实现我想要的愿望？

过时型故事就是按照上面的流程走下来的，但实际操作的时候要结合很多我们之前学过的方法，然后评估对方的力量慢慢向前推进。这是带对方走出来的总体方向。

辅导者陪着客户在这条时间线上走了一遭；当他回忆完过去、跨过现在，然后走向将来，破解过时型故事就成功了。把在这个过程中发现的变量，融入现在的故事，然后一起琢磨是否还有办法，让现实尽量接近他要达成的目标。

要注意，这一切的基础在于他能够自己意识到，你不能强加给他，只能引导他，让他一步步认识到"我现在还有什么？我想要什么？哪些事已经改变，我无能为力？哪些事是我还可以做的？"一定不要急，哪怕是进三步退两步，也要慢慢陪他走过来。

学员：我有一个疑问：辅导流程到了"从今天开始，我们就可以为着你想要达到的目标看看能不能做点什么"这一步，我就特别迷茫。这个"目标"到底应该是辅导者提供，还是让被辅导者来做决定和想办法，辅导者只是一个陪伴的角色？

这其实和我们之前学习的设立目标联系在一起。决定接下来该怎么做，要和很多技能结合在一起，主要是设立目标。

有的人想要的东西，已经变成了刻板型故事。比如，我曾辅导过一位女士，虽然她一开始讲述了过时型的故事："我想像少女时代一样被爱"，但我后来发现：这位女士已经是两个孩子的妈妈，老公对她也特别好，但她就是不断要求老公"给我初恋的那种感觉"。这个故事虽然是个过时的故事型，但是她内在的信念已经强化成了一个刻板的故事型。她的刻板信念是"真正的爱情是一种心动的感觉""你不给我提供心动的感觉就不是爱我"。

如果你发现，被辅导者过时故事中的信念已经固化为一种刻板印象，就需要运用破解刻板故事的方法进行破解。

 破解刻板故事型

刻板故事型是很难破解的，因为破解刻板故事是在挑战一个人的信念系统。

关于信念，有的刻板成见大家能达成共识，但是有一些不太明显，而且每个人的判断标准不同，我怎么能知道自己的信念就不是刻板的呢？确认刻板故事型的标准，就是这个信念系统是否是有害的、辖制的、封闭的。如果是，这种有害的信念系统就可以被识别了，而且必须得重建；如果这个信念系统比较开放和有益，就不用去破解了。

学员：破解一个人的信念，可能会让对方很受伤害，怎么办？

世界早晚会告诉他真相，你不帮他破解，这个任务就只能交给残酷的世界来做了。

破解刻板故事的一个窍门叫作"撬开"：先从它的薄弱之处下手。刻板故事型的一个重要特点就是绝对化，大家要练就一个听"绝对词"的耳朵，因为绝对词就是这类故事的薄弱之处。

绝对词有三种：

（1）时间绝对词

比如："我老公从来就不听我把话说完"——"从来"；"你爸从小到大没有一次主动扔过垃圾"——"没有一次"；"你总是这样，为什么每次吵架总是我不对，为什么受伤的人总是我"——"总是"；"你就不能这样吗"——"不能这样"；"这么多年来，你有没有哪怕一次听我的"——"哪怕一次"。我们非常擅长使用这种话语体系："总是""永远""这么多年来一直""从来""每次""但凡""自从"。

（2）情境绝对词

情境绝对词的特点是"绝对真理"，或者说"放之四海而皆准"的、"充满整个宇宙"的。比如："不论我怎么努力，他都看不见""我无论怎么努力都比不上别人""不管我和什么样的男生谈恋爱，他都会把我甩了""做什么都不顺、说什么都不对""别人对我充满敌意""世界充满危险""我的生活充满不幸""我的人际关系充满背叛"……这些关键词也是我们经常听到的:"只要……就……""无论/不管……都……""充满"。

(3)"人化"

"人化"是指把事情都往人身上推,不说事,只说人。女性往往特别擅长"人化"。比如,一位女士的老公帮她拿快递,拿完放在消防栓的框里边就下楼了。快递丢了,这位女士就跟丈夫吵架:"你这个人就是不长脑子,都多少次了?你心里有没有我?你到底把不把我的事当回事,你脑子里在想谁?"

人化关系中,就是"对人不对事":任何问题都要归因到自己、他人或者互相之间的关系上,换句话说就是:"你的错误或者行为代表了你就是这样的人。"有的人为了避免吵架,可能嘴上说着"都怪我行吗?"但其实心里想的是"这根本不怪我!"这样听起来特别好笑,但是我们经常会不知不觉地陷入这种谈话模式中。

"人化"分两种:一种叫作"都怪我";另外一种叫作"都怪他"。

"我这个人就是不配得到幸福""我这个人就克夫""我就是成事不足、败事有余""我就是没能力""我就是不好""我就是眼高手低""别人这样对我,我活该""我老公出轨了,其实就是因为我不如人家"……这些都是"都怪我"的例子。

这种话语体系是怎么形成的呢?这就涉及儿童心理学:你观察小孩子,会发现他们就是这样——每个小孩都认为自己是世界的中心,他身边发生的万事万物都是他导致的。比如说,我们很小的时候,会觉得父母吵架都是怪自己,都是因为"我没做到什么";爸妈离婚,都是因为"我不乖",因为"我不够好"才会这样。

我辅导过很多童年遭遇性侵的成年女性,她们会说:"这件事情发生是因为我当天衣服没穿好、颜色太亮,所以我以后就穿得灰头土脸的,从而避免引起人注意",这让人非常痛心!她们早已经成年了,都三四十岁了,但是她们的思维方式仍然还是那样:"都怪我!"

在儿童心理学体系下,孩子的思维方式有两种:

(1)因果报应

这个事发生一定有一个原因。比如说:"我被打了,一定是我哪没做对。"他不会想"这有可能是大人神经质或者心情不好,他们这样做是不对的"。孩子没有这个思维逻辑。他们会觉得一定是自己哪里没做对:我衣服穿错了?我表情错了?我的袜子没穿对?……孩子们都是这样,总会在自己身上找原因。

（2）自我中心

这里所说的不是贬义的"自我中心"，认为这个世界都是围着自己转的；而是指他的思维、理解力只能达到那个程度。

案例做多了，就会听到各种各样奇怪的想法。举个极端的例子：至少有两个人认真地跟我说过，汶川大地震是他们引起的，因为他没有做到某某事。

正常来讲，孩子在青春期开始客观认知这个世界，之后慢慢成熟，但是有的人心理发育不成熟，认知上就延续了上述孩童时期的思维习惯。造成这种局面，家长们错误的话语引导"功不可没"！

跟"都怪我"不同，"人化"中的"都怪他"，是认为自己对事情没有任何控制力，自己只不过是个受害者，原因都在对方身上。"都怪他"所传递出来的情绪往往是悲观和不负责任的。

"我有什么办法？你爸就是这样一个人！""我有什么办法？这一切都是她造成的！""我的人生这么悲惨，就是我的原生家庭给我造成的伤害！""我现在混得这么不如意，就是因为这个社会太黑暗！""我现在变成一个黄脸婆都是因为你！"还有人会对孩子说："我现在活着就是为了你，要不然我早死了"，或者"要不然我早就跟你爸离婚！"，多么熟悉的话语！

时间绝对词、情境绝对词，以及"人化"，大家要熟悉这三种绝对词。

当你在和人对话的过程中，需要练耳朵、需要不停地辨识，这是需要下功夫的。初级班的时候我们练习过听重复词，现在听绝对词就更需要练习了。当你听到绝对词的时候，要快速记下来，不管是哪一种，都是你可以攻破的薄弱点。记下来之后可以等对方说完一整段话之后再做反馈。这时你可以先对这段话做一个平行表述，然后抛出问题。

比如一位女士抱怨自己的丈夫："他从来不听我好好说话。"你做完平行表述后，要以一个请她帮助你澄清你的疑惑的态度来问："这里我有点不确定，跟你确认一下，你的意思是不是……？"当她说"从来……"的时候，就让她解释一下："你指的是从什么时候到什么时候？"这样的话她可能就会回答："就是这两周吧。"一对夫妻已经结婚十年了，妻子说丈夫"从来不听我好好说话"，结果仔细一问，也不过"就是这两周"。但在妻子的感受中真的是"从来"，当你把这个绝对词抓住，然后让她具体解释的时候，她可能就会界定一下时间点。如果她自己界定不好具体时间点，你就可以替她极端化一下。比如："你的意思是说：从你们认识到现在的每一天，你说的每一句话他都没好好听过，是这样吗？"

学员：这样一问，谎言马上给拆穿了。

对，所以这个就有点风险，大家一定要对着镜子练习一下，一定要真诚、无辜、置身事外地看着她说。

绝对词的共同特点就是泛化——不分时间、空间、场合，一概都是这样——"宇宙真理"。破解绝对词一般有三种方法：

（1）具体化

比如"从来"，就先让他说这里的"从来"指的是从什么时候，到什么时候？这样至少就可以从宇宙性的时间线中确定一个点、锁定一个时间段。

（2）极端化

如果他的表述很绝对，你就可以比他更具体、更进一步地绝对化，把他的话再重复一遍。

比如："你的意思是说，从你们认识到现在的每一天、每句话他都不听你的，是这样吗？"这就是极端化。一般人会回答："肯定也不是这样的。"

（3）例外化

这个比较常用，比如："你刚才提到他从来不好好听你说话，那这么多年来，在你记忆中有没有哪一次他是认真听了的？"一般人这时候会开始搜索这样的记忆，然后可能会说："上个月我过生日的时候，我说话他还听得挺认真的。"

这三种方法同样适用于其他的绝对词，比如：只要"……就……"

具体化："你说只要努力就能成功，能具体说说这在什么情境下适用呢？"

极端化："你是说不管他处于什么水平、有什么教育背景，只要努力就能够像巴菲特那样成功吗？"

例外化："你自己经历过的，或者你看见过的事情中，有没有不符合这个规律的？"

他可能会回答："太多了，我的人生就是不符合这个规律。"

以上这三种方法，会把封闭型的故事撬开一个缺口，哪怕只是一个特别小的缺口。只要有一点松动，就可以顺着松动往下走，用咱们学过的方法"顺杆儿爬"。

人的话语系统非常有意思：说话人经常会用绝对词来强化某些部分，而这里往往就是他的薄弱环节。所以你只要找到了他的绝对词，就能够"顺藤摸瓜"，找到他的薄弱之处，然后用这三种方法中的一种打开缺口。只要他的刻板型故事被打开缺口，就可以有下一步的作为。也可以像蚂蚁筑巢一样，四处打洞，不知不觉间，那个封闭、坚固的刻板体系就已经被蚕食得很松脆了；最后再用别的技能"敲打"一下，立刻就瓦解了。

> **案例**

辅导者："那一次你过生日，你认为他认真听你说话了。那之前、之后发生了什么事？那天有什么原因让他改变吗？你做了什么？"

客户："其实也没做什么，我就是炒了两个他喜欢吃的菜。"

辅导者："哇，你炒了他喜欢吃的菜（这是力量）；你多久没给他做过这件事了？"

客户："有个大半年了吧。"

辅导者："是什么力量使你做这个决定，愿意为他炒他喜欢吃的菜？"

客户："就是在我生日前几天，我偶尔说想要一个蓝牙音箱，他就真买了一个音箱给我……"

这就是顺藤摸瓜，然后上台阶，接着寻找力量，你就进入问题的核心了，这就是"撬缝"带来的突破。

另外一种破解的办法是挖出他背后的信念系统。先用对付绝对词的办法旁敲侧击找到突破口，揪出他的核心信念系统。

根据你自己的观察和理解，替被辅导者总结出他的信念系统。人的刻板信念系统深埋在自己内心，被辅导者往往不知道自己被这个系统控制。你可以用准确的、夸张的、极端的方式把他的信念系统表述出来，然后问："这是你相信的吗？"

> **案例**

我的一位客户是个特别容易去攻击别人的人，她全家人以及她身边的人，都被她怼过骂过。甚至她去医院，也会跟护士吵，跟大夫吵，跟开电梯的吵，跟推急救车的吵……后来我挖掘出了她的信念系统："所有人都不喜欢我！都怪我，我是一个不值得被别人爱的人。"她这条核心信念，造成的结果就是："既然你们都不喜欢我，那我也对你们都不好！"其实她内心没有与自己和好，没有接纳自己。

辅导者需要很强的洞察力，才能看出对方内在的信念系统是什么。 一旦挖掘出这个信念系统，就可以真诚地把它呈现在对方面前："根据我对你的观察以及了解，你可能认为所有人都不喜欢你，你感到自己不是一个可爱的、值得被爱的人。"当你把她的信念系统这样坦率地呈现在她面前的时候，对她的震撼是很大的。

当然，这样做也要小心，不要贸然去戳穿一个人的信念系统。我对我那位攻击性很强的客户采用了另外的战略——我会加倍爱她，让她先有安全感；让她知道不管别人怎么样，至少在我这里她是安全和被爱的。我会记住她说的话，比如她说过喜欢吃榴莲，我就会在下次辅导时提前为她准备一小块榴莲千层。用迂回战术，让她获得安全感。但如果你们接手的是能面对真相的客户，也可以尝试直接"捅破"那层窗户纸。

学员：如果对方坚持认为自己的信念就是对的，该怎么办？

当你抛出这个问题的时候，对方是有可能这样回答的。

案例

辅导者："你认为就是要有怦然心动的感觉，才是真正的爱，是这样吗？"

客户："对，我就是这样认为的。"

辅导者："好，你认为爱情的本质就是怦然心动；那如果没有怦然心动，任何的爱都是不真实的或者没有价值的，是这样吗？"

客户："是，我就是这样认为的。"

辅导者："那在你看来，这种怦然心动的爱情是人生最重要的事情，是吧？（反着说）那你是不是愿意用生命中其他的任何东西来换这一份怦然心动？"

客户："不行，我不能拿我的女儿/我的健康/我的父母换。"

（这种情况就可以顺水推舟，乘势瓦解她信念系统。）

如果客户特别顽固，说："是的，我宁愿拿我生命中的一切：我的美貌、青春、才华、财富、生命来换一份怦然心动的爱情"，这时候该怎么办？

不知道怎么办的时候，我们就回到这个问题："你从什么时候开始这样想的？"

客户："好像从小学六年级就开始这样想的。"

辅导者："小学六年级发生了什么事呢？谁告诉你这个观念的？"

客户："看了一部琼瑶剧。"

（这些错误信念系统是怎么来的？其实很多时候不是被辅导者自己深思熟虑的结果，而是不知道在什么时候，她的脑子里被灌输了一个错误的信念，而且她视为珍宝，自己持守这么多年。）

一个人内心不可能只有一条错误信念系统，就像一个谎言需要更多的谎言来掩盖，一个错误信念系统也需要其他更多的错误信念系统来支撑。所以，这种揪出错误信念系统的对话可以反复进行，直至错误信念系统大部分被揪出，你就可以拿出一张纸说："你看，辅导了这么多次，我根据咱们的沟通总结出你的七个信条。你现在核对一下，是不是这样的？比如：第一条——这个世界就是欠我的；第二条——如果我不经历一场轰轰烈烈的爱情，我的人生就没有意义；第三条——如果一个人反对我的观念，他就是对我这个人有意见……"你替他总结出来，然后说："这只是我的总结，但是我不知道是否符合你的情况，所以请你来一条一条地过目，是不是这样的？如果是，我们下一步再来讨论这些。"

对一般人来说，因为他们沉浸在错误的信念系统里，这些信念系统如果不被写出来，自己是无法意识到的——他会不自觉地按照这个系统去运转。但是当这些信念系统被白纸黑字写出来之后，但凡具有正常的理性、逻辑思维能力的人，都会醒悟过来："我相信的这些东西是有问题的！"这些错误的信念也就开始被瓦解了。进而他会思考："那正确的信念应该是什么样的？"

案例

一个客户的好朋友跟他绝交了。决裂之前甩给他的一句话就是："朋友应该是等价交换的：你有多少，我就有多少。除非咱们是对等的，才能做朋友。"他其实是个受害者，被人抛弃了，失去了这份友谊。但是他也接纳了朋友的信念系统："朋友就是要平等，我达不到人家那个级别，我就不能跟人家做朋友。所以接下来我要做的就是不断提升自己，我要成为更优秀、更厉害的人，才有资格去交朋友。"

客户问我："这样做到底对不对？"

我说："你相信朋友是需要等价交换的。但是这个信念不是你自己发明的，而是你另外一个朋友用这样的方式对待你，然后你也这样相信了，是这样吗？"

客户："是啊，难道不是吗？我也不知道这个问题到底是怎么回事。"

我跟他说："你要问我的话，我认为朋友分三种：第一种是你能从他那里汲取的；第二种是等价交换；第三种则是你能给出去的。"

客户："啊，原来是这样！"

我说："人不能只把自己的交友模式局限在等价交换那一类当中，而应该像个管道一样，既有能够给予你智慧、力量、勇气的'高级别'朋友；也应该有等价交换的朋友；同时你也需要源源不断地去给别人——那些可能不如你的朋友，你成全他、祝福他，让他成为更好的人，这样你才是个流通的管道，从你这里流出的才是活水，不然就是死水一潭。"

客户："这样啊！那我还真是没做对。之前有几个人都想跟我交朋友，我觉得他们级别太低了就没理。"

人一旦意识到自己的信念系统有问题，就会很愿意知道真相是什么。

当你血淋淋地把一个人的错误信念系统写在一张纸上时，他可能会被深深触动，但是你一定要强调你尊重他的这些想法："我相信这些信念的产生一定有它的原因，跟你受的教育或者你周围的环境都是有关系的。所以我尊重你对这几条的信仰。但是作为一个旁观者，我也可以告诉你，其他人并不都是这样认为的。"然后你可以告诉他："这一条一条的信念系统，好像是栅栏，把你关在里面、把别人关在外面，把你和他人隔开。这会使你的生活比较艰难。"

学员：如果他说："我本来也没有想要跟别人很近"，怎么办？

有的人可能真不在乎这一点，那就抓他在乎的其他点。比如说，他不在乎跟别人隔开，但在乎钱；这时就可以说："这样会比较妨碍你赚钱，因为我们的事业发展与人脉息息相关，而别人不是这样想的。"他如果在乎名誉地位，可以说："这样比较妨碍你的社会地位，影响你的升迁。"如果她是家庭主妇，除了孩子什么都不在乎，你就可以说："这会妨碍你和孩子的关系，而且这些会传递给孩子。"

没有人是什么都不在乎的。我一般会说："我建议你去了解一下别人对这个问题是怎么看的"，这样至少让他有一个重新评估、验证自己信念系统的可能性。能做到这一步的人就已经挺明白了，很可惜的是，大多数活在刻板故事中的人不太能听得进去。

人的眼界越小、受教育程度越低、胸怀越狭窄，就越容易陷入刻板故事之中，这跟他的理解力和领悟力有关。有一个纪录片叫《富哥哥穷弟弟》：片中哥哥从小要赚钱贴补家庭支出，所以性格独立、头脑灵活，考上了顶级的大学，成了知名富商；弟弟从小被父母溺爱，没有独立面对问题和困难的能力，也没有完成过一件像样的事情；高中毕业后辍学去学了一门技术，结果还因为太苦太累没有坚持下去，成了流浪者。两个兄弟因为成长经历不同，成年以后过着相差甚远的生活，几乎变成了陌生人。这个纪录片的导演安排哥哥和弟弟各自到对方的阶层中生活8天。结果哥哥参与了弟弟的生活，发现他只要和他的朋友们聚在一起，就会抱怨社会制度、发表奇怪的政见，还特别坚持自己是对的，认为有钱人都是在盘剥底层人民的剩余价值。而当弟弟真正进入哥哥的生活，才发现哥哥每天很早就起床，要承担各种决策的风险，工作时间表排得满满的。但即使是这样，他还会安排家庭时间，安排时间运动、社交……弟弟这才明白哥哥的生活跟他想象的完全不一样。

像纪录片中的弟弟这种人群其实是挺难辅导的。我也辅导过这样的人群，发现他们思维已经固化了，他们的大脑结构甚至都可能已经发生改变了。他们决定来做辅导的时候，基本都是走投无路了。其实，小孩和青少年是比较容易辅导的，只要找到思路，年轻人比较容易建立新的神经元连接，老人则很难。人的大脑神经元之间的介质，在儿童时期是很多的，成年之后会减少。与此相对应，辅导技能用在年轻人身上的效果会很好，年纪越大效果越差。老人们往往比较固执，因为他们的思想已经定型了。一个好的辅导能让被辅导者当场长出新的大脑神经元触突连接，如果一边辅导一边做大脑监控，现场就能看到。可见话语是非常有力量的。

我们来总结一下刻板故事的破解流程：

1. 第一步——撬开

刻板故事会有它的绝对词——时间绝对词、情境绝对词，以及"人化"。绝对词的共同特点是泛化——不分时间、空间、场合，一概都是这样——"宇宙真理"！这些绝对词往往指向刻板故事的薄弱点；找到绝对词之后，先从薄弱的地方入手撬开它！

2. 第二步——破口大开

方法一：找到绝对词后，用之前学过的方法：具体化、极端化、例外化，顺藤摸瓜、上台阶、寻找力量、注入力量，将破口开得更大，直到刻板故事瓦解。

方法二：直攻错误信念。揪出他的错误信念系统以后，用准确的、夸张的、极端的方式替他总结并反馈给他。一旦他发现自己的信念系统是有问题的，那些错误的信念也就开始被瓦解了。

方法三：书陈错误信念。如果他仍旧不醒悟，还可以让他自己或你替他一条一条写出他的信念系统，尊重他的信念，同时作为旁观者告诉对方：第一，这样的信念会给他带来心灵的折磨；第二，建议他去了解一下其他人的看法；第三，诉诸信仰。总之，要让他明白：我接纳你的信念，但我还希望你看到其他的可能。

三 破解悲剧故事型

1. 悲剧故事型的特征

悲剧故事型的特征有：阴云密布，具有受害者、某种英雄主义情结等。生活在这样的故事中的人比较难以承受压力、容易处在亚健康状况，也容易出现一些生理上、心理上的问题。

如果你会观察客户，就会发现：有的人一脸阳光，春风满面；有的人一脸颓丧，萎靡不振。这样的人比较容易没有成就感，也容易沉溺在某种瘾症之中。所以他们很多人习惯熬夜——活在悲剧故事中的人大多管理不好自己的作息。他们特别需要被鼓舞：遇到这样的人，你要想着如何让他快乐起来！

很多婚姻中，丈夫会容易陷入这种悲剧性故事中。这种情况下，让丈夫高兴起来就是妻子破解悲剧故事的关键环节。

萨："如果你的老公陷入悲剧故事中，你会用什么办法让他高兴起来？"

学员1："夸他。"

萨："太到位了，万试万灵的方法！"

学员2："尊重他。"

学员3："鼓励他。"

学员4："给他做好吃的。"

学员5："帮他放松。"

……

2. 破解悲剧故事型的流程

与破解过时型的故事有些类似。

（1）进入他的故事、共情

悲剧型故事通常是不愉快的故事，所以就不用问得那么详细。但是一般人们会很愿意讲，此时可以与他共情——他愤怒你也愤怒，他难过你也难过；对他表示出关切，但不要同情。为什么不要同情？因为同情是一个向下的力量，会让他更沉溺在悲剧故事中。可以用类似"他居然这样对你？那你是怎么挺过来的"这样的问话，陪他讲述完这个故事。

（2）肯定他的痛苦

很多人一遍遍地讲自己痛苦的经历，是因为他的经历没有被肯定过，这有可能是因为没有任何一个人能体会到他所感受到的痛苦是多么的强烈。我们不能同情他，但要肯定他。一般我会说："真不敢相信，你在那么短的时间里/那么小的年龄里经历过这么大的挫折，很难想象你经历了什么；即使只是听一遍也会觉得很沉重，你是怎么过来的？"

一个人只有自己才知道自己受了什么苦；如果另一个人辨别出他受过的这些苦，与他共情，说出"你的确受了这么多苦"，对这个人来说就是一个很好的医治：终于有人理解我遭遇了什么！这一刻，他心里就没那么委屈了。

（3）找到他的力量

下一个环节是找到支撑他的力量，这个力量往往和他的痛苦联系在一起。

悲剧型故事一定有它内在的力量。被辅导者坐在你面前，你可以这样问他："所以我特别想知道：是什么支撑你走过来的呢？"当然，你的提问必须是很真诚的，不能是套路。

往往这个问题一抛出来，对方就哭了——很多活在悲剧故事里的人不会这么想问题，他们被自己套住了，会反反复复循环旧的故事。当你这么一说，他的大脑产生新的神经元连接活动，打破了原有的故事——如果 CT 同步观测，你就能看到有新的神经元触突长出来。

当你问过这个问题之后，可能会得到正面和负面的两种力量。

1）正面力量

比如责任、爱我的孩子、守护我在乎的人……这些都是正面的力量。

客户来找你说这些问题，愿意主动寻求帮助，这也是正面的力量；有人受到不公平对待，但是不报复，不用自己受到的痛苦去对付别人。比如被虐待长大的人不去虐待自己的孩子，这也是正面力量。

挖掘正面力量可以使用如下句式：

"你刚刚提到……""我刚刚注意到……""根据我对你的了解，我察觉到……"

2) 负面力量

比如：报仇。

> **案例**

第一次去我公婆家时，公公给我讲家史，讲家人怎么被欺负。他越讲越激动，最后竟然说："一定要把这个仇恨一代代传下去！"这就是支撑他这么多年走过来的力量。

我说："您认为咱们家受到这样的对待是不公平的？"

公公说："是。"

我说："哦，那您追求的其实是公正。"

如果支撑对方的是正面力量，你就要大大地夸赞、肯定、鼓励；但如果是一个负面的或者有害的力量，那就要"扭一下"。比如说刚才提到的仇恨。

一个负面的力量要给他"扭一下"，扭成他要的正面力量、健康的力量。比如有人说他特别能哭，哭是一个比较健康的情绪宣泄方式，要对此表示欣赏、肯定，帮他意识到他内在的力量。

(4) 帮助他建立连接

告诉他过去受到的这些痛苦已经过去了，但在这些痛苦中产生的、支撑他承受痛苦的力量会继续支撑他走出现在的困境。他已经不再是那个可以被困在痛苦故事中的人了，他已经是走出悲剧故事的人了。具体怎么说，要根据具体情况而定。这样陪他走一遍，他就意识到自己有力量了，也就基本走出来了。

> **案例**

大家听过马戏团小象的故事吗？大象很大，不好控制。马戏团的人就去驯服小象。小象力量比较小，好控制。它被人固定到木桩上，它拼命挣扎，一天、两天、一周……无论如何都挣不开，于是它就放弃了。以后它的活动范围就是那根绳和木桩周围。后来它虽然长成了一只大象，但再也不会尝试去挣开绳索。

其实，它已成为一只大象，只要轻轻一挣就能挣脱，但是它已经放弃了。被自己的故事困住的人也是这样，所以我们只需要点拨他，让他意识到自己已经可以挣出来了！就像我们课程刚开始讲的那只苍蝇：它其实是可以飞出来的，只是它看不到那个瓶口在哪。很多活在悲剧型故事中的人都是有力量走出来的,但是他就像那只可怜的苍蝇一样,在那个瓶子里一圈一圈地绕,直到耗尽生命为止!

以上我们介绍了如何破解三种囚禁人的故事型。如果一个人同时具有以上两种或者三种故事型,具体拆解的时候并没有严格的顺序要求。比如,你发现一个人有一个过时型的故事,你帮他破解过时故事型的时候,又发现他的故事变成刻板型了,这时候你就按刻板的故事来破解——把这些囚禁人的故事都找出来,逐个攻破,将一个个鲜活的生命放出来!

像一首诗中说的:

他从黑暗中和死荫里领他们出来,
折断他们的绑索。
……
因为他打破了铜门,
砍断了铁闩。

第五讲
故事的解构与重构（三）
——破解故事中的比喻

上一讲，我们介绍了针对三种囚禁人的故事型的突破技巧。在本讲中，我们来谈谈另一个很有力量的武器：比喻。

明喻、暗喻，以及故事中的形象和画面，这也是破解三种囚禁人的故事的钥匙。刚才这句话中出现了一个形象：钥匙。你在和人说话的时候常常会发现，他的话语中有明喻、有暗喻、有形象、有画面。

我们之前学的三种故事型都是封闭的，因此要找到它们的突破口。过时的故事突破口是：发现重复、陪他回到过去；刻板故事的突破口是：定位它内在的绝对化、封闭性的词汇；悲剧型故事的突破口是：找到它内在的负面情绪，这往往伴随负面词汇以及受害者情结。

这三种故事有一个共同点：里面包含明喻、暗喻、形象和画面，这也可以统称为突破口。任何一个封闭性故事，你用"重复、绝对化、负面"的工具"撬"了一遍之后，还可以用明喻、暗喻、形象和画面的工具再"撬"一遍。通常情况下，故事被"撬"到这一步之后就已经被"撬"开大缝，之后可以再"扭一下"。这样带来的力量是非常强大的，大家一定要有一双锐利的眼睛来发现这些明喻、暗喻、形象和画面。

比喻有什么妙用呢？比喻包含的信息量非常大，而且让人感到安全，没有那么大的压力。因为对方会感觉自己在讲一个别的场景，潜意识层面是比较放松的。所以比喻更能够显示出人内心的真实状态。

 什么叫比喻

明喻：直接用比喻词，比如说："我像一只被阉了的猫。"

暗喻或者隐喻:没有比喻词、不加"好像"。比如:

- "我觉得我在一个很黑的隧道中。"

这句话没有用比喻词,所以是暗喻。说话的人这里强调了隧道的负面意义:"很黑",你要保持在他的画面中;隧道还有正面意义:它有光明的出口。

- "我觉得我就是一个从小被人拴在笼子里的熊,不停地被人取熊胆。"

没有比喻词,也是暗喻。熊是有巨大能力的;囚禁的反面是被释放的、自由的。

大家不妨想一想:你自己目前的人生状态是什么画面?试着比喻一下?

比喻示例

萨老师举例:"我曾经感到我的人生像一个黑暗的、没有尽头的楼道;走廊的两侧是一扇扇门。我在走廊拼命奔跑,一边跑、一边哭、一边喊、一边拍着两边的门,期待有一个门为我打开。有的时候会有人开门,但是我进去之后发现让我更失望的景象。然后我出来再继续跑、继续拍、继续找,一生就在这样奔跑。"

学员A:"我觉得我在工作中就像一只松鼠,被囚禁在圆形的笼子里高速打转。"

萨老师:"很形象。"

学员B:"我现在就是一匹疲惫的马,被一辆很重的车拖得跑不起来。"

萨老师:"也很好,很有画面感。"

学员C:"我的状态就像快要攻入城池的战士,非常紧张害怕,但又一直勇往直前。"

萨老师:"这句话很积极,不用"扭",顺着这句话挖掘更多力量就可以了。需要"扭"的比喻,往往包含了一些负面的、封闭的、下沉的画面,比如一个自称倒霉蛋的人可能会说:"我人生中到处都是坑,我从这个坑爬出来,又掉到另一个坑里。"坑就是一个负面形象。

 如何使用比喻

如果把比喻想象成一枚硬币,被辅导者抛给你一个硬币,落到地上可能反面朝上,但它一定还有一个正面。破解比喻的关键就是"以子之矛,攻子之盾",把比喻这枚硬币翻过来。

一定要记住其中的关键点:你一定要进入并且停留在他的比喻系统之中;

要用他自己的比喻，不要编造。这有点像咱们之前讲过的平行表述：你不要自己添加什么、不要过度解读，要停留在他叙述的画面之中。所以比喻不要讲概念。男生们要特别注意，因为你们容易把画面抽象化、概念化。要注意让自己保持在画面内，而不能像编程一样找逻辑、讲流程。

三 破解比喻

任何一个比喻，只要给了你一个画面、一个形象，就一定有可扭转的地方，一定可以朝着更开放、更有可能性的方向来"扭"——虽然有的时候不是立刻就能扭成正面，但总有可扭转的余地。

每一种类型的比喻破解方法如下：

- 第一：识别。

辅导者要敏锐地识别出他所讲述的故事中的画面或者形象，不要错失这么宝贵的机会。

- 第二：停留在他的画面中。

比如对方说："我觉得自己正处于黑夜之中。"你不要马上回应说："那什么时候能见到光明？"你可以继续进入他这个黑暗的画面，停留一段时间，在此过程中可以细化和丰满。这个过程一定要慢一些，不要太着急，不然目的性太强。一定要陪他在这个画面中走一段，然后再出来"扭"。"扭"也要有一个渐进的过程。

例如，你可以问他："你感受到自己现阶段像处在一个漫漫的长夜之中，见不到光，自己一个人可能会感到有点冷是吗？"你把它足够地细化了，然后就可以接着说："你在这个黑暗里忍耐、等候很久很久，忽然发现天边有一丝亮光，虽然这个亮光一开始很小，但是逐渐会变得越来越大。"这样，你就仍然在他的画面之中；不能直接说"天亮了不就好了吗？"或者"什么时候才有光明？"你要停留在他的比喻之中，慢一点，给他指引一个方向。

案例

客户："我觉得自己在一个很黑的隧道之中走了很久。"

辅导者："（停留在那个画面之中）你感到你现在的人生阶段好像在一个很黑的隧道之中，一个人漫无目的地摸着墙壁慢慢往前走。你就这样走着，不知道走了多远，忽然看到前面有一丝指甲盖大小的亮光。顺着这个方向继续走，这个小亮斑越来越大，直到你看到那是一个出口。那个时候会是怎么样的情景？"

案例

客户："我觉得自己是一只熊，很小就被关在笼子里，定期被人取熊胆：伤口刚长好就又被划开，再长好，再被划开……"

辅导者："你被关进去的时候还是一只小熊，从小被人定期划开伤口，但即使是在这么痛苦的过程之中，你仍然在不知不觉地长大。既然现在的你比小时候力量大得多，有没有这种可能：有一天这个人又来取胆汁时，你"嗷"地一下站起来，一巴掌把他拍倒，然后就从笼子里面跑出来了？"

上面这个客户的比喻被我破解后，他就变成了一只有力量的大熊。他之前的生活很悲惨，经历了各种虐待。但是那次辅导之后，这个扭转的比喻给予了他力量。他明白了一点："虽然我在痛苦之中生活了这么久，但是我在长大，我现在足够有力量来撑破这个笼子、制服那些伤害我的人。"我因此很骄傲地失去了一个客户——破解比喻这个技术往往是我失去客户的转折点，但这会让我很高兴！作为辅导师，最高兴的一点就是看到客户一个个好起来，不再需要我的辅导。

我自己的人生转折也是从破解比喻开始的。我以前一直生活在原生家庭和恋爱不幸的阴影之中、活在一个个悲剧性的故事之中。但自从我的比喻被扭转之后，我就完全改变了：我变成了一个明白自己想要什么、可以用什么途径去得到，并且知道如何朝这个方向努力的人。

还记得我之前描述过的那个黑暗楼道的画面吗？练习破解时有的人会说："有没有一扇永远向你敞开的门？"确实有，但是这种说法在我的语言系统之中并不能给我力量。于是我认真思考该怎么破解这个比喻。有一天我终于明白了：我何苦一边哭喊，一边去求别人从里边帮我打开门呢？如果有钥匙，门是可以从外面打开的。我可不可以拥有一把万能钥匙？通过思考，我的内在画面就立刻从一个被动的、可怜的、悲剧的、凄惨的画面变成了一个可控的、可以主动改变的画面。我不必用一种恳求的、被动的、可怜的方式来请求别人给我想要的东西，我可以成为一个主动去拿钥匙开门的人：如果我想要什么，我只要得到那把钥匙，然后去扭转就可以了——这是我个人的人生转变！现在我想要什么，努力去拿便是，而且，到目前为止，我之前拼命让别人给我的，我发现我都可以给予自己!

你一旦把一个比喻"扭"过来，就会产生非常显著的效果。

常见的扭转比喻示例：

- 寒冷可以扭转为温暖。
- 封闭可以扭转为打开：不仅可以从里面开，还可以从外面开；不仅可以让别人开，还可以自己开。
- 跟生命有关的：比如那个被囚禁的小熊，也是可以长成强大的。
- 被风雨摧残的花朵是有生命的，可以期待它再度绽放。
- 有人说："我好像被关在电梯里。"那就可以扭转为打开电梯。
- 暴风雨：它们都是短暂的，会有雨过天晴的时候。
- 你的人生就像是无数个坑。那么当你看到下一个坑的时候，有没有方法躲开，或者把坑填上？

……

四　给比喻加上时间点

被辅导者可能不会明确说出他所比喻的人生阶段的时间界限。我们作为辅导者，可以为他勾勒一个加上若干时间点的画面，来帮助他更好地扭转比喻。

扭转比喻示例

- 示例 1

我曾对一个客户说："如果把你的人生比作一本书，其中第一章叫'童年不幸'；第二章叫'学业和恋爱不顺'；第三章叫'婚姻不幸'——从你出生到上中学之前是第一章，此后到离婚前是第二章，离婚到现在是第三章。如果从现在开始续写接下来的 5 年、10 年，你希望你人生的下一个篇章叫什么？你希望你人生这本书的接下来几章分别叫什么？"

然后她哭了，说："我希望第四章叫'建立家室'，第五章叫'敬天爱人'。"她说了这话之后的两年，她真的再婚了，婚姻很幸福。之后和先生一起致力于公益服务，她的梦想就真的一一实现了。

- 示例 2

有一些人会说，自己从小到大经历了很多悲惨的事情，人生充满了各种各样的不幸。我就会这样说：

"听起来你的人生像是一幅画：一开始涂在这个画布上的全部是黑色，或者说很暗的颜色，它们涂满了整张画纸。但是从此之后，每画上一笔颜色都会格外显眼。"我时常还会补一句："一般黑色背景的画面显得比较高级。"

一般人听到这些话的时候，忽然就知道了过去的不幸和痛苦在他人生中所占的位置，然后又很庆幸自己是个很高级的人。

● 示例 3

我之前辅导过一个孩子，她大学时候得过抑郁症，因为抑郁症毁了她的大学生活，毁了她考研、工作的机会，也毁了她的人际关系，所以她觉得自己人生全毁在这件事上了。

我说："我们这样来想一下：假设你人生中必须要经历抑郁症这一劫。现在让你自己来安排一下你人生的这些阶段，你认为把这个抑郁症放在哪个阶段会更好一些？"

想了半天，她认为还是放在大学时期是最好的。因为如果再往前放的话，她太幼小，承受不起；如果再往后放，比如说工作之后，那就会耽误工作；在结婚之后放，就会影响婚姻和家庭；如果老了再得这个病，也很悲惨。这样一想，还是大学时候得比较好。她的心结就此解开了。

● 示例 4

有的人曾经描述：他人生的画面像是一个荒芜的旷野、贫瘠、迷茫、没有尽头。这时候可以给他描绘一个休息的画面，比如：你在旷野走着，突然看到前面有一个绿洲或者一个城市：那里可以休息，甚至可以居住下来。这就是给他一个尽头。

再比如，说到隧道，就要给他个位于隧道尽头的光亮；漂在无边无际大海之中，你就要给他一个边界：大海的天际线附近有一个小岛……

黑暗类的画面可以往光明的方向引导；生命类的画面，就要给他一个成长的景象或者再提供一个生命周期；伤口类的画面往医治的方向引导；封闭时空类的画面往出口的方向引导。由你来丰富对方的画面。

● 示例 5

对于孤立无援类的比喻，可以用与电梯有关的特别的破解方式。

假设你被关在电梯里：停电了，而且没有手机信号、没有办法求救，你认为谁会最先发现你失踪了？

如果当下的困境景象已经毫无希望破解了，我们还可以去找他的支持系统。比如问："谁会最先发现你？"他可能会说："我妻子、我妈，或者我的某个朋友。"这就是他的一个支持力量，能够帮助他走出困境。

- 示例 6

前面有人说,在工作上感觉自己像松鼠,被囚禁在圆形的笼子里高速打转。

我们需要进入他的画面中,要更多地了解他,以便寻找突破口:那个笼子是有门的吗?是谁在什么时候将你放进去的?是被人抓进来的,还是被骗进来的?还是自己愿意当一个宠物松鼠?

- 示例 7

一只孤狼,没有同伴,生活艰难。是这只狼自己的选择,还是别的狼把它孤立出来了?要给他选择的可能性:是这只狼自己的选择吗?它享受这种孤独吗?到目前为止它还享受吗?还是说,他希望做出改变?总的来说,你不能给他价值判断,而要顺着他的情绪和价值观引导他。

你一直停留在他的画面之中,他就很容易不设防地说出自己的真实感受。

- 示例 8

有人说:"我觉得自己就像一个洋娃娃:主人想玩就玩一下,不想玩就丢在那。"

"那你认为这个洋娃娃最想要什么?"一定要进入这个画面,并保持在其中;你以为它想要自由,但它可能就是期待主人一直最宠它、抱着它。还有人说:"我就像一个牵线木偶,被人牵着演一出出的木偶剧",这种没有生命的比喻对象,怎么破解?

这种比喻就可以加入一点"神力",也就是给它赋予主观能动性:比如可以说:"如果有一天,这个小木偶拥有了能够自己站起来表演的神奇力量,那它会怎么演出?""如果有一天,主人在玩这个洋娃娃的时候,某种神奇的力量使这个娃娃开口说话了,它会对这个主人说什么?"

其实当问到这个问题的时候,对方可能一下子就会说出很动情的内容,比如:洋娃娃会说:"我不愿意再继续这样生活下去,我到底值不值得被爱?"这时你就可能触碰到这个人内心深处的情感了。

小结

比喻是一个有力的武器。善用比喻的人往往能把复杂的事物简单化。

故事是生活的比喻。我们在这些地方使用比喻,就是用另外一种生活来比喻原来的生活,赋予了另一种可能性。这是一种非常强大的力量,值得我们下功夫学习和运用。

本讲附录：

故事的解构与重构疑难解答

- 示例1：如何在一开始就找到力量？

只要客户前来咨询，就要肯定这也是一种积极的力量。先做平行表述，给他一个正面的回应，鼓励他："即便这样，你今天还是迈出这一步来做咨询，非常不容易；所以对于你的到来，我感到非常荣幸。"

辅导者："你认为在过去的二三十年里自己一直非常不顺利。哪怕别人做起来非常顺利的事情，到你这儿也会出现意外，甚至会认为自己今天来做心理辅导也是没有什么作用的。你是这样认为的吗？"

客户："对，我就是这样认为的。"

辅导者："嗯，对于今天我们能够见面，我感到很荣幸：因为即便是这样，你还是愿意来找我做辅导，愿意主动寻求帮助，也是一种很大的力量。我们一起来看看在你身上都发生了什么……"

- 示例2：当客户说"我就是个傻瓜"时，怎么办？

此时辅导者的态度需要平淡一些：客户说什么辅导者都要处变不惊，然后用平行表述给予回应。

客户："我××就是个傻瓜。"

辅导者："噢，你刚才说你认为自己是傻瓜；（接着马上细节化）那么你能否给我讲一下，哪些事情能够说明你是个傻瓜？"

- 示例3：当客户说"我很烦心理辅导"时，怎么办？

客户："唉，其实我做心理辅导都做腻了，这些套路我都已经很熟悉了。我就想看看你这行不行。"

辅导者："那你能不能讲一下，你过去做心理辅导的过程中，有哪些事让你觉得受益、哪些你认为不太满意？"

（客户说完之后，我们可以继续回应）

辅导者："你经历了这么多不太满意的辅导，还愿意再试一次，这也是种力量。"

- 示例4：平行表述完之后该怎么继续询问？

辅导者："在这二二十年中你没有一件事情顺利，是吗？是一些什么样的经历让你有这样的印象，觉得一切都不顺利？能不能给我讲一下？"

客户:"从上小学开始吧。考小学时,我被要求从1数到100,我平时都会,但考试的时候我从80直接跳到100了,就没上成;小升初考试时,我答题卡填串行了,又延后了一年;好不容易中考成绩不错,却被人顶替了名额;等我在市重点高中高考时,英语差了一分,作文看错题目,还是没考好;大学谈恋爱,看上的姑娘却被人撬了;等我终于谈上恋爱了,谈两年却发现这姑娘是个绿茶婊;大学毕业考研时,都进复试了,结果面试被刷下来了……你说我这是不是招上什么东西了?怎么什么坏事都摊到我头上了?直到现在我还是个loser(失败者)。"

辅导者:"听起来你从小到大运气是有点差,那在这个过程中有没有例外的事情发生?不会每一件事情都是这么运气不好吧?"

客户:"例外都是用钱买的,因为我爸有点钱——其实也不是特别多,这些年都被我败光了。"

辅导者:"即使每一次运气都不是太好,但你能一直走到今天,我还是很惊讶的。"

客户:"那能咋样?"

辅导者:"听起来,你这二三十年里,虽然在每一个节点上都好像运气很差,但是你确实是一直向上的。你每次遇到这样的坏运气都挺过来了,是什么支撑你一步步努力、一直不停向上?"

客户:"你说向上是什么意思?就是不顺了还继续往前走?"

辅导者:"对。"

客户:"逆水行舟,不进则退吧。不能因为运气不好就认命啊!人总得争点气吧?"

学员:"肯定了这个力量后,应该继续向哪个方向走?"

萨:"不知道该怎么办的时候,做个平行表述,然后他自己就会继续说了。可以用总结的方式复述对方的经历,你来试一下。"

学员:"在你的重要时刻,所发生的事情跟预期不太一样,你认为这些事情的结果跟你的实际能力不符……"

萨:"你在加戏;他没有说的部分被你加上了。这么做既概括,又升华,可能所说的不是事实。你需要调整一下表述。"

学员:"刚才你回顾了从小学一直到考研究生的经历:小学入学的时候,数数从80直接跳到100;小学考初中的时候答题卡填错了;中考的时候名额被别人顶替了;高考的时候英语差一分、作文偏题;大学看上的女孩被别人撬了；考研究生面试给刷下来。这些经历听起来真的都挺不顺的。就像你所说的：你认为好像是招了什么东西，导致你过往的经历都很不顺利，是这样吧？"

辅导者："真不敢相信你在过去的30年当中，经历了这么多的不顺，光是听一遍我都很难想象你是怎么过来的。"

客户："对，你见过这种倒霉的人吗？你见过像我这样的吗？"

学员："这时候是应该去强化他这种悲剧感，还是应该去淡化它？"

萨："还是只做平行表述，不必强化，也不必淡化。到这一步了，咱们已经发现他有一个刻板的故事型。接下来要找出他错误的信念系统。"

学员："你经历了这些不顺，很少有人像你这么坚强，到现在还能来寻求帮助。一般人经历这个过程可能就活不下去了。是什么支撑你走到了现在？"

萨："你在找力量，但现在还没到这一步。现在要做的是：挖掘他错误的信念系统。可以问：'你认为正常的人生应该是什么样的？'或者说：'你认为你的这一生应该怎么过、应该是什么样？'"这其实就是有意挖坑，套出他的信念系统。

学员："刚才听了你跟我分享的这些，感觉你对自己之前的经历非常不满意。那么，如果你的人生可以重来，你期待自己经历一个什么样的人生？"

客户："你说这人活着吧，那不就应该一分付出一分回报吗？我觉得我既然付出了这么多，就应该比别人强。"

萨："这时候直接问'你认为你的人生应该是什么样'，就引出了他的错误信念：公平——一分耕耘，一分收获，只要付出就能得到——这是典型的刻板故事；我们可用的破解工具有：例外化、具体化、极端化。想想接下来怎么给它破解呢？"

学员："可以说：'在你认识的人当中，所有人都是"一分耕耘一分收获"吗？'"

萨："这在你认为'别人都很顺，只有我不顺'的时候很适用。"

学员："听你刚才的表述，你认为这个世上所有的人，无论他想得到什么、达成什么目标，只要他努力，他就一定而且必须能得到是吗？"

萨："如果走极端化路线，就要把它说得更极端。极端化常用句型有：'所有人……'，'只要……就/都……'，这样的句型可以把他的刻板观念再往前推一步，比如：'是不是所有人只要努力了，无论想要什么就都应该而且必须得到？'"

客户："你这么说，所有的人只要努力就能得到想要的，好像我还真是这么想的。难道不是这样的吗？"

辅导者："你周围有没有一个人不像你刚才说的那个样子呢？"（具体化）

萨："至此我们就撬开了口，得到了客户的两个谎言：一是只要努力就有回报，二是好人必须有好报。"

辅导者："也就是说，只要是好人，就不应该有任何意外和不幸降临到他身上。"（极端化）

客户："对啊，只要是好人就不应该承受这些不幸；应该让那些坏人去出车祸，得癌症。"

辅导者："比如说有生重病的、出意外的，你就会认为他们都不是好人，是这样的吗？"

客户："除了我之外，其实也有挺多类似这样的人。比如我们隔壁老王，他是挺好的一个人，但是也被查出了癌症晚期。我认为好人应该有好报，但是这个世界好像也不是按照这个规则来运转的。"

学员："那你从小到大有没有遇到过一个人，他一直很努力，但是却没有成功？"

客户："还真有，他像我一样倒霉，还比我更努力。看来，有的时候成功也不一定是全靠努力，比方说社会环境、家境、运气、颜值，我觉得这些可能都跟成功有关系吧。"

萨："到了这一步，我们就不用继续提问了。可以继续寻找一个突破口，给他一个总结。"

辅导者："咱们刚开始聊天时，你说自己的人生充满各种不幸，后来你也提到自己认为'好人就应该有好报'，再后来你自己也主动地意识到，其实很多时候这个世界并不是按照这个规则来运行的。虽然你认为世界应该是这样，但是你也有足够的智慧、理性来辨别出这个世界并不是按照这个规则在运行。

其实很多人一辈子都活在你刚才说的那两个观念之中，白白地受了很多苦，到老到死都不明白为什么会这样。但是你这么快就意识到，其实这个世界并不是按照这样的规则来运转，我相信这会是一个新的起点。"

萨："这里注入了力量，加入了一个转折点，我们还可以加入时态。"

辅导者："在过去很长一段时间内，你认为世界是这样的；但是今天你意识到这个世界不是这样运转的，所以今天会成为一个好的起点。类似的事情不仅发生在你身上，也发生在别人身上。人生掺杂着幸运或者不幸：有的人幸运多一点，有的人幸运少一点，但是每个人都要走完这条路。在这样的一个世界之中，怎样才能活得和你过去二三十年的故事不一样呢？"

难点提示：这时候需要让他自己来设想一下，他想要的是什么样的人生？既然这种幸运或不幸被随机分配到每个人的身上，他能够做的部分是什么？这就从一个悲观受害的心态过渡到了"如果这是规则，那我怎么在这样的规则之下玩好"的主动心态。到了这一步，他就完成了对刻板故事的破解。

上面的这个案例中，除了刻板故事以外还有一些悲剧故事的部分。那悲剧故事怎么破解呢？陪他回到过去，承认他的痛苦、找到支撑他的力量，并且告诉他这个力量可以继续带他往前走。

在辅导中我们应当看到，每一个案例都有它的特殊性。我们要用一双慧眼来识别每一个案例中的核心问题，并运用我们所掌握的方法来迅速给出恰当的应对方式，帮助客户破解囚禁他的故事型。

第六讲
破解故事型综合示范练习

在本讲中，我们整体回顾一下破解各种故事型的流程和方法，并通过具体的模拟案例予以示范。相信这对大家之后接待咨询客户大有帮助。

一般来说，受访者会讲一个故事。要注意，我们不是诱导对方讲一个故事，而是依据故事，分辨故事类型，再按照对应的类型来处理。

如果有的故事既是过时的，又是刻板的，还是悲剧的，该怎么做呢？

- 第一步：先破解过时的部分；
- 第二步：再处理悲剧的部分；

这两步相对来说比较容易，会强化你们的关系。在这个过程中仍然要进一步给他注入力量。

- 最后处理刻板的部分。

这一部分比较难，掌控不好，有可能会导致对方愤怒。

 知识点回顾

1. 识别囚禁人的三种故事型

这三种故事型分别是：过时的、刻板的、悲剧的。它们有一个共同点：包含比喻、暗喻、形象和画面。

过时型的关键词是重复词，刻板型的关键词是"宇宙真理"，悲剧型的关键词是负面词。

2. 破解三种故事型的方法

（1）过时型的破解流程

①陪客户回到过去：尽可能地丰富细节，做到栩栩如生。需要使用的技能

包括：3V1B、积极聆听、鼓励、平行表述和总结。结束时，要感谢对方把这么珍贵的回忆和你分享。

②找到关键事件：找到他要什么，然后在现实中帮助他去得到他想要的。

③如果实在得不到，就转化一下。

④如果转化不了——例如，一个女人失去了两个无可替代的孩子，这件事情很多时候无可替代，因为无可转化！这时就需要帮助她学习在余生中怎样与这个痛苦相处。人在一生中，总是要背负着这样或那样无法弥补的伤痛往前走，这是活在世界上的一个必经之路。所以，辅导者不要觉得自己上可通天、下可入地，什么都能解决。我们会尽最大的努力在人的力量范围内解决问题，但是对于很多事情，我们也只能坦率地说："这个我解决不了，但是我愿意和你一起面对这个伤痛。"

⑤画时间线：在代表过去的时间轴上画一个点，并对过去表示遗憾；然后再引导思考以后他真正想要什么。到这一步为止，他便开始走出过去的故事了。

（2）刻板型的破解流程

①找到绝对词、撬开一个缺口、具体化、极端化、例外化。

②找到对方错误的信念系统并加以呈现。如果他这个信念系统牢不可破，我们可以问一个问题："这是从什么时候开始的？"从而帮助他反思这一套信念系统是怎么形成的。

③如果这套信念系统的形成背后有一些关键性事件，我们就需要用破解过时型故事的方法，回到这个关键事件中，然后引导他从这其中走出来。在这个过程中我们一定要注意：不能说教，因为说教的开始是信任的结束。

（3）悲剧型的破解流程

①陪他回到过去，肯定他的痛苦、寻找他的力量，予以肯定和欣赏，帮助他建立联系。

②如果支撑对方的力量是负面的或者有害的，就要先"扭一下"。

例如有的人说："我的力量就是要当人上人，把别人都踩在脚下！"我会说："啊！你在不断想要超越别人的同时，也在做最好的自己！"这样的人可能自己意识不到：他被灌输的社会表达方式就是把别人踩在脚下，自己做人上人。其实他在不断超越别人的同时，也在不断突破和超越自己。这样就可以引导他朝着自我超越、自我实现这个方向走，而不那么在意把别人踩在脚下这件事。因为我们应该怀着最大的善意想别人。

客户能跟你说出这样的话，说明他可能已经足够信任你。通常情况下，人们这样表达的时候，就已经把自己异化了、不把自己当成好人了。当你帮他"扭一下"之后，他就会很释然、很感动，然后意识到："噢，原来我是这样的人，不是个不好的人。"但我们不能强行往好的方向"扭"，总是要找出实际的、真实的、值得肯定的部分去"扭"。

（4）比喻的破解流程

①识别出他所讲述的故事中的画面或者形象（识别比喻）。

②停留在他的意象之中，慢一点，给他引定一个方向。

③可以描绘一个加上若干时间点的画面，来帮助他更好地扭转比喻。

比喻、暗喻，以及故事中的形象和画面，是破解三个囚禁人的故事的钥匙。

示例一

学员："我脑海中总是有个画面；里面没有我自己，只有一大片向日葵的花海，像是在意大利，周围是当地风情的建筑；夕阳下的影子被拉得特别长。"

萨："你这个画面非常积极正面，不用'扭'；要通过精神分析或者解梦去分析。如果感兴趣，你可以看弗洛伊德的《梦的解析》这本书。但是我个人建议权当科幻小说看，有一些这方面的基本常识是好的。弗洛伊德是个天才，他写的《梦的解析》也特别好看、读起来特别过瘾，可以看一看，但是不能全信。精神分析这个学科有点像中医，争议比较大；目前用现代科学证实不了，但是在实操之中有时还真管用。我之前就辅导过一个讲了一个多小时梦境的客户。"

做辅导之后会遇到各种各样的人。有一类人衣食无忧、没有生存压力，但是非常哲学化、非常关注自己的内心和潜在能量。一般都是年轻人居多，比如现在的"90后""00后"，他们乐意发掘自己的"小宇宙"，想挖掘更好的自己，这也挺好的。面对这类客户，从梦切入就是一个非常直接的方法。因为我们辅导的一切方法都在意识层面，但更多的信息其实在潜意识层。直接通向这一层的途径就是梦。

如果你的客户不主动说出一些比喻、暗喻或者画面，你就可以主动问她。比如："如果用一个画面或者一个比喻来形容你现阶段或者过去的状况……"给他规定一个范围，让他想出一个画面或者比喻，你再来加工。

示例二

萨："前两天我辅导了一个失恋的男孩。他非常主动地说了一个比喻："我现在就是一只受伤的狼，正在一个黑暗的洞穴里舔自己的血。"

学员:"要是我辅导过程中遇到这样的人,会特别难进入状态,搞不好就笑场了。您是怎么做到心情平稳地倾听的?"

萨:"进入情绪。没什么可笑场啊,人家就是一只受伤的狼。这个比喻你们怎么切入呢?"

学员:"这是从什么时候开始的?"

萨:"不能这样问。"

学员:"你提到一个人受伤了,很痛、在黑暗的洞穴里舔血。会不会来一个人,帮助你来医治伤口?黑暗的洞里,有一束光照进来,有人发现你受伤了,他要医治你。"

萨:"他把自己比作狼,就不希望有人过来医治。这个比喻既黑暗、封闭、又受伤,三样全占了。我们在比喻上做文章,目的在于发现或者增加他的力量,然后把封闭的、黑暗的、没有可能性的叙述'扭一下',变成带有一点可能性的。也不要一下'扭'得特别大,要一点点把它撬开,透出一点可能性就好。"

学员:"我可能会说:这么英勇有力量的狼,暂时受伤了,如果将来有一天它跑起来了,离开洞穴的时候会看见什么?或者,它最需要什么?"

萨:"不错啊,你认为他最需要什么?"

学员:"看见洞穴上面的边缘里透进来一点亮光。"

萨:"不需要光,他跑到洞穴里就是不想要光。这时候可以用鼓励:他遇到这种情况还能自己承受,也是一种力量。我们再说狼的事情:一个失恋的男子把自己比作一匹躲在黑暗洞穴中的、受伤的狼,在舔伤口,舔血!"

学员:"动物舔舐伤口可以促进愈合,他也是这么做的。这个时候可以给他鼓励,他自己是想要愈合的。可以问是怎么受伤的吗?"

萨:"就是失恋了。"

学员:"伤口好了又是一条好狼。"

萨:"我当时是这么说的:'至少这匹狼现在是安全的,它在洞穴里,不会有人继续伤害它。'然后再问:'狼的唾液是能够止血的,现在血止住了吗?'"

客户说"止住了"。

萨:"那就等待痊愈!这个故事就没那么惨了。他在康复,而且在康复的过程中,别忘了洞穴也是安全的。这几个因素都具备的时候,选择一个最关键的突破就可以了。他最想表达的就是自己受伤了,黑暗、封闭这些对他来说是可以转化为力量的。在黑暗的环境里，至少没人能看见他这样脆弱的样子；封闭的地方至少是安全的，而且伤口已经开始愈合了。"

示例三

学员："我听到过一个比喻：对方说自己像是在晚上走进了大海里，而且水位越来越高。"

萨："想一想这时该怎么办？我们先分析一下：对方通过这个画面想表达什么？"

学员："绝望窒息、无法自救，因为她是自己走进去的。"

萨："你看，这就是画面的好处。一个简单的画面中蕴含了非常多的信息：寒冷、孤独、绝望……她跟另一个人说自己是这样的状态，想要传达什么？"

学员："我没希望了。"

萨："对，也就是说她目前要沿着这条自毁的路往下走，但是还没有彻底下决心，仍然期待着外力介入。这时候该怎么提问呢？我们之前说过电梯的画面——谁会来救你？这一类的情况下都可以问她的支持系统。具体该怎么问？你要进入这个画面之中……"

学员："来了一艘小船！"

萨："我会这样说：'你正在往里走，水位越来越高，这时候你听到一个声音在后面喊你的名字。你一听就知道是谁，这个声音在那一刻就让你放弃了继续往前走的念头。你扭过头来看，那会是谁的声音？'这种'有个声音'一类的问题真的非常实用：只要让她扭头就可以了。你说'有一个声音'的时候，她会很好奇，每个人都会如此。"

学员："如果她要说没有，该怎么继续呢？"

萨："一般不会。你已经给她命题作文了，她只能回答'是谁'这一个问题。如果她真的说没有，你就说：'那就我吧。如果你这样，我会在后面叫你。'"

比喻如果单拿出来说，似乎很容易让我们笑场、出画面。所以一定要练就停留在画面中的本事，这个用好了真的会起扭转性的作用。

人不总是用道理说话。人的大脑是很奇妙的：一些部分生成逻辑、推理，而另一些部分生成画面、形象、比喻。一个画面包含很多因素，我们都可以去细化。在做辅导时，对于辅导者来说也同样有很多种选择——哪个是关键因素？往哪个方向"扭"？这可能很难把握，要学会听对方的弦外之音、听他真正想要表达的是什么。就像在狼的比喻里，对方很明确地表达自己很受伤、很可怜。

模拟辅导讲解示范

下面我们按照一个正规的辅导流程，来模拟演示一个悲剧故事型中加一个比喻的案例。大家把前面学到的技能用起来：积极聆听、3V1B、开姿势……

模拟辅导演示

客户："我现在蛮绝望的，我觉得结婚以后整个人都被改变了。我原来是一个天真烂漫、不为世俗的物质和压力委屈自己的人。但是结婚以后，我先生并不理解我，而他自己的工作能力、为人处世能力都不是很强。我原来是一个在各方面都比较强的人，特别爱写作；上学的时候会组织各种文艺会演、各种活动。我爱人可能不太成熟，我只能一个人操持整个家中的内外事务。我总是要背井离乡，离开老公和孩子一个人去打拼。有时候下班站在北京天桥上，感到身边的人像电影画面一样从眼前掠过，我看不清实体的人，他们不过是非常模糊、匆匆闪过的画面。桥下车来车往，车流也汇成一条光线，只有我一个人是有实体的。我置身在高楼、人群、车流中，心里很孤单。"

萨老师点评："这个客户讲述了一个悲剧型的故事，大家来破一下。先做平行描述吧。"

学员A："谢谢你给我分享这些。刚才你提到，过去你是一个天真烂漫的女孩，不为世俗牵绊；喜欢写作、创作戏剧。但是你先生可能不是特别成熟，所以你要时常离开家庭，一个人背井离乡为生活打拼。你有时站在北京的天桥上观看，会觉得身边的人和下面来来往往的车都是虚幻的，只有你一个有实体的人立在那儿。北京那么多高楼大厦，但是没有一个是你的家，是这样吗？"

萨老师点评："不错，很好，但有一个小小的细节需要注意：还记得你怎么说她先生吗？你说的是'可能不是很成熟'。大家一定要记得：如果一个人对另一个人做了负面评价，你转述时要说'你认为……'，或者说'在你的感受中……'。辅导者不能转述与客户相同的话，否则就表明你也认为她先生不成熟，这就是落井下石了。

A同学平行表述做得很到位，说明底子打好了。大家接下来就要朝着破解悲剧故事型的方向努力了。"

客户："我觉得自己每时、每分、每秒都在大雨中行走，直到筋疲力尽。但是这场雨好像永远不会停。"

萨老师点评："好，她说出来了一个画面和比喻。谁来接上？"

学员 B："当你在雨中行走的时候，雨越下越大，你一直在往前走。这个时候有人拿着一把伞在后面喊你的名字，你一听就知道是谁，而且会转向他、到他的伞下去。那个人会是谁？"

客户："应该是我孩子吧。"

（演示中讨论）

学员："这意思是说，孩子就是她的支撑力量吗？"

萨老师："我们先把这个画面放一放，回到悲剧型故事的开始：她刚才讲了一个悲剧性的故事：一个人撑着一个家，而且迷失了自我。处理悲剧型故事的流程是什么？首先要接受她的故事，感谢她。"

学员："从哪开始进入呢？婚前、婚后，还是其他什么时候？"

萨老师："问她：'你什么时候开始有这种感受的？'"

学员 B："谢谢你刚才的分享。你的这种感受是从什么时候开始有的？"

客户："从孩子出生以后吧。那时候家庭条件一下子变得很拮据，我原来在老家的公司也开不出工资了。我先生常年在外地，我一个人带孩子，就会觉得没有人理解我、支持我。"

学员 B："你一个人带孩子很辛苦；你面对这种很艰辛的处境时，是孩子让你坚持下来的吗？"

萨老师点评："等一下，你已经开始寻找力量了。但咱们想一下：处理悲剧性故事时先要干什么？肯定她的痛苦。对于她刚才那段话，要先做平行表述，再肯定她的痛苦。好，谁来做平行表述？"

学员 C："你刚才说：孩子出生以后，家庭生活压力突然变大了：老家的公司开不出工资，先生又长期在外地，你认为没有人在身边。我能感受到这期间你一个人带着孩子挺艰难的。"

萨老师点评："等一下，你刚才说'你认为没有人在身边陪着你'，这个'你认为'是没必要的。因为事实就是没有人在身边陪着，除了自己的孩子。"

学员 C："她刚才自己说'觉得'。"

萨老师点评："这是她的口头禅，但这里她所说的不是观点，而是事实。引述事实就不用说'你认为'了。如果她说：'我觉得我老公不爱我'，就要加'你认为'或者'你感受到'，而不能直接说'你老公不爱你'。"

谁来做一下完整充分的肯定痛苦？不仅要结合这个部分，还要结合前面的表述，这个悲剧性故事中的全部痛苦都要给客户肯定一遍。"

学员C："我有个问题：这个时候是再平行表述一遍，然后加上肯定痛苦吗？"

萨老师："刚才已经做了两次平行表述，现在直接肯定痛苦就行了；当然在肯定的过程中也需要加入细节，有点像总结；要把她的痛苦总结一遍之后反馈给她。"

学员D："刚才听你的描述，我觉得你确实很不容易：以前你天真烂漫、热爱写作和文艺活动，但是你觉得自己结婚后被改变了，不像以前那样了，非常可惜；有了孩子以后，老公在外地工作，你一个人带着孩子，身边没有人支持和帮助，非常无助；你认为老公可能不太成熟，所以你需要一个人背井离乡，在北京打拼；当你在天桥往下看车流人流的时候，感到非常孤单。"

（演示中讨论）

客户："首先，我觉得她自带辅导特质的声音很能安慰人；但她声音越来越小、越来越悲催，感觉她说的比我说的还惨。然后，我觉得有点太具体：没有必要加'站在天桥上往下看'。我都已经这么惨了；平行表述的时候没必要重复这个场景，总结感受、提供支持就可以了。"

萨老师："对，辅导者的声音真的是天赋。3V1B里声音是很重要的一项，D同学的声音不断变小，到后面就已经需要非常费力才能听清了。"

学员D："因为我后面记不得了，就想要看笔记，感到很心虚，所以声音越来越小。"

萨老师："还有，你经常用'觉得'这个词，但我们曾经讲过不要用'觉得'。事实部分可以用'你经历了'；想法部分用'你认为'；感受部分则可以用'你感受到'。基本功不要丢，尽量避免用'你觉得'，说每句话都要注意。你的总结太细，由于前面的人已经做了两个很漂亮的平行表述，就没有必要事无巨细地复述，点到为止就可以了。

好，接下来谁再来肯定一次客户的痛苦？大家快速地回忆一遍：她有几方面的痛苦？在辅导过程中，肯定痛苦之前先分类是一个很好的技巧，之后就可以按划分的类别来肯定她。注意不要按时间顺序，也不要按她表述的顺序。"

学员："孤独、不被理解。"

萨老师："对，孤独。她的画面里流露出来的孤独，大家完全能体会到。"

学员："那么能讲述孤独这个词吗？"

萨老师:"我们分类时可以用'孤独'概括这一类感受,但表述时就不能再用这个词。"

学员:"是因为这个词太负面吗?"

萨老师:"对。这种词由你的口中说出来,就坐实了。经济压力、生活拮据可以归为一类。没钱是很实际的问题,真是很容易连累生活的各个方面。所以,在任何的辅导中,经济压力这一项千万不要忽略。你自己即使没有经济压力,也一定要知道:任何居住在城市里、活在经济压力下的人,生理、心理、人际关系、社会系统等都很容易处在亚健康状态。除了孤独,还有呢?"

学员:"不被理解;婚姻中没有支持和陪伴,情感需求落空。"

萨:"对,她的婚姻中没有支持和陪伴,情感需求也就落空了。还有一点非常重要:她在承受独自抚养孩子的压力,而且孩子还是个新生儿。对一个处在经济压力下,无法聘请保姆的母亲来说,这个工作量太大了,很可能导致体力透支、缺乏睡眠。虽然她在讲述中把这一点和婚姻搅在一起,但你在分辨的时候要把它单独拎出来。"

助教:"一个是情感需求、一个是体力透支,还有就是丧失自我;包括刚才说的落差:她从一个独立工作的、有自己社会地位的女性,变成了一个没有出路、没有前途、没有钱、没有美貌、没有交际圈,只有一个娃的状态,其实就表明了自我的丧失或者被剥夺。这四类是不是概括全了?"

萨老师:"概括得非常好。你与其按她说的顺序再讲一遍,还不如给她抽丝剥茧,简单地说出每一条就行了。我有时候会直接说:'这样看来,你承受了四方面的压力:第一……第二……第三……第四……'好,我们已经整理出分类了,谁再来示范一遍?大家还记得总结的流程吗?要先叫对方的名字,然后再总结。"

学员E:"××,你刚才分享了这么多,我们现在来总结一下吧。看起来你正在经历四方面的痛苦:首先是经济压力,因为现在生活很拮据,没有工资;第二是婚姻压力,因为丈夫长期在外地出差,没有在你身边陪伴,你有一个感情上的需求;第三,这段时间孩子刚出生,而你自己带孩子,导致身心压力都很大;第四,长期处于这种生活方式中,可能让你有些丧失自我。是这样吗?"

萨老师点评:"咱们在笔记上可以写丧失自我,但你不能直接跟客户这么说,而要换一个方式。"

学员:"那么,'经济拮据''压力很大'好像也不能说?"

萨老师:"对,有些是她自己说的,所以咱们要换成'不宽裕'这种说法。我们总的原则是：表述要比客户的表述上扬一些，不能再往下走了。E同学的总结整体还是不错的，但要注意这些细节，不要用'丧失自我'这种比她所说的内容更消极的词。你表述的时候，可以用一些被动语态，比如：'为了这个婚姻和家庭，你不断被牺牲'；或者：'你不断地被这些外在的责任和压力挤占时间'。这种方式把她放在一个被动的状态，表述得很伟大，比'丧失自我'好很多。辅导过程中好多细节都要注意，一个词都不能说错，所以这是个高消耗的脑力劳动。

好，肯定痛苦之后，大家接着练一下找力量吧。"

学员："这时候客户可能已经哭了。"

萨老师："是啊，到这一步客户已经很需要安慰了。这时候我会加一句：'这四重压力加在你一个人的身上，换成另一个人估计早就崩溃了'，这就顺理成章地完成了过渡，可以开始寻找力量了。就是要让她自己讲述，你直接问就行了。"

学员F："在这四重压力之下，是什么力量支撑你走出来的？"

萨老师点评："不要用'走出来'，因为她还没有走出来。我们可以用'走过来'。"

客户："是我的孩子。因为我不想让她再像我这样成长，希望她可以有更好的条件或者更好的教育，不必重复和我一样的人生。"

萨老师点评："她说了是因为女儿。这时候如果你不知道该怎么办，就可以继续做平行表述。谁来把她刚才说的这一段做个平行表述？"

学员E："虽然你一直在经历着这么大的压力，但你的女儿一直支撑着你往前走。你想给她更好的生活条件，让她过上比你更好的生活。这对你来说是一个特别大的力量，是吗？"

客户："对，其实不光是物质方面，我也希望她活成和我不一样的人。"

萨老师点评："不错，平行表述之后她又说出了新内容。这是很厉害的：即使今天她成了自我被碾压的样子，但她希望女儿能有一个独立、自由的自我；这背后就是无条件的、牺牲的母爱，是很厉害的。"

学员："这时候可以表达一下自己作为辅导师的感受吗？"

萨老师："可以。"

学员E："其实我听你这样讲觉得特别感动。我看到一个很坚强、很有力量，特别爱女儿的母亲。你自己承受了那么多，但是为了给女儿一个更好的将来、更自由的生命状态，你什么都可以去承受。我觉得这是一种特别大的力量。我可以再展望一下吗？我认为这是你身上特别坚强的一种力量，它完全可以支撑你和你的家庭，让你们走向一个特别光明的将来。"

萨老师点评："前面非常好，但展望得有点快了。肯定她的力量、说自己很感动，是比较好的；辅导师流露自己的情感时，需要给对方一个情感缓冲；她可能会哭。"

学员："她要真哭了怎么办？"

萨老师："如果她哭了，而你自己也比较动情，可以说：'我也被你感动了'；这就是对她哭泣的很好的回应。其实你总结的那句话确实很感动人。你说：'作为一个母亲，你愿意无条件为了孩子承受那么多，让我觉得很感动。'语言的精准是非常重要的：你说一大堆啰啰唆唆、平淡无奇的话，和精准地说一句：'你宁愿碾压自己，也要给女儿一个自由、独立的人生'，效果是很不一样的。"

学员："这时可以自己表达是吗？不需要用她的原话？"

萨老师："可以，但是我不会直接说'碾压'这个词。你的总结好像把她自己某种没有处理好的情绪升华了；她经历这一切时，原本没想到是'为了孩子的独立、健康'。之前她只会觉得自己很悲剧，但她现在心里会有种'值了'的感觉：因为她的力量已经被挖掘出来了。这时候大家可以进行到比喻破解环节了。"

学员："是站在桥上的比喻吗？"

萨老师："对，可以先破解她站在桥上、感到没有家的这个比喻。"

学员："我们需要给她描述，还是让她自己再展望一下？"

萨老师："比如说，她一开始给了一个比喻，但那时你没有足够的故事和支撑来破解这个比喻，你就只能硬'扭'。但是，你按照悲剧性故事的破解流程走到这一步之后，已经看到她的力量了，这时就可以想办法更好地破解这个比喻。你可以旧话重提：'你刚才进来的时候，提到自己认为现在的人生是这样一个画面……'然后就开始扭转这个画面。

我在上初级班第一课时，就要求每个人有自己独立的笔记本、要尽量精准地记笔记，因为将来的练习很多时候要依赖这个笔记。不要用别人的笔记，自己写下的才是自己的。

谁把这前半句比喻破解一下？我们半句半句地来。"

学员F："××，你之前提到一个画面：你一个人站在北京的天桥上，感到来来往往的人都是虚化的、下面的车流都是光线；就只有你一个人孤独地站在那里，看着远处的高楼大厦，那里没有属于你的家。"

萨老师点评："可以想想怎么'扭一下'这个画面。"

学员F："其实你一直希望给女儿一个更美好的未来，这种力量就在你内心。你可以展望一下那时是什么样子，比如说：你还是站在天桥上，看到一个更美好的景象：你的女儿和你的丈夫一块走来。想象一下这个画面。"

萨老师点评："等一下，大家还记得吗？我们破解比喻时，要用画面语言来说，所以我们不能说'你一直希望给女儿一个更美好的未来'。你知道她有这个力量，但不能说'这种力量就在你内心；你想象一下这个画面'；而应该直接进入这个画面，给她加一些东西或者'扭一下'，撬开一个突破口。"

学员F："我可以设想她女儿进入画面吗？"

萨老师："可以啊，或者你给她提供一些选择。你之前规定得太细了：'看到你女儿和老公走过来'，这就是你给她补充画面了。你可以给她一些可选择的因素，让她自己来补充。"

学员F："你原本看到人和车都是虚的，假如有一个人影慢慢走近你、变得清晰起来，那会是谁？"

萨老师点评："对，这么说很好，这就是在使用画面语言。"

其他学员："是啊，非常棒！心里一下子就非常感动！"

客户："我刚才也在想有人慢慢进来、走到我身边，这个人就是我老公。他问我：'可以跟我回家吗？'"

萨老师："这时她已经好了一半了。"

学员："应该再强化一下这个画面，还是考虑怎么接话，我不知道接下来该往哪个方向走。"

萨老师："你在之前的基础上可以再加几句：'这个城市就不再是你过去眼中那个只有车来车往的城市，而是一个有家的城市。'甚至可以说：'以前你认为，夜幕下那么多的灯里没有一盏是你的；现在这些灯一盏盏暗下去，但在远远的一个高楼上有一个小亮点，那就是你的家。你将会和老公、女儿拉着手，一起回到那里。'然后可以问她：'这是你内心真正期待的生活吗？'"

示范总结：

画面能够挖掘人内心最深的期待。客户说到一个具体画面的时候，内心是不设防的；而当他直接在理性层面表述时，往往是设防的。刚才示例中扮演的那个客户不太愿意展露自己对爱情、婚姻的期待，就拿女儿当"挡箭牌"；但是当她在描述画面时，在展望过程中第一个出现的人影是她老公，是老公牵着她女儿。所以，她最深的渴望其实还是她老公，或者说是一个完整的家。进行到这一步，就可以把这个画面转化为目标了，这样客户就从悲剧性故事中走出来了。咱们破解悲剧性故事，不仅在于找到支撑她的力量，更需要确定她真正想要什么。

好，那我们想一想：怎样才能使她有三个人在一起的、完整的家？如果我是她辅导师，我会让她首先加强自我照顾。我会顺着她说："你为了女儿可以牺牲一切，但是我们都知道：女儿最需要的是一个健康、快乐的妈妈。"然后，我可能会教她、引导她怎么照顾自己、保持自己心情愉快，使她慢慢重拾自我；也可能再教她在接下来的人生中怎么做家庭规划。如果她老公和她的感情之前有一些问题的话，我会再指导她怎么和丈夫修复关系。所以，这个比喻画面扭转之后，辅导就在朝着一个建设性的、积极的方向发展了，这就已经帮助她走出这个人生悲剧了。

接下来就是技术问题了：自我照顾、交往技巧、婚姻辅导、职业规划、人生规划，等等。如果她自己不会，就要调动她的资源，让会的人能够帮到她，或者至少将她向这个方向引导。比如说，假如这个妈妈睡眠非常成问题，你也不是什么睡眠大师，但你至少可以给她指出一个方向："你现在的睡眠状况需要调整。我这边资源有限，但我可以推荐你去……"，或者说："你可以去医院开点药"之类的，要给她指引一个方向。再比如，即使你不懂职业规划，也可以问："你身边有没有懂职业规划的人，或者曾经跟你处境差不多，但已经化险为夷的人？你可以去咨询他们"，一定要调动她的积极性，让她朝着她想要的结果向前走。只有客户本人热切渴望的目标，才能全力以赴去实现。我们辅导师只是把希望的种子种在他的心田，并呵护它破土而出，真正使它成长的，是他自己内在的生命力量。

到这一步，就基本算是做了一个完整的悲剧故事型破解加比喻画面的扭转。

破解比喻脑力消耗很大，而且要求很强的感受力，这确实不容易做到，需要一定的修养——包括你的感官认知、逻辑思维和话语的组织能力。大家觉得有点难、不太容易掌握也没关系，这是辅导中较难的一个部分了。大家不要有挫败感，因为要想运用好这项技能，只能不断练习。各种技能和知识点都在这里复合、杂糅；如果只是单纯掌握理论，就好像你学唱歌，就算记了一大本笔记，不开口唱，也永远学不好。大家学知识是没问题的，但是记住：一定要实操。

 老师寄语

俗话说："江山易改，禀性难移"，改变一个人是最困难的事情。我们做辅导工作非常艰难，时常会反反复复、进三步退两步。不要期待自己学了这些知识和技能，就能轻松把人转变成什么样。

你可能会在辅导过程中体会到深深的挫败感：被辅导者可能会有后退的时候、有不信任你的时候；你可能付出了很多，但被辅导者并没什么改变。但是，我们要坚信一点：只要你使用正确的方式和技巧，心怀爱意去帮扶一个人，你就要确信自己走在正确的路上；你做的每一件正确的事情，都会有个好的结果，只不过当时可能显现不出来。最终，这个被你辅导的人会经历蜕变，破茧成蝶。虽然这些你都没有看到，但是你要知道："后人乘凉"是因为有"前人栽树"，真理必然会使人成长。

在这个过程中我们需要确认的是：我们在用正确的方法、正确的途径、正确的技能对待这个人。我们的每一句话、每一次陪伴、每一次辅导，都不会白费，这些都在帮他"填坑"。一个人的生命中有山有谷，那些坑洼都要被填满、大小山冈都要被削平，他才能继续前行，我们所做的就是帮他开路。很多人身上充满负能量、内心充斥着各种谎言；他们的灵魂残破、扭曲、被捆绑，我们就要用专业方法来化解。我们所有的投入都不会白费。所以我们要克制自己的不耐烦，尤其对那种"车轱辘话"很多的人：这样的人今天说的事情和一两年前说的似乎没什么差别，反反复复纠结于同样的问题。我们要放招、学招，把这些内化为自己真正的技能。

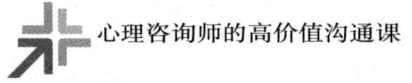

本讲附录：

奇迹问题之"空椅子"

很多人来辅导，可能只是想解决眼下最棘手的一些问题，但是你用自己所学的知识，比如前面我们练习过的展望、比喻、画面之类的技能，就能够意识到这些可能只是表面问题。我们需要知道：他内心真正缺失的是什么？他最深的渴望是什么？

大家在实操中用提问的方式引导客户、挖掘客户深层问题的时候，有一个很实用的"奇迹问题"叫"空椅子"。

"空椅子"技能不能随便使用，一定要在你们已经建立非常深厚的信任关系之后。因为这时你对他的故事已经非常了解，知道他的心结在哪里：可能在一个人身上、可能在自己的某一段回忆里，也可能在对未来的某个期待里。使用这个技能时，你要把他的心结具体化为一个人：在咨询室里备一把空椅子，辅导进行到一定程度的时候就把椅子放到他面前，同时可以把辅导室里的光线调暗一点，针对他的心结说："现在请你想象：坐在这个椅子上的就是你的父亲/过去的你/9岁遭遇那件事的你/两年后的你/已经实现了目标的你/……你现在想对椅子上的人说些什么？"你可能需要等待一段比较长的时间，因为对方没有被这样辅导过，可能有点尴尬、不能进入状态。但是，你只需耐心沉默地等待，直到对方开始说话。他可能在诉说时会不时地看你，这时你要提醒她："你不要看我，看椅子上那个人，对他说话就行。"

学员："这个人是帮他解决问题的人、给他力量的人、伤害过他的人，还是别的什么人？"

萨老师："都可以，这由你决定。"

学员："用这个技能的目的是什么？"

萨老师："这个技能让人有机会把内心深处的情感宣泄出来。我发现用这个技能的时候，几乎没有人不哭的，而且经常是还没开口就开始哭。有一个客户年纪已经挺大了，但父亲一直不接纳他。我们使用空椅子技能的时候，他就在哭泣的同时用家乡话说了很多，大意就是：'我真希望在小时候你能陪我多玩一会儿……。'"

你们目前还在初学阶段，先不要使用这个技能，因为它会释放出巨大的情绪能量，初学者可能会无法掌控。

第七讲
对峙（面峙）

在前面的课程中，我们一直强调不要提意见，这可把刚开始学辅导的人憋坏了：我有一箩筐的意见怎么办？不提意见，客户怎么能改变？本章要讲的 confrontation，中文译为对峙或者面峙（这两种翻译在下文中都会使用），就是辅导进行到一定的阶段，让客户发生改变的一个关键环节。

我们先介绍面峙的注意事项，再讲怎么用：

第一，不需要用面峙的情况

不是所有的人都需要用到面峙，我们需要评估：有一些客户非常积极主动，愿意改变，也一直在发生着改变，这种就不需要用面峙，用之前学过的技能帮扶他就可以。

第二，使用面峙要有节制

即使评估之后发现需要用面峙，也要非常少量和节制地使用。因为这个技能用起来虽然很"爽"，但用多了，对方会有被揭穿的感觉，对你的信任感就会迅速消失。所以一定要少量、在关键的点上使用，不要滥用。

第三，使用前需要打底

做面峙之前仍然需要打底，必须确保已经跟他建立了信任关系，而且你已经充分地了解了他的故事、知道了他的力量，已经用 3V1B 做了平行表述和总结。一旦使用面峙，力量或者破坏性都是很大的。

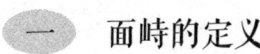
一　面峙的定义

什么叫面峙？我们为什么要使用面峙？怎么评估一个人该不该使用面峙？

这里有一个关键词叫"卡住"；如果这个人已经被辅导过一段时间了，但他总是在一个困境之中，或者总是在一个问题上反复纠结，就是"卡住"了。

这种状态带来的是不改变、不成长，辅导进行到这一步就很难往下走。这种死循环的状态会发展成一种强迫性的重复，使被辅导者无力实现目标，缺乏成长的动力，使辅导陷入僵局。

这个情况需要仔细鉴别。人在辅导过程中停止成长，有时候不一定是"卡住"了，也可能是在经历由量变到质变的过程：他可能没有像你期待的那样快速解决自己的问题，而是需要一段时间。这种情况不需要按照"卡住"来处理。他只是"成长得慢"，或者说在积蓄能量。

怎样才是"卡住"了呢？

一种是你观察到他的意识一直没有改变、没有突破，他自己也没意识到，这是他的盲区；

另外一种是他放弃改变——心灰意懒、得过且过、烂船就着烂船划，划到船沉为止。

这两种情况的分辨是有难度的，具体方法是看他的状态是否由冲突造成。一个人如果长期处于某种不平衡的内部或者外部冲突状态，他就会在其中找到一个舒适的位置。

比如，一个人想要翻墙，结果卡在了墙上；想了各种办法，既翻不过去也下不来，这就是所谓失衡的状态。他想：反正我翻不过去也下不来，干脆就这样吧。于是他调整了一下自己，用最舒服的姿势趴在了墙上。

再比如，一个人在婚姻中很不幸，一直处在冲突中，有内部的也有外部的。人在这种失衡的状态中是无法持续生活的，所以他就又找了一个办法——出轨，这样就又恢复了某种平衡：他的各方面需求在婚姻之外被满足了。这其实也是"卡在墙上，然后找一个舒适位置"。

人很多时候无意识地进入了这样的"骑墙"状态。他们明知这样不对，但无力改变，任其僵死。

在辅导中的故事重述阶段，confrontation（面峙）就是一个很实用的技能。我们在倾听他的故事的时候，要记住他在哪卡住了，然后利用面峙技能帮助他面对自己的真实处境。

案例

我最近去福州的时候，有一天和一个跟我学过心理咨询的朋友聊天，她就针对我做事情常常虎头蛇尾、后劲不足的问题使用了面峙法，让我茅塞顿开、痛下决心"重新做人"。那时候她就好像是把我卡住的地方给松开了。这以后我并不是马上就改变了,而是像血管里的血栓被疏通之后,血液恢复畅通一样,力量就源源不断地涌出了。目前,我基本已从困扰自己30多年的被卡住的状态里出来了。

这对我来说是挺关键的一个事件。我第一次蜕变就是借助扭转比喻,从原生家庭的限制、从过去的状态里出来了;面峙是我的第二个转折点。虽然身为辅导师,有时候别人用我教的技能来辅导我,对我的帮助也是非常大的。

二　面峙的步骤

1. 寻找混合信息里的冲突

如果一个人处在冲突的状态,那么这个冲突一定会透过他的动作表情、语气语调、说话内容表现出来,显示出这个人正处于失衡状态。人是非常复杂的综合体,我们需要有一双慧眼,找到他不统一、不一致的地方。很少有人是完全统一的。

中国的各种成语,比如:绵里藏针、笑里藏刀、外强中干、大道至简等,都体现了某种不统一。

中国的戏曲中有一种表现手法叫紧拉慢唱。比如京剧演员唱得特别缓慢,但是他的伴奏却又急又快。这表达出的就是非常矛盾、非常丰富的情感,往往属于最煽情的部分。虽然他唱得很缓慢,但是伴奏的急促,让观众感受到他内在的巨大张力。

电影学中有一个概念叫作"情感两极",这也是只有人能产生的一种高级混合信息。例如高兴的正常表现是笑、悲伤的正常表现是哭,但如果高兴到了极点,我们会用"喜极而泣"来形容;悲伤到了极点——例如目睹亲人被杀时,有人则会忽然仰天大笑。一个人在极度悲伤之时,大笑是比大哭更恐怖的事情,说明他内心承受了更强烈的痛苦,已经在精神崩溃的边缘。这些都是矛盾的体现。

案例

我在美国读书的时候,有一天老师请所有人去吃中式自助餐,当然选择吃中餐也是为了honor我。我那天其实痛经,身体不太舒服,但是我不想扫大家的兴，于是就表现得非常正常，和大家一起去吃饭。落座后不久，老师就过来很关切地问："Salinna，你是不是很疼？"

当时我一直在和大家聊天，而且笑得很开心。所以我很惊讶："你怎么知道的？"

他说："我看见你坐在这，幅度较大地扭了一下；你手上有肌肉棱角，但是表情又显得比较轻松。你的文化、性格决定了你不会毫无理由地做这种大幅度动作，所以我猜你应该不是不高兴，而是在经历生理上的疼痛。"

他说这些，丝毫不让我觉得自己被观察了，或者被看透了；相反，意识到他这么了解我，我觉得很贴心、很温暖，被爱到了。

发现混合信息，对辅导者的理解力和观察能力要求很高。还是举我老师的例子：

有一次他跟我聊天时说："你和你老公相处的时候，遇到困难了吗？"

我问："你怎么知道？你既没跟他聊过天，也没跟他接触过。"

他说："我每次看到他，发现他的拳头都是紧握的，这表明他内心可能非常紧张、压力很大。这样对你们之间的关系肯定会有一些影响，可以预料你们的交往模式中出现了困境。"

所以，我只要在我老师的办公室待不到 5 分钟，我是个怎样的人、正面临什么问题、想解决什么问题，他很快就能明白。说句玩笑话：咱们学辅导，就算不做心理辅导师，还可以去摆摊相面。

2. 找矛盾

我们由易到难来讲：

（1）第一种：说话内容前后不一致

如果把一个人所说的话录下来回放，就会发现有很多前后矛盾的地方；不用一一揪出来，但你要有这个意识：他所说的内容是有矛盾的。

一个处在失衡状态的人，因为内心是混乱的，所以他在讲述中总是会不知不觉暴露出突破口。

> **案例**
>
> 有一个妈妈，从头到尾都在说她刚上大一的儿子：她一会儿担心儿子将来是要出国还是考研；一会儿怕他太早谈恋爱；一会儿又怕他心理压力大；一会儿又怕他太懂事……从头到尾全都是在说这些焦虑的事情。

我问：这些方面你能做什么？你自己对他的期待是什么？

她说：其实我就希望他健健康康、幸福快乐。

如果这位妈妈只有这样的期待，就不会这样焦虑。但她是真心这样认为的吗？她是真心期待孩子健康。她说："我只期待儿子健健康康、幸福快乐"；但是她在过去的几十分钟所讲的内容，体现出她想要的远远不止这一点。

再比如一个人说："等我挣够了钱，就好好陪家人。"这里的矛盾是什么？是优先次序的问题。他的表述给自己的暗示是："家人是更重要的"；但实际上在他的逻辑里，挣钱是更重要的。这就是一个混合信息：他所说的内容自相矛盾。

(2) 第二种：3V1B 和所说的内容不一致

比如一个人失恋了，嘴上说无所谓，但同时他眼神躲闪、手摸脖子或者握拳。很明显，他非常在意这件事。

再比如，一个客户一进门就跟我说："萨老师，我这周可好了，好多方面都成长、改变了。"我就笑呵呵地夸她；但是我观察到她的身体是紧张的——她在掩饰；我知道她并不好，但是她想在我这里表现出来她很好；或者说她给自己暗示：我挺好的。

我们一开始学习 3V1B 是用来注意自己；但是学习之后，同时也可以观察别人所说的内容和他的 3V1B 之间是不是一致。

例如，一个童年受到虐待的幸存者给你讲述他过去非常悲惨的、被虐待的经历时，是笑着说的，好像在说别人的事一样，这也是不一致。这种情况一般是怎么发生的呢？他可能是在掩饰自己的羞耻感，也可能是不想让人同情——他已经学会了用笑的伪装来掩盖疼痛；他可能明白了一点：在这个世界上不能把自己的软肋和脆弱展示给别人看。

(3) 第三种：语言和行动不一致

例如一个妻子之前跟你说："我丈夫是我们家的头儿；我非常尊重我的丈夫，什么事都顺服他"，但是她来找你辅导的时候却说："我刚才又跟老公吵架了。他一回家，我就把他劈头盖脸骂了一顿，看着他就不顺眼！"她可能真心以为自己尊重丈夫，但是在她表述的对待丈夫的方式中，其实能看出来根本没有尊重。所以你要记下来她所说和所做的，来找混合信息的前后不一致。

我辅导过一对夫妻。妻子说："我为这个家付出了很多"，她是真心这么认为的。然而当她的老公问："你能不能举出一件你为这个家做的事？"妻子就回答:"我给你生了两个孩子。"这就是一个混合信息——她其实是一个非常以自我为中心、丝毫不替别人考虑的妻子;她老公所说的她的各种行为和她自己的表述之间的矛盾,就足以证明她说的话是不客观的。

(4) 第四种:行为和行为之间不一致

这种情况很常见:比如妈妈有的时候对孩子很凶,有时候又对孩子特别好。孩子就会比较混乱:到底哪个妈妈才是正常的妈妈?

(5) 第五种:认知和常识的不一致

例如,一个人表述了一些他的认知,你判断出他的认知是和常识不一致的,这就属于一个混合信息。这也很常见,有点像刻板印象。我们经常会遇到有各种各样奇奇怪怪想法的人。比如,有的人认为一生的福分是限定的,早享受了就早死,所以就要过得苦一点,这样才能长长久久。

通过以上五种方法找矛盾,找出他的冲突点及需要攻破的地方。其实我们每个人都有一团矛盾。正如某个大哲学家所说:人生就是一团矛盾。

三 询问和指出

绝大多数人对自己的矛盾是不自知的,所以需要我们去询问并指出。询问和指出的过程中要注入力量,因为这往往是他改变的一个关键点。需要给他加点油,他才能把这个坎迈过去。

要有技巧地询问和指出——用抛出问题请教的方式,而不能直接指出问题,也不能攻击和质问。我们永远不能告诉别人:你这里不对、那里有问题,你得悔改。你的态度一定不能是批判性的,要像破解刻板印象时那样,自然地问他。当你那样问的时候,很多客户自己就开始发现问题了。

询问和指出操作流程:

(1) 在抛出这个问题之前,最好做一个平行表述或者总结。

(2) 先叫对方名字,比如说:"××,刚才听完你说的这些,我有一点不理解",或者说:"我有一个地方没搞明白,希望你帮我解释/澄清一下";具体说法根据情况来定。

(3) 之后的句型可以用:"一方面……,另一方面你似乎……",指出矛盾的两个方面。注意要说"你似乎",不能说"你就是",否则就把问题定性了。

(4) 然后问:"你是怎样让这两者并存的呢?"或者说:"你是怎样在这种

矛盾的情况下保持平衡的？"

练习一：特别爱儿子的妈妈

学员：阿姨，听完你说的这些，我能感受到你特别爱儿子。但我有些地方没搞明白，请你解释一下：一方面，你说你唯一的期待是儿子健健康康、幸福快乐；另一方面，你似乎又特别担心他的恋爱、出国、工作之类的事。所以我不是特别明白：你的期待与你的担心焦虑这些是怎么共存的？

点评：不错。这里就是要把她自己没有意识到的矛盾清清楚楚地摆在她面前，请她解释一下怎么做到让矛盾并存的，这个面峙做得有些生硬，但路数是对的。

练习二：一个人笑着讲述了自己的悲惨经历

学员："××，我刚听完了你所说的内容，有一个地方不是很清楚，希望你能解释一下：我观察到你所表现出来的状态很轻松，从头到尾都是笑着。但是你讲述的经历本身很沉重……你是如何做到的呢？

点评：这样是可以的，但是如果要把它做得更好的话，可以展示你正常的情感。比如可以说："我观察到你是笑着的，但是你讲的故事非常痛苦。听了你的这个故事，我都心疼，你难道不心疼自己吗？"使用这一技巧，好多人直接就哭了：因为他没有被这样对待过，一直用坚强的外壳把自己包起来，然后一下子被你用这样的方式戳破了，他可能会突然觉得被理解。

练习三：男生嘴上表示分手无所谓，但是身体语言躲闪、紧张

学员："××，一方面我听到你说自己对分手无所谓；但是另一方面，我观察到你在说这些的时候表情有些失落。你能解释一下，你当时经历了什么吗？"

点评：这里他说自己很轻松，但是身体语言表现出很难过；你即使观察到了也不能说破，否则对方会感到你心机很重，有种被戳破的感觉。这个稍微有点难，这种情况下还有另外一种对峙方法，叫作沉默：你什么都不用说，只要笑眯眯地看着他。他演不下去了，自己就知道不一致了。在 3V1B 不和谐的时候，可以试试用沉默对峙。

练习四：妻子说她很尊重丈夫，但经常回家把丈夫臭骂一顿

学员："一方面，我听到你刚才说自己非常尊重丈夫；但是另一方面你也提到，你经常在丈夫回家时把他臭骂一顿。我不太理解：这两者是如何长期共存的？"

练习五：妈妈有的时候对孩子很凶，有的时候对孩子很好

学员：我记得你之前提到过，自己和孩子有非常快乐亲密的时光；但在另

外一些情况下，你会突然暴怒、对孩子发火，之后又会后悔。你能不能为我解释一下：是什么导致了这两种截然不同的情况发生在你的身上？"

帮客户指出这些矛盾之后，要继续支持、鼓励他去寻找问题的根源，可以用破解故事型的方式去操作。很多时候，你把具体冲突抛出来之后，他自己就开始探索了。

对于认知和常识不一致的情况，你可以说："××，我有一些不理解的地方；请你为我解释一下/我想确认一下，在你的理解之中是不是这样的？"直接举出另一方面（也就是常理）也行，比如说："但是这个解释听起来好像不太符合常理，我想知道你是不是真的这么认为的？"还可以说："我想知道，你是从什么时候开始这样想的？"指出不一致，然后还可以自然地说："我是不是漏掉了什么信息/忽略了某个重要的部分/这里是不是有什么缺失的部分，我还没理解到，因为听起来这两者好像不太能共存？"

做到这一步的时候，你就已经抛出了一个"重型炸弹"了，需要给对方一段时间来处理和消化。他一旦开始回应："我没想到，也不知道咋回事……"这时就需要给他注入力量了。

四　对于回应的应对

询问和指出之后，需要评估被辅导者的变化。通常你会得到五种类型的回应：

（1）第一种：否认

例如刚刚那个操心的妈妈可能会说："我没有，我就是希望他平安健康，没别的了！"这就是否认、不面对，自己觉得挺一致的。再比如说，自认为尊重丈夫的妻子可能会说："没有呀，我挺尊重他的！"

如果对方给出的回应是完全否定，那么有两种方法应对：

第一种：如果你发现他现在没有准备好来面峙，转变话题就好。比如说："这样啊，我可能理解错了。"因为你们的关系还没有发展到完全信任的那一步，他可能也没有勇气来面对自己的这个问题。

第二种："处境"，就是把他逼到死角，迫使他面对。比如对那位说自己尊重丈夫，又每天对老公发脾气的妻子，你可以说："哦，是这样啊。我想更详细地了解一下，每天你老公几点回家？""七点。""你老公进入家门，你们之间会发生什么样的对话？我希望了解一些更详细的内容。"让她自己描述，她可能会说:"我就说:'老公你回来啦。'"然后你就可以说:"是这样,我还记得你之前说过的争吵的状况,你来具体描述一下好吗?"这样去逼她面对。

不过我很少遇到完全给出否定答复的人,对方要是这样的人,可能就不会来做辅导了。

(2)第二种:部分察觉与接受

被辅导者意识到有问题了、有矛盾了,一般会有两种反应:协商或者愤怒。

协商就是找合理性;例如那位妻子说:"我是尊重我丈夫,但是我也有发脾气的时候,我老公太气人,换你会不生气吗?"她这时已经部分察觉到有矛盾,但是她在给自己找合理性。

至于愤怒的情况,她可能会说:"我就是没做好,但是我老公更不好;我已经努力尊重他了,但他就是这么个烂人!"如果到了这一步,就赶紧给她找个台阶下。比如说:"我挺欣赏你直接面对这件事的勇气/我挺理解你的这种反应。但是既然说出来了,咱们就继续聊一聊……"对她愿意面对这件事,要给予一个肯定。

(3)第三种:接受与认同

人到了这个阶段,往往会产生比较强烈的情感。

比如那个笑着讲述自己悲惨童年的人,在你指出矛盾的地方之后,他可能会哭;比如那个操心的妈妈可能会说:"还真是这样:我可能又想要孩子平安幸福,又希望他各个方面都成功,我可能要求得太多了……"她就开始接受和反省自己了。那个对孩子一会儿温柔、一会儿暴怒的妈妈,可能会说:"我的确是对孩子一会儿这样、一会儿那样,我自己都不知道是咋回事。"她就开始承认现状了。

被辅导者能够接受、认同,到这一步,接下来改变就顺风顺水,很容易了。

(4)第四种:产生新的解决办法

这也叫作早期超越。拿我自己举例子,我的一个朋友曾经对我说,她发现我在辅导工作上和在自己生活上的表现很不一致:工作上辅导别人的时候,我洞若观火、成熟稳重;但在自己的生活中有时就会显得孩童心理,甚至幼稚可笑。我认为她说得很对,非常接受与认同,她就陪我一起走回过去,探究这个矛盾究竟是怎么产生的。这就是全然的接受和认同,并且开始想着怎么来改变,是比较理想的一种状态。

(5) 第五步:发展出新的、更具包容性的构想模式

也叫作超越。基本没有人能直接自己从第一步到第五步,发展出新的、更大的、更具包容性的构想模式和行为。

案例

我在美国读书的时候,曾上过一位老教授的课。他是整个美国公认的希腊文专家,上课读课文时,看的是希腊文原文,嘴里直接翻成英文,非常有才能!他给我们上完那学期的课就该退休了。我们上课的时候看他总拿笔顶着腰,他腰疼,说等这学期的课结束了就去体检。退休没过几天,消息传来:他确诊为晚期胰腺癌。胰腺癌病情恶化很快,所以他面临着这样一个困境:一方面非常想继续活着,另一方面马上就活不了了。

他当时就给全校师生发了封信:"一方面我非常留恋世上的生活:我有我爱的妻子、孩子和学生们,我还想着继续做荣誉教授、为学校做贡献。但另一方面,疾病已经使我没有办法继续陪伴你们了。现在治疗已经没什么用了。我调整了自己的人生方案,接下来的目标就是好好享受剩下的每一天,和自己最爱的家人在一起,减少工作、拜访这些事情。我之后先走一步,在天国等着各位。"

他是个活明白了的人,从第一步直接跳跃到了第五步。他知道自己处在一个矛盾之中,这个矛盾没有办法解决。但是他直接超越了矛盾本身,以信心和爱给自己的一生赋予了新的意义。

当你指出矛盾之后,被辅导者的第一反应大相径庭:有的人一步就到第三阶段、有的人一步到第二阶段、有的人一步到第四阶段,也有的人经你引导之后到了第二阶段,再引导到了第三阶段,然后继续往下走。如果他接受了、认同了,你就陪他一起回到过去:这个"卡点"是怎么形成的?是什么时候开始卡住的?

一般的客户会集中在第二、第三、第四这几个阶段,第一阶段和第五阶段都很少见。但是,只要能到第二、第三、第四阶段,这个技能就使用成功了。如果是第二阶段,就要给他台阶下,引导他继续往下走;如果是第三阶段,就一起回溯,找一下问题的根源;到第四阶段,就可以与客户一同制订改变计划。

比如，那个情绪不稳定的妈妈完全接受、承认了她对孩子有时很温柔、有时很暴躁的事实，你就可以说："我很欣赏你能够面对自己的矛盾处境。其实当你这样爱孩子、跟他在一起亲密的时候，已经证明你心里是有爱的能力的，你是可以对孩子好的。现在你需要学习自我情绪的管理：怎样克制愤怒，或者说，我们来追溯一下你怒气的源头：你到底是在对孩子生气，还是在对自己、对你老公，或者对自己的工作压力生气？导致你生气的真正原因是什么？我们一起学着做更好的情绪管理。"

这样就进入了一个改变的流程。我们就可以教她更合适、更好的情绪管理办法、沟通技巧，教她怎样爱护孩子。

小结

最后要说明一下：一些无法改变的、非可控的事情不需要面峙。这种情况下，不要用面峙这一技巧，而要帮助他带着伤痕面对接下来的人生。

例如一些重大突发事件：比如失去孩子、失去亲人、罹患绝症，这一类情况不需要面峙。因为在充满罪恶和悲伤的世界中，每个人其实都要承受很多的伤痕和无奈。辅导不能解决一切问题，但是我们可以帮助他们带着伤痕继续往前走。

还要注意一点：通过不断的学习，我们会很轻易看到人们内在的矛盾冲突。所以在日常生活中，我们尽量不要使用这个技能；否则跟人相处，我们习惯性地发现这些矛盾之后，就想跟他面峙。

本讲附录：

"对峙"案例模拟示范

案例概要：

客户 M 女士的丈夫出轨，两人已经离婚；但她依然特别不甘心；前夫有严重的双向情感障碍，处在崩溃边缘。经过三次辅导，客户与辅导者已经达成一个共同的目标：不再用羞辱、讽刺、辱骂的话语刺激其前夫，先让前夫的精神状态得到一些恢复。

辅导者："最近怎么样？"

M 女士："唉，还行吧，又没稳住，这周又骂他了。他不是把我微信删了吗？所以我没事就发短信骂他。我心里实在太痛苦了、觉得忍受不了，我必须得骂他。所以，这一周就这样吧，还行。"

辅导者："你都骂他什么了呢？"

M 女士："就骂他不要脸、怎么这么狠心把孩子扔下……就这些。"

辅导者："你骂完他之后，心里会舒服一些吗？"

M 女士："当下舒服点，但是好像也没什么用，过一阵儿又会特别难受。"

辅导者："他现在状况怎么样？"

M 女士："他上周说自己病了，我觉得他肯定又去找那个女的了。本来我们说好了这周末陪孩子一起玩，结果他说他发烧了、吐了，就没过来。这个事情刺激了我，所以我就直接把孩子带走了，不让他见。"

助教："这时需要给客户做个总结，因为她说得比较多，需要一个平行表述。"

辅导者："你说你这周过得还行，你又发短信去骂了前夫。本来你们两个人约定周末带孩子一起出去玩，但是他生病了不能来，你一气之下带着孩子走了。"

M 女士："对。我还行吧，他可能不太好。反正我也骂了。"

辅导者："孩子呢？"

M 女士："孩子没事呀，都已经习惯了。"

学员："老师，是不是我这会儿就应该可以使用'对峙'了？比如：'咱们上次说过，你不会用没有礼貌的方式……'"

萨老师："可以，但是你没按步骤走。应该先说'我有个不理解的地方'，

下篇　进阶班／第七讲　对峙（面峙）

她这里其实已经有两个不一致的地方了，谁能先说说你们观察到的这两个不一致？"

学员："一是前面她有提到过：自己骂完前夫后并没有舒服、好受；后面她却说：'我还行吧，反正我就骂了……'二是她已经设立了目标不去骂前夫，但是她又骂了。"

萨老师："对。"

助教："可以再寻找一下客户内心可以挖掘的'力量'；因为对峙的时候，需要对客户进行一些肯定与鼓励。"

学员："这位客户做辅导的目的是想改善二人关系还是什么呢？"

萨老师："这个案子情况有些复杂。辅导的费用是前夫付的；他的目的是好聚好散，希望他也恢复一下精神健康。M女士的目标是想复合，还想让前夫回来跟她过日子。"

学员："所以她的'力量'在于：虽然他们离婚了，但是她还会为了孩子与前夫联系，一起带孩子去玩，等等？"

萨老师："可以算。她的力量其实是：她还是希望前夫能恢复精神健康，而且前三周配合得都挺好。所以可以直接对峙'说到没做到'这件事，然后想想用什么语气、什么句型最合适，与此同时，还要加入力量！"

辅导者："M女士，听您讲了上周这些事情之后，我有一点不理解：我们之前设定好的一个目标是以你前夫恢复精神健康为先，然后去重新整理自己的生活。但是，你上周的一些行为也确实又回到了之前的模式。我不明白的是：是什么原因、什么情况造成你又回到之前的状态了呢？"

萨老师："好，大家评估一下，客户听到这段话会怎么样？"

学员："我会发怒，因为这里的对话走向是往下压的。"

萨老师："对，没有注入力量。"

助教："辅导者此时在过于具体地询问原因，总是在问'为什么'。一般来说，辅导者应当尽量避免问为什么，否则有'质问感'，会让人觉得不舒服。我们之前教的句式是：'这两者是如何并存的？'作用也是让他分析原因，但不会直接质问。"

学员："这个案例存在矛盾吗？我一直没有太理解。情绪失控不是很正常的吗？"

助教："存在。客户之前已经计划善待她的前夫，好让他走出双向情感障碍。"

学员："但比如说，我也有一个好的目标：要一直好好说话，可有时候也控制不了。"

萨老师："那这个也可以加入对峙问题中'你的理解成分'里。"

辅导者："M女士，我想这周你其实过得挺不容易的。听你说，前夫本来约定好了看孩子，但实际又爽约，这也激怒了你。不过这里我有一点不太理解，请你为我解释一下：一方面，我们之前谈过3次，你有特别好的一个意愿——帮助你的前夫从双向情感障碍里走出来，同时也有一些怎样善待他的计划。但这周你的行动与你的计划稍稍有些不同，所以这两者在这一周里是如何共存的？"

萨老师："好多了。"

学员："但是我有些紧张，不知道后面该怎么注入力量。"

萨老师："这已经很不错了。我当时用的不是'如何共存'，而是'我是不是错过了什么信息？''我是不是有一些重要的事情没有了解？'这样她的心理防线就降到最低。下面客户开始回应，然后你们再来判断她处于五个回应级别中的哪一个。"

M女士："人嘛，此一时，彼一时。前面几周我也努力克制了，但是这个时候就觉得太痛苦了：为什么都得我来承受这个痛苦？本来是他犯的错，为什么非得我来承受？我就有点绷不住自己内心的恨了，特别恨。"

萨老师："她这个回应属于第几级？"

学员："部分接受，第二级。第一级是否认、第二级是部分接受、第三级是接受与认识，后面两级是早期超越和超越。"

萨老师："好，那之后要怎么办呢？应该马上肯定她敢于面对和承认的勇气，并要表示理解。"

辅导者："M女士，听你这么说我就理解了。我很佩服你即使承受着这样的痛苦，依然怀着美好的意愿帮助你的前夫，而且真的愿意重新接纳他、修复这个家庭关系。当然，他上周的这种拒绝对你来说确实很痛苦，但是前三周你一直都做得很好，对家庭、孩子来说，也是一个好的转变与医治的方向。那你看我们下面可以怎样继续帮助你的前夫、帮助你们两人的关系往前走，一起向着好的方向发展呢？"

萨老师："上面这个示范的路径是对的，包括辅导者的态度、3V1B都做得挺好的。我在做辅导的时候，其实是给了她选项的。我说：'其实这时候我们可以想一想，要不要修改目标？我们是仍然以你前夫的精神健康为第一要

务，还是回到一开始，以你自己的情绪为优先，看你怎么来处理自己的痛苦？'

因为之前辅导的时候，我就让她选择过。其实她作为对方出轨的受害者，有三种正当的回应方式：第一种是让他受到一个相应的惩罚、经历痛苦，这是正当的；第二种是想办法把他赢回来；第三种就是祝福他，让他尽快恢复精神健康。她当时选择了第三种。这次她表示自己很痛苦，所以我就说，如果是这种情况，我们可以重新定目标，你可以选择让他受到惩罚。结果 M 女士立刻说：'哎呀算了，还是继续采用之前那个目标吧，这周我一定控制。'

可见，辅导者其实可以给被辅导者提供选项。刚才示范的学员思路，是鼓励对方继续朝之前的目标迈进，也是可以的。客户可能也会表示同意，因为她本来的目的也是如此。"

学员："请问给客户重新定目标的做法是不是比较好，会让她更坚定？"

萨老师："对，其实'给人选项'也是一种注入力量的方式：无论何时，她都会认为自己是有选择权的，而且这是'我的选择'，所以'我要对这个选择负责'。"

学员："那是否每隔一段时间面临选择时，都需要再确认一下目标？"

萨老师："在对峙之后，可以根据具体情况让他重新确认目标。"

在面对没有改变和成长的老客户时，适当使用"对峙"会很有效。有时在使用"对峙"之后，对方会马上改变，起到立竿见影的效果。有同学会问：使用"对峙"时的态度很难把握，有什么秘诀呢？就是抓住"不一致"，你需要在对话中察觉"不一致"，然后用这个"不一致"去对峙，注意要不动声色。

第八讲
外化

当一个人有想要解决的问题时,我们辅导者就需要把这个人和他的问题剥离:人是人,问题是问题。辅导者要和这个人站在一起来对付他的问题,就像化学中的置换反应:他和他的问题原本捆绑在一起。找到你寻求帮助之后,现在你和他站在一起共同对付他的问题,这样他的问题可能就像气体一样挥发了。

当你做到这一步时,这个人就更有力量了:他既有自己原本就知道的力量,还有你帮他找出来的力量。你一旦做到了和他一起来对付问题,就是一个很大的成功。

一 外化的概念

人总是无意识地把自己和自己的问题捆绑在一起,这也能够从他们的表述之中听出来。我们需要帮助他把人和问题分离,不要对着自己开枪。

捆绑问题的表述示例:

(1)"我是抑郁症。"

事实上,你是一个人,而不是抑郁症。

正确的说法是:我是抑郁症患者,或者说,我得了抑郁症,我在面对抑郁症这个问题,但是人们通常不会这么说,因为在他思维方式里,已经把自己和抑郁症绑在一起了。

(2)"我是同性恋""我是差生""我就是个渣""我是窝囊废"……

有时候我们会这样定位自己,把自己和问题混同在一起,这是错误的。

当我们遇到被辅导者把自己和他的问题紧紧束缚在一起的时候,就需要有步骤地来解决,解决的方法就称为外化。

二 外化的六个步骤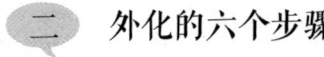

（一）第一步：给问题取名或者赋予形象

如果你叫不出某个问题的名字，就没办法解决它。你可以用拟人手法，给要解决的问题赋予人格。

这一步必须做得非常到位。要注意以下几点：

（1）不能让这个问题的形象显得太强大，以致让人没有招架之力。

例如，一个人说他内心有怒火，你就不能说："原来你内心住了一个魔鬼。"

"魔鬼"这一形象就太强大了，你没办法对付它；这个人好像完全被"魔鬼"控制，而且自己是无辜的。

（2）也不能太友好。

例如，不能说它是圣诞老人或者一只小猫咪，因为我们下一步要是要离间他们的；你给问题赋予了这么友好的形象，让人怎么舍得与之分开？

（3）客户心里已经有了形象，就鼓励他说出来；如果没有，就帮它起一个名字。

例如，现在很流行将抑郁症比作黑狗。它又黑，又跟着你不放！它不能是个很可爱、大家都喜欢的小狗；"黑狗"的形象不是太强大，也不是太友好。

再比如，愤怒往往被比作暴风雨，同样不是太强大。

之前有个客户把网瘾比作缠身的巨蟒，也是同样类型。还有很多人给拖延症取名为癞皮狗。焦虑则被比作一个交通警察：他不管你要去哪儿，也不管下一步会怎么样，只会站在那一直叫你向前走。

你一定要找到一个贴切的形象。我们可以提前想好各种常见问题的名字和形象，因为人们的问题大致就那么几类：抑郁、焦虑、拖延、愤怒……

（二）第二步：给问题的形象赋予邪恶的动机

换言之，要让这个东西有一个毁灭性的渴望。

例如，黑狗一直尾随你，假如它追上你，会干什么呢？它想咬你一口，甚至想把你一口吃掉。它想吃掉你的什么呢？希望、快乐、兴趣、行动力。

例如，网瘾的巨蟒缠在你的身上，想干什么？这就足够邪恶了：它想越来越紧地缠着你，直到你窒息为止。还有人把网瘾比作小偷，这时就可以问：这个小偷想偷什么？时间、心力、健康、睡眠、人际关系、钱财，因为时间、精力、生活的热情和活力都被它消耗了。

例如，愤怒像狮子一样，一直虎视眈眈地注视着你；如果它有机会，会干什么？它可能会吃掉你的关系、信任，对你所爱的人造成伤害。因为，愤怒的第一受害人往往就是你身边最亲近的人。

例如，焦虑是个交通警察，他到底想干什么？为什么要这样指挥你？其实他根本就不关心你，或者也可能是个假警察，就是希望不断迫使你往前。

做到这步，离间就已经开始了。因为外化之前，抑郁症患者可能感觉抑郁症就是我的一部分；有网瘾的人觉得网络是我的好朋友。他们认为那些问题是自己的好朋友：在孤独的时候提供陪伴，在无聊的时候帮着解闷……一旦把它形象地比喻成一个邪恶的东西，人就和问题对立起来了。

实在不知道如何外化的时候，还可以把它外化为一个声音。如果一个人说了半天也没有给出一个具体形象，你就可以说："是不是好像有一个声音在对你说：'我这个人就是不行'？"另一些客户自己就会说："每当我遇到这种情况，就好像总是有个声音对我说：'你根本不可能摆脱我'。"如果对方提到声音，你就要马上抓住，把它细节化；还要问他在现实生活中有没有人这样说过他。你甚至可以问："这声音是出自男性还是女性、长者还是年轻人？它总是在你耳边窃窃私语，有什么目的和动机？"很多时候我这样问客户，他就会说："它想让我自杀！"

这里有个提示：我们外化的"声音"绝大多数不是真实的；但你如果发现客户真的能听到什么声音，这属于幻听，那么他需要吃药、需要专业的精神科医生帮助。

辅导者可以主动使用声音这个工具造句："当你面对……时，是不是好像有个声音对你说……"，我们一定要在给它邪恶的动机的时候，赋予对方一个选择权；我们不能把它外化得太强大，或者让被辅导者没得选。比如你可以问："如果有个声音对你说'和这个人结婚是个失败的决定'，你会选择相信吗？"我们一定要强调这是他自己的选择。

案例

客户：我现在感觉特别孤独，好像我和别人中间都隔着墙一样。

（这个问题有了"墙"的形象，现在怎么赋予墙邪恶的动机？）

辅导者：对你来说，这堵墙给了你什么？剥夺了你什么？

客户：它让我感到比较安全，把我关在里面；另外，它虽然看起来是保护我的，但其实把我和别人都隔开了，所以我就被困在里面了。

（墙有双重意义：它能够起到保护作用，这是他选择筑墙的一个原因；但墙也产生了一个负面效果：把他困住了。我们这时候要强调墙的邪恶动机。）

辅导者：它假装要保护你，其实把你困在里面，把你和别人隔绝开了。

（三）第三步：让受辅导者详细描述

帮助他认清对手套路：有邪恶动机的问题，往往是通过什么套路、什么惯用伎俩来控制这个人的？要把对手的套路处境化。

例如：

（1）抑郁症这只黑狗一直尾随在你身后，在什么样的情况下它会冲过来咬你一口？

这个人可能会说："当自己待在家里的时候。"

（2）网瘾这个小偷，在什么情况下比较容易对你下手？

这个人可能会说："压力大、情绪低落的时候。"

（3）拖延症这只癞皮狗一直想赖在你身上、缠住你，让你啥都做不了；它就想吸走你的精气神，把自己养得越来越肥，把你压得喘不过气来。

你要帮助你的客户认清对方的套路，甚至可以让他换位思考，模拟邪恶的一方来使用策略。你要进一步暴露问题的邪恶动机，从而进一步地离间他们。

例如：

（1）这个声音想要让你绝望，甚至放弃活下去的勇气。他说什么样的话能够达到这个目的？

（2）如果黑狗想把你吃掉，它一般会怎么做？如果你是这条黑狗，你会采取什么策略？

（3）如果你是网瘾这个小偷，会制定什么策略去行窃？

（四）第四步：问他成功摆脱的那一次是怎么做到的

我们可以某种确切的假设问被辅导者："你可不可以给我讲一个例子：有没有那么一次，这条黑狗想要吞吃你，但是你成功地摆脱了它，或者你一脚把它踢飞了？""有没有那么一次，这只狮子又狂躁起来了，要过来激怒你、伤害你和你的孩子，但你成功地胜过了它、躲开了它的攻击，把它锁到了笼里?""有没有一次,这个声音又来跟你说……,然后你回答他说:'闭嘴'?""你能不能给我讲讲,有没有一次小偷又悄悄地过来偷你东西,但你一下子就发现、抓住了他,而且把自己的门窗锁紧了?""有没有一次,那个'焦虑'交通警察又站在那边指挥你,但是你打开了车窗跟他说:'滚';或者,你没有听从他的指挥,而是走了另一条你想走的路?"

你接下来问客户:"你是怎么把狮子关进笼子里的?"客户说:"我意识到自己又被情绪控制了:眼前发生的事情不是因为孩子做了什么,我清楚这个事情跟他没有关系。"

你看他其实自己在做外化:他意识到这是我,那是我的情绪;情绪又来控制我了,所以我要跟它对抗。这就是一个简单的办法。虽然他没系统学习过,但是已经在做了。

(五)第五步:从他已经给你的例子中挖掘力量

只要对方松口,你就要顺杆儿爬,带着庆祝的口吻说:"恭喜你成功做到了(一次或者几次)!"然后继续问:"你是怎么做到的?"还有一个很重要的问题:"那一次你做了什么不一样的事?"例如:"虽然很多时候狮子过来激怒你,要你去伤害自己和自己的孩子,但是你真的做到过不被触怒,而且把它关在笼子里。那一次你做了什么跟平时不一样的事吗?"这里要挖细节,要用5W1H把对方的力量彻彻底底地挖掘出来。

力量挖掘出来之后就可以商量对策——因为既然成功过,就一定能找出可借鉴的因素,也一定可以再次成功。这时要用一种鼓励的、庆祝的口吻:"你既然做到了这么有力量的事情,狮子都被你关在笼子里了,所以你是可以做到的!既然你以前做到过、成功过,以后也还是可以再成功的。所以我们一起商量一下:当它又要来吞吃你的时候,你可以采取哪些对策来对付它?"这个对策一定是可以长期执行的,这时候就需要用到制定目标的技能。

(六)第六步:帮客户看到愿景或者画面

当他彻底战胜或者摆脱问题之后,他的生活会变成什么样?

尽可能把画面描述得有血有肉、生动形象,这时候就需要用之前学过的语气和时态技能。不可以用虚拟语气,不能说"假设有一天……"而要用确定的语气、用将来时:"当你好了以后……"

可以这么说:"我们刚才聊了,我看到了你成功摆脱黑狗的例子,也制定了以后行动的策略,你现在来设想一下:半年或者一年之后,当你彻底摆脱了这条黑狗,它再也没有能力追上你的时候,你的生活会发生什么改变?那时的你和现在的你会有什么不一样?你身边谁会最先发现你的改变?他看到之后会对你说什么?那时的你在人群之中是什么样子,和现在有什么不一样?"这些问题,每一个都在注入力量、帮他看到愿景。

这样六步做下来,也就完成了一次完整的外化。

第九讲
正常化

一 正常化及其操作流程

正常化特别简单，但却是个非常好用的技能，你会经常用到。来找你的人总是怀疑自己不正常，也会对自己的情绪、想法、做法持怀疑态度。他来辅导，往往是想寻求一个答案："我是不是疯了？我是不是精神出问题了？别人会不会小看我？"

作为辅导者，我们需要有一个态度：Nothing surprise you！不管他所说所做多么疯狂，都不要惊讶。你内心要镇定，用微笑面对各种疯狂。有的客户在讲述过程中，甚至会蹦起来、非常夸张地扭动身体，或者发出诡异的声音。其实他是在试探你的底线，看你会不会被激怒、会不会认为他不正常。我目前还没有遇到进来直接揍我的客户，但是遇到过想要杀我的人——这当然不正常，但是你要使用"正常化"这一技术来降低这些问题对人的不良影响。

"正常化"的具体做法如下：

（一）第一步：平行表述他的不安

这种不安可能是他表达出来的，也可能是你察觉出来的。要把这种不安用平行表述的方式反馈给他。

案例

客户：我最近遇上一些事，导致自己吃也吃不下、睡也睡不着，而且每天都特别紧张，总觉得会有很坏的事情发生。我这个情况是不是不太好？

（这时辅导者察觉到了客户的不安，他自己也表达出来了。所以第一步要用平行表述反馈给他。）

辅导者："我听到你说你最近……，你担心自己目前这个状态会朝不好的方向发展……"

（用一个表达不安的词："你说你担心……"可以逐字照搬，也可以根据具体情况稍做修改。）

（二）第二步：确认是常态还是外因诱发

要跟对方确认：他目前的状态是他的常态还是外因触发的结果。你可以问他："这种状态持续多久了？"或者："你是一直这样，还是遇到事了才这样？"

绝大多数人——可以说99%的人都会给你一个外因。那种从生下来到现在都是不正常状态的人比较少，这样的人一般也不会来找你，他此刻应该在精神病院。

学员：假如是他小时候的一次经历导致他习惯于这样的状态，但是又有一些外因——可能是非常小的因素，这种情况下他产生的反应也可以正常化吗？

只要有一个外因就可以正常化。

（三）第三步："你现在的反应是正常人的反应"

最核心的一个步骤，就是跟他解释：他的反应是正常的！比如："你现在的不正常的反应，其实是对非常事件的正常反应。"也可以说："你现在的不正常反应，其实是一个正常人对非常事件/非常环境的正常反应；如果没有这种反应，反倒不正常。"

假如你因为失恋（这是一个非常事件）导致吃不下、睡不着、消瘦，就是一个正常人对非常事件的正常反应——我们不是骗人或给人以心理安慰，事实的确是这样。大部分情况下，这句话说完之后，他心里就会非常放松。我有的时候会加点术语，例如对他说："你经历的这件事是一个重大创伤事件。"的确，比如童年创伤就属于重大创伤事件。

重大创伤事件包括：家庭成员的死亡；童年时期父母离婚；他自己的离婚；在身体、情感、性等方面被虐待；公开的羞辱……还有一种比较隐形的重大创伤事件是性别歧视或者性别混乱，比如，女孩从小被当男孩养，家里不接纳她的女孩身份，给她起名叫"招弟"；也有小男孩被当女孩养……这都属于重大创伤事件。受到创伤时的年龄越小，对受害者影响的时间越久。

（四）第四步：注入力量

做完以上三步之后，需要在第一时间给他注入力量。

比如可以对他说："你经历的这些事情发生在任何人身上，都未必会被处理得同样好"——这是跟普罗大众作对比。我一般会做一个简单的总结："听你这样说下来，你经历了……这些事情都发生在你身上。设想这些事发生在随便一个人的身上，他可能都撑不住了，但你还愿意来寻求帮助。"

第二是发现他一些值得肯定的细节。例如我刚才说的"你还愿意来寻求帮助"；再比如对刚刚失恋的人说："刚经历这么大的变动，你还能把自己打扮得很有精神、非常精致……"要发现一些细节，从而给他们注入力量。辅导师还可以利用职业身份说："我所见过像你这样的人挺多，你的反应是很正常的"，等等。

第三是给他们希望——"你现在的状况已经是你的最低谷了，接下来是会往上走的，会越来越好的"。可以说："你今天说出这些事情，就是医治的开始。我们之后一起往前走。"

经过以上四个步骤，我们就完成了一个完整的正常化过程。

在上一讲末尾我们曾演示过 M 女士的例子：她说自己情绪特别崩溃，我们就可以用正常化技巧说："你受到这样的刺激，的确是一个重大事件。在你这种情绪中，能做到前三周不崩溃、不任意发泄情绪，已经非常不容易了！"这就给予了她理解。正常人都是有情绪的，会有掌控不住的时候。再给她注入一点力量："要是换别的女人的话，现在都不知道会怎么样；你看你还能做到……你前三周还能做得很好……"然后再给她希望："你的状态可能会反复，但是总体会好转……"这样就完成了正常化的过程。

助教：可能有特例：比如对方犯了罪或者有瘾症，这时还能正常化吗？

那就不能了，一定要区分。正常化不能用在瘾症和明显的犯罪上。还有一些事情不能正常化，例如家暴。

学员：那这时应该怎么处理？假如 M 女士对她前夫又打又咬，我们该怎么办？

需要用到对峙。

学员：对峙的目的是让她知道任何情况、任何理由，伤害别人的身体都是不对。

对，家暴者一般不会寻求辅导，因为他们知道自己干了什么。

二 人的意义

(一) 意义系统

这是我们作为辅导者能够碰到的人性中最深处的东西。我们把前面所学的全部技巧使用过后,辅导流程基本就差不多了,剩下的就是每个客户具体怎么做了。因为我们人类跟其他受造物不一样的地方在于:我们是需要意义才能活下来的物种。其实,每个来到你面前的客户背后都有一个意义系统。

你可以想想:自己的意义系统是什么?要分析意义系统,我们需要知道以下前提:

第一:每个人都有意义。

第二:重新讲述要进入意义系统之中,一个真正的重新讲述是意义系统的更新。

第三:一个人所有的问题都植根在意义系统中。

你面对的所有问题,根源都在意义系统之中。每个人都是意义的制造者,但大多数人是不自知的:他没有系统总结过自己的意义哲学,没有明确地拿一张纸把自己的信念系统都写下来。辅导师要帮助个体进入自己的意义系统之中,挖出内在有害、有毒的东西,之后再把他引入一个更开放、更有可能性的意义系统。

所以有一句英文俗语:The person who has a final "why" can bear any "how". 这一句可以翻译为:一个有终极意义的人总能绝处逢生。大家思考一个问题:你为什么而活?这是一个能够直接进入意义系统的问题。

示例:

你们为什么而活?

学员 B:可能最重要的是为家庭。如果没有家庭关系,我觉得还是挺不敢想的。

学员 C:我存在所以我活着,享受当下。

学员 D:我想了半天,可能是为让自己变得更好,可能是在为自己的舒适而活。

学员 E:我想知道生命的意义。

学员 F:"好死不如赖活着",既然被生出来,就得凑合活着。

再换个问题：如果发生了什么事，或者失去了什么，你就不愿意再活了？
学员A：我没什么可以失去的了。
学员C：我很清楚，如果没有信仰，我会活不下去。
学员D：盼头。如果没有盼头我就活不下去了。

盼头就是你的意义，没有盼头人就活不下去。所以一个人能活到现在，他内心一定有一个盼头、一个意义系统。

案例

纳粹曾拿犹太人做过一个性质非常恶劣的实验。他们让一大群犹太人辛苦地搬砖：每天早晨从这边搬到那边，傍晚的时候再搬回来，每天都是如此。他们其实就是想让犹太人做没有意义的事情，因为这样搬砖没有任何意义，不能创造任何价值。大概过了一个多月，很多犹太人就自杀了；最终没有选择自杀的基本上都有信仰。没有一个非常坚定的意义系统的人，在这种毫无意义的生活和工作之下是会死的。虽然纳粹给他吃喝，也不虐待他，但只是让他毫无意义地搬砖，很多人也会死的。

所以我们也就不难理解那些跳楼自杀的富士康员工，他们这么做可能就是因为意义系统崩塌了：他们觉得自己的工作没有意义，人生失去了支撑的力量。

我因为做辅导师工作，经常跟人讨论意义系统的问题。以前我经常打滴滴，上车都会跟司机聊天。他们知道我做心理咨询后，就打开了话匣子。他们有时会问我："是不是找你的人都有精神病？"我说："不是。一个人如果想知道自己人生的意义，也可以来看心理咨询。"有的司机就会反问："人生能有什么意义？"这就表明他不知道自己的人生意义，而想让我说说自己的人生意义。那时候，我就为了回答出租车司机总结出了一个意义系统。

（二）意义系统的层次

意义系统基本上可以分为五层，它们不分高低贵贱，都是健康和有益的。每个人可能有偏重的一层，也可能几个层次都有。

（1）第一层：存在

活着就好。"好死不如赖活着"，造物主让你降生到这个世界上，就说明你是有意义的；你的存在本身就是意义，好好享受当下就可以了。

前面有人说，活着的意义是追求舒适、享受当下，造物主喜欢看到我们享受这个世界。世界如此丰富多彩、色彩斑斓，我们生存本身就是可喜的。只可惜大多数人看不到这个意义，他们不能好好享受，而且会对享乐有一种恐惧感或羞耻感。

(2) 第二层：自我实现

成为更好的自己。你是特殊的，是一个优美的、独一无二的存在。你有各种天分、才华、能力的恩赐；在活着的短短几十年内将这些恩赐最优化、最大化，不断提升、超越自己，让自己可以没有束缚、没有囚禁地发挥潜能、才干，这也是极好的。找到你形象的特殊性、找到适合你做的事情，持续在这方面提升、拓展、精进，每天都成长一点，也是一件好得无比的事情。可惜好多人没有达到这一层次！人们大多是迫于生存需要，从事自己并不喜欢的工作，而且要一直做下去。但如果一个人找到了这层意义，工作就被赋予了尊严和意义，好好做下去其实是很幸福、很有成就感的。推荐大家读一下稻盛和夫先生的《活法》一书。

比如，有个中国男孩就爱做蛋糕，做得特别好，在全世界拿奖，这就很幸福，他也实现了他人生的意义；有的人用挣钱来衡量自我、实现价值，这也挺好。你有挣一万元的能力，为什么非要去挣两千元？把才能发挥到最好，去实现自我价值，这也很好。我之前接触过一些非常有才能的外企高管。正常人不是得睡八个小时吗？他们一天只睡三个小时也能够维持正常生活、保持年轻帅气。他们就是提着一股精气神儿，在自己的岗位上不断实现自我，人满怀热情去做自己喜爱的事，最大化发挥自己的特点，是很有价值的事。

(3) 第三层：家庭、亲情、爱情

比如你问好多妈妈为什么而活，她就会说："我是为了我儿子活着，我人生的意义就是我儿子！"问她儿子，他就说："我为我妈活着！"关系中的爱、被爱与责任是很强大的力量，也是一个完善的意义系统。很多好莱坞电影都落脚于"回归家庭"。

(4) 第四层：造福人类

这样的人是服务型的：他们认为存在的意义就是不断付出，造福人类、服务他人，成为给别人带来祝福的管道。能达到这一层的，很多都是有宗教信仰的人；社会人士中也有热心的志愿者、救死扶伤的医生、各行业的咨询师，还有育人子弟的教师等。他们中很多人都有某种服务他人的意义系统。

(5) 第五层：认识和追求真理

这种人认为存在的意义是认识和追求真理；他们一旦认识、追求到了真理，就降服在真理之下，以他所认识的这个真理为自己的意义系统。

我辅导过一个大学生，我问他："你真正想要的是什么？"他说："我想要知道这个世界背后的终极真理是什么。这辈子我不为别的，就为此而活。"他现在相信尼采。

一个普通人落在任何一个层面都是好的，他需要在自己所在的层面去建造。世界好像一个光谱，不是只有黑白，不要陷入一种非黑即白的价值判断或者真理标准之中。人们很容易陷入这种误区：因为人有很大的惰性，很容易走非黑即白的二元对立路线。

学员：如果一个人的这几个意义层面都比较全，会是怎样的一个人？

他的人格应该很完善，是个丰满的人，而不是一个符号或者一个干瘪的形象。

这些意义系统是世界对人类的祝福，但是因为人类有这样那样的问题，这些都有可能会成为捆绑和阻碍。一个人如果没有正确的观念指导，就会有如下的后果。

- 第一层可能成为生存的捆绑，让人一生沦为生存的奴隶。
- 第二层很可能变成骄傲：实现不了就很沮丧，实现了就很骄傲，看不起不成功的人。
- 第三层很可能变成一种关系性捆绑。"我就是追求爱情""我儿子就是我的一切"……这些观念是很可怕的，爱也很可能变质为控制。
- 第四层可能成为一个人来寻求自我满足的途径。服务他人本身非常好，但是如果帮助他人的过程滋生傲慢，也是不好的。
- 第五层中，追求真理很容易发生偏差，而信错真理是最可怕的，纳粹主义者就是如此。

意义系统对人的破坏层级也是按照这个来的。比如希特勒，他就是很坚定地相信自己的信仰，因而给人类带来巨大的灾难。所以，与贪官污吏相比，更可怕的是让带着奇特的政治抱负和灾难性的终极信仰的人掌握权力。

（三）意义系统的目的性：指向幸福

意义系统是有目的性的。你的意义系统，它指向的是什么？

其实所有人都在追求幸福，只不过每个人对幸福的理解不一样。有的人认为"朝闻道，夕死可矣"，寻求到真理就幸福了；有的人认为服务别人就是幸福的；有的人认为在爱与被爱的关系中就幸福了；有的人认为通过自我实现成了最好的自己，就幸福了；有人认为好好享受就幸福了。

其实幸福是一种能力，跟拥有多少没太大关系。人类经历过的最接近完满无缺的幸福，都是带着忧伤和缺憾的底色的。有人做过统计：一个人能够体验完满无缺的大喜乐、大幸福，一生加起来可能也不超过几分钟，这背后总是有死亡的阴影。

痛苦、忧伤、恐惧、绝望还有羞耻，都是人最基本的情感，但其实我们的内心永远排斥这些，一直在呼唤完满无缺的幸福。所以，在我们现在所处的世界中，每一个人的光景都是很可怜的。

那些出来打工的农民图的是更好的日子：哪怕自己过不上，也至少要让孩子过上；那些把牢底坐穿的革命先驱，追求的是免除下一代的苦难；像纳粹分子呢？他们的意义系统很邪恶，但是其实背后也有"幸福追求"：他们的自我实现。

幸福是我们每个人内心最深处的渴望，每个人自觉不自觉地都在追求幸福。下一讲我们讲幸福的不同程度，以及怎么把自己调试到能够承载幸福的状态。

第十讲
幸福力

我有位朋友是电影导演。他说电影有一个前提：电影中每个人物的动机都是追求幸福——不管这些人物各自呈现出什么状态，他们都被这个动机驱动着。电影是对世界的高度提炼和浓缩。真实生活中每一个人都是有动机的，只不过有的人自知、有的人不自知，大家追求的都是各自认为的幸福。

每个人衡量幸福的标准都不一样，所谓甲之蜜糖，乙之砒霜。

前两天有一个朋友咨询我，他的婚姻状况是不是可以离婚。我说："你先得弄清楚自己最想要的是什么。如果你最想要的是婚姻、家庭、孩子，那我不建议你离婚；如果你最想要的是自我发展、赚更多钱、美国梦，等等，那你目前的婚姻状态的确会严重影响你的追求。"他就没再说话了。

你最想要的是什么？什么是你生命中不可或缺的、最终极的渴望？

 **一　幸福是寻求不到的**

每个来到你面前寻求帮助的客户，大都是在寻求幸福。我也遇见过极个别不想要幸福的人：他们不想让自己好，非要惩罚、虐待自己，一天不受苦都难受——他们觉得自己不配得到幸福。其实，这种人往往是极度渴望幸福的，只是被一些痛苦的经历、不专业的帮助弄得混乱了。

追求幸福是人深层的内在驱动力。但是，"追求幸福"本身却是不能实现的：因为这个动作本身是与幸福背道而驰的。大家要先明白这一点：幸福是追求不来的！

为什么追求不来呢？比如说：你一个单身姑娘，认为找一个温柔多金、各方面都特别好的男士结婚，就幸福了。然后你就朝这个方向努力，可是当你进入婚姻后，发现仍然是一地鸡毛。我们很多同学都是过来人：你以为能让你幸福的那个愿景实现了,结果仍然发现自己是不幸的。很多人觉得我身价多少、月收入到什么程度之后我就幸福了,但是你看新闻,三天两头跳楼的经常是有钱人。

类似情况还有很多。我看到的太多悲剧也是如此:人们认为有一个值得追求的目标,然后就朝着它前进。跑不到还好,始终有一个盼头,觉得目前不幸福是因为还没得到;最大的不幸就是你已经得到了,然后发现自己依然不幸,又眼睁睁看着自己拼命追来的东西或人在你手中枯萎。

这些外在的东西——你所追求的目标,其实并没有真的让你变得幸福。"追求幸福"这件事恰恰说明你处在一个不幸的状态。因为幸福是发生的、临到的,是不能靠强力去夺取的,是在你的日常生活之中遇到的。所以不管是对我们自己还是对客户,我们不应帮他们追求幸福,而要调整他们的日常状态("日常"真的是一个非常有力量的词),帮助他们把日常生活调整成为可以承载幸福的状态。

所以,我们不应去追求幸福,而要使自己成为一个可以幸福的人,预备自己成为一个随时可以承载幸福的人——这一点是可控的。

我们整个辅导课程到目前为止,其实都是在帮助被辅导者从惯常的、习得的、封闭的、无助的、过时的、悲剧性的、刻板的谎言之中挣脱出来,转变到一个健康的、积极的、开放的状态。我们不是去帮助他实现追求幸福的目标,而是帮助他成为一个可以幸福的人。那些使人不幸福的状态,就是我们之前花很多时间学习和了解的各种封闭性状态,都是一脉相承的。

辅导的大方向,就是怎样使用各种破解不幸福状态的方法,让开放、积极、健康、乐观成为人的常态,这是很重要的。

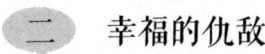

二 幸福的仇敌

幸福最大的仇敌叫作"习惯性负面思维",这是我们在辅导中经常要对付的。陷入这种病症的人们很难成为一个幸福体:他们的大脑被某种不幸的思维方式僵化了;他们没有别的选项,遇到一件事情,总是最直接、最快速、一针见血地看到最坏的方面,然后沉浸其中。这是阻碍幸福的一个强大的敌人。一个人如果具有习惯性负面思维,就一定要竭尽全力地帮助他从里面挣脱出来。习惯性负面思维会传染,不仅他自己会被一种强大的不幸福感笼罩,他的伴侣和儿女也会成为最大的受害者!

习惯性负面思维是双向的：向内表现为低自我认知以及自怜情绪；向外表现为批评、抱怨、不满。这些东西对人的伤害是很大的，所以要像逃避瘟疫一样，想办法挣脱。

幸运的是，习惯性负面思维可以通过训练改变。

案例

我有一个客户陷入了特别深的自我否定。从小到大，他父母就是这样对他的：不管他做什么都直接否定。他考试考了99分，得了第一名，父母会说："你为什么没考100分？"如果他考了100分，父母就会说："你这次是运气好，看你下一次还露不露马脚。"

这个客户到我这来，一开口就是：他今天从早晨睁眼到进入我办公室这段时间，经历了各种不好的事情。我说："你这一天也过了大半了，有没有一件好事？""没有。""昨天呢？""也没有。""往前推一周？""还是没有。"我接着说："从概率上来讲，这是不可能的。你可能需要训练一下自己，去发现有什么值得感恩的、值得高兴的事。"他说："我已经想不起来上次高兴是什么时候了，已经有好多年都没有高兴过了。"我就告诉他："你也花钱到我这来辅导了，回去找个本子写作业吧。你每天哪怕逼着自己，也要写下这一天有什么值得高兴的事。"

于是他就回去练习，结果他的状态一次比一次好。上一次见他的时候，他说，自己已经意识到这个世界背后有一个终极的力量；一旦找到了这个终极的力量，他一生就再不为别的活了，他要成为一个引导其他人来寻求这份光明和美的人。多么有力的转变！

习惯性负面思维都是可以改变的。越早改变，就越早摆脱它的危害。幸福的仇敌，一是习惯性负面思维；二是愤怒，还有瘾症。一旦有这些情况，就要像逃脱瘟疫一样，赶紧摆脱它们。

有孩子的人，将来孩子择偶，或者单身的人将来自己择偶时，都要注意观察择偶对象：怒气、瘾症、习惯性负面思维都是可以看得出来的。关于瘾症，衡量的标准是看他的症状有没有影响到日常生活。

三  幸福的公式

美国著名心理学家赛利格曼提出了一个幸福的公式：总幸福指数＝先天的

遗传素质+后天的环境+你能主动控制的心理力量（H＝S＋C＋V）

幸福＝生理构成+生活境遇+可控范围

如果幸福是 100 分，那么这三个构成分别占多少比例呢？大家猜猜哪个所占比例最大？

答案是：可控范围。

1. 第一部分：生理构成，最多占 25%

生理构成，就是由你的基因、脑神经、染色体影响的身体机能。正常人在生理构成这方面都差不多，而且基本稳定，对幸福的影响微乎其微——除非有家族遗传的精神疾病。

2. 第二部分：生活境遇，占 8%~15%

生活境遇代表了你的一切后天获得：比如说你有多少钱、住什么样的房子、开什么样的车、嫁给什么样的人、学历有多高、遭遇了什么样的不幸、创伤，等等，这些全部加起来就是生活境遇。

很多人一生都在追求生活境遇，但实际上这方面占的幸福比例非常少，最多才 15%。所以说，幸福这件事是追求不了的，因为我们追求的那些即使到了顶级标准，给你带来的幸福感也是很少的。从这一点上我们也看到了当前社会的悲哀：往往三代人都在追求中间最少这个部分，却忽略了最大的部分。比如现在很多人把孩子留在老家，自己外出打工；最后牺牲了孩子的第三部分，赚来的也不过是中间的 8%。很多情况下，父母挣了钱回家或寄回去给留守的孩子，孩子却拿着钱去网吧一整天一整天地泡着。

3. 第三部分：可控范围，占比 40%~60%

可控范围也可称为幸福力，包括你怎么看待自己与这个世界、你的作息是否规律、你的压力管理能力、价值观、信念系统、自我调节能力、爱与被爱的能力，等等。这些都是可控的。

这是占幸福比例最大的部分，也是我们通过辅导能够控制的部分。因为价值观、信念系统、看待问题的方法、作息规律、世界观、压力管理、自我调节等，正是辅导师擅长的部分，而这些也是真正能够帮到人的。

为什么辅导是有效的？因为对幸福起最大决定作用的部分，正好是我们能够插手的部分。我们不能让被辅导者一夜暴富，但是可以使他一夜之间完成心态转换。我们辅导的最后一个落脚点——故事的重述，就是要帮助被辅导者在突破过去有害、封闭的故事之后，重新建立起一个健康的、有开放性的、有力量的故事。而故事的重述，其实就是在强力扭转这个可控部分，从而使对方获得幸福力。

虽然大家经常讲执行力、领导力、管理能力，但其实幸福力对一个人来说才是最重要的。上面提及的幸福公式只适用于正常的生活环境，极端环境下是不适用的。比如：

（1）战乱、赤贫

这些情况下，生活境遇对一个人的幸福感影响会加大。

（2）专制

据统计，生活在专制国家的人民整体幸福指数会下降。

我们国家以前也经历过极端环境：有饥荒、有战乱，那种情况下生活境遇对人们影响就非常大，而且导致他们的思维方式固化并传承；大家始终觉得物质是第一位的，必须有了物质才可以谈其他。在当代社会，其实绝大多数人已经过上了正常生活，但很多人仍然在用一个扭曲的幸福公式来过日子，挺辛苦的。

四　幸福的程度

幸福有三种程度。

1. 第一种：愉悦

这并不是说愉悦是最低级的。愉悦，就是从身体、大自然、艺术等当中得到享受和放松，这是最基本的，是每个人都应该有的。

比如，你家最近吃了什么好吃的？我最近经常去吃烤肉，每次吃的时候都特别有幸福感。我有个朋友是老北京，热爱美食。他做菜特别讲究：比如做酸菜鱼要一层层地烫，调节火候、加入配料，然后出锅淋热油。我就守在锅台旁边。朋友做好了先给我盛一碗，我吃第一口就特别地幸福。这是非常直接的一种幸福感。性也是美好的、可以让我们享受的；做按摩或者泡温泉能让人从触觉上感受到舒服，这也是愉悦；跑步、跳舞、散打等运动都给我们带来了愉悦；亲近大自然、闻到草木鲜花的气息、泥土的气息，出门走一走，也是愉悦；用眼睛去看美好的事物，大自然丰富多彩的颜色，欣赏艺术作品，也是一种愉悦。

我们要习惯性地让自己处在愉悦的状态，这一层次的幸福是必须要安排的，而且跟你对生活的态度有关。你有没有用心对自己好一点、精致一些，给自己营造一个愉悦的环境？不要只集中在一个愉悦点上：比如吃。我曾经辅导过一个人，他愉悦的各方面内容只剩下了吃，这就不太好了。

讨论

大家是怎么愉悦自己的？

同学A："每天化妆。"

对，这是一种愉悦。民国时期曾有一位大小姐，她哪怕一整天都待在家里，也要早、中、晚换三套衣服，化完整的妆。

同学B："我出去帮家里人买东西时，也会尽量给自己买点东西。"

购物也是一种愉悦。我要是压力太大想放松一下，又没有钱，就会去商场转转，去服装店试一试衣服。所以我们要研究一下让自己愉悦的方法。

同学C："最近主要是吃。"

同学D："我会出去逛公园，或者去外面玩。"

从上面的讨论可以看出：愉悦不一定需要钱。所以，不要觉得自己只有空闲了或者有钱了才能做到愉悦。愉悦应该安排到每日的生活之中，使自己日常保持在愉悦的状态。这就有点像人生意义层次里的第一层：存在主义，好好享受当下。

2. 第二种：全情投入

忘我地投入一件有建设性的、创造性的任务之中，比如说实现自己设立的目标；全神贯注地画一幅画，这是让人得到幸福感的一个特别重要的机制。所以，全情投入需要一个目标：先决定要做什么，然后投入，按着步骤一步一步地做，最后得到结果。这个流程走下来就会很幸福。如果你的生活中缺乏让你全情投入的事情，你就会感到缺乏支撑和活力。

"全情投入"（flow）有些书上翻译成"心流"，这是每个人一定要具备的精神。为什么现在人们虽然物质丰富但幸福感普遍较低，与没有"flow"有很大关系。现在智能手机功能强大，从而无限地占用、阻碍和打扰人们进入正常的flow。正常的flow是几个小时不受打扰的：一个人决定做某件事，他全神贯注，甚至想不起上厕所、喝水，直到将它完成。

小结

大家上一次进入这种"flow"状态是什么时候？

学员A："我工作时就经常不看手机，所以我每次都会说：工作让我很愉快。"

所以说，让你全情投入的事情应该是一个有一定创造性的任务或目标，画画、做手工活和做饭都算。如果你重复地做同样的饭菜，成就感就会低一些；挑战自己去做一个新的菜式，然后全情投入，成就感就会高。专注插花也是很好的 flow，但不要看手机。看书和学习也算是，只不过看书很难看到一个立竿见影的效果，不容易获得成就感。集中整理家居、收纳算是很好的 flow，成果很明显。其他人呢？

学员 B："乐器，我比较喜欢研究这方面的东西。"

对，乐器是很好的 flow。大家用过"番茄时间"吗？就是设好一个目标，看自己用 25 分钟能做到什么程度。你可以把一个大目标分解为五个"番茄时间"，看每一个番茄时间内能够完成多少任务。在按下"开始"之前，先上好厕所、喝好水、刷好朋友圈、把番茄放进锅里；按下"开始"键后，你就全身心投入地把这件事做好。到 25 分钟的时候番茄熟了，你就起来活动，然后再来一组。一天能做到四五组，效率就很高了。

学员 C："我觉得这样会特别辛苦，因为身体还是会有疲乏和抗拒感的。"

对，因为你要是想得到更高一级的幸福感，就需要挑战。要让挑战自己成为一个习惯，即使有捷径也不走，要习惯挑战自己做一些需要调动自己更高能量的事。任何高价值的东西，都需要踏踏实实地付出相应的努力。

自我实现、自我挑战其实可以落实到各种小事情上。比如说：我每次唱歌是不用歌词本的，这就是对自己的一种长期挑战，使自己完全专注于唱歌这件事情，挑战自己一首歌唱三遍就要记住歌词。这种在小事上的专注投入，其实就是实践"活在当下"的一个特别好的例子，是每天把自己调整到幸福状态的一条捷径。

我们活在当下，不要为明天忧虑，一天的难处一天当就够了。我们要学会脚踏实地地活着，在每一天里全力以赴，这就是能让我们幸福的"活在当下"。

"不幸"这只小恶魔最擅长的手段就是阻挠你活在当下，它竭力让你的心思意念集中在过去或者将来。如果你的心思意念、所思所想都集中在过去，你的内心可能会充满各种懊悔、愤怒、自怜。我们沉浸在过去的痛苦之中，脑子就会像放电影一样，一遍遍播放这些受过的伤害：别人怎么对待我、他说了什么话……我们可能会被过去困住、陷在过去的沼泽之中。所以，沉浸在过去的人往往是很痛苦的。

更多的人活在对未来的担忧、恐惧、焦虑之中。我们身边这样的人比比皆是。之前我们提到过那个操心的妈妈：儿子刚上大一，她就开始担忧儿子出国、读研、找对象这些事，总之就是特别焦虑、不停地说，而且全都是将来的事情。所以，活在将来的人是特别可怜的，对未来不确定性的焦虑与恐惧就像压在他们身上的一座大山！

我们需要花点时间整理一下自己的思绪和情感：看看有多少投注在了过去、有多少浪费在了将来。一旦你扭转过来，掌握了"活在当下"这项技能，你就得到了人生的核心技能！你会发现自己浪费了太多的时间、精力在过去和将来，而这些都是无效而且困扰的；它们把你往过去和将来两个相反的方向拉扯，以至于你根本无力承担当下的责任。

"活在当下"是一个特别强大的力量。我之前就是一个活在过去的人：每天都要把从小到大的各种破事都翻出来数一遍，整个人特别孱弱，就像林妹妹一样！"活在将来"这一点还好，我不是一个焦虑型的人。后来，我的大脑经历了两次"格式化"：一次是我刚去美国的时候，另一次是刚从美国回来之后。出国以后，我把在国内的绝大多数事情都忘了：就好像清理"内存"一样，那些刻骨铭心的痛苦也都过去了，所以就有了很大的"内存"可以用在当下；因为生活在一个全新的语言环境中，要用英文学专业课程，我的大脑需要大量的空间！回国之后，我又把在美国的东西清理了：除了我现在用得着的知识，其他的无效信息我都清理了，我巨大的"内存"全部用来储存当下。面对当下一个个坐在我面前的人！这样我就很轻松，完全靠信心来对抗焦虑和恐惧。因为对抗未来焦虑的唯一也是最有效的武器就是信心。这个信心来源于生活经验的积累和对自我、对真相，越来越清晰的认知与确信。所以，我现在即使不是100%，也至少有90%是活在当下的，这样才能积攒足够的力量来应对每一天的艰难。

案例

学员："我前段时间很焦虑，就跟萨老师分享：我有很多事情需要做，但心里很乱，完全做不完，积压了很多焦虑。萨老师就给我拿出一个新的本子，在上面分了两栏，让我写出这一周和下一周要做的事情并且标上编号。如果这周已经完成了某个目标，就把它和编号一同划掉。

我开始按这个流程去做，结果第一天就做了三四件事。老师帮我看完成情况，我说自己今天完成了四件事情，心里很开心。这段时间我基本上每天都有可以完成的事情。我发现自己的焦虑感大大减轻了，因为有些事情我堆积了很久，但是一直没有着手去做；等我一点点完成的时候，就觉得每天都很充实。"

大家每天要刻意给自己安排一个进入 flow（心流、全情投入）状态的时间，安排一件有一定挑战性的、需要全情投入的事情。这件事最好不是单纯的信息获取型的（比如刷朋友圈，这就属于单向的信息获取型）；最好是有一定创造性，需要动手或者活动身体。比如打球、切菜、画画、绣十字绣、织围巾、做手工皂、做家务、缝缝补补之类，最好是做一些有点挑战、需要全神贯注的事情，每天都要给自己安排这样的时间。

3. 第三种：意义

这是级别最高的幸福，有点像是意义层次里的超越体验。但是幸福不一定要有意义，比如前面 pleasure（愉悦）和 flow（全情投入）里面的很多东西，你不用非要为它找什么意义。有意义也不一定幸福，比如对一些为革命受苦受难的人而言，革命这件事情对他来说非常有意义，但不一定会给他自身带来幸福。这种意义超越自我、大于自我的幸福，是一种更高级的幸福。

怎么得到这个意义层次上的幸福呢？要使自己转变成一个响应更高使命的人，服务的对象是超越自己的，不是自益的——这是意义的一个出发点。这种意义的幸福一定是与他人有关的，是利他的。这种层面的幸福，最大的敌人就是自私。有人统计了一下：历史上许多最终选择自杀的著名文学家的作品中，出现频率最高的词是"我"，自我中心是阻碍这一层幸福的最大因素。比较容易幸福的人思维是分享型的，他们不是完全关注自我，心里是有别人的。这样的人比较容易幸福。

有一个之前我辅导的客户给我发微信说，他觉得我的工作特别有意义，还说我好像是一个过来帮助他们的天使。收到这样的反馈，我觉得挺幸福的，特别是当我看到一些真实的生命改变和成长的时候。我们辅导者既然知道了意义和幸福的系统，就要想着怎么帮助被辅导人来建立这个系统。

具体落实到辅导之中，第一层的 pleasure（愉悦）是可以和被辅导者一起商量，可以引导他想一想怎么给自己安排愉悦的事情；第二层 flow（全情投入）也是可以计划的；第三层 meaning（意义）可能需要更多的一些问题来启发。一个人一旦改变了自己的意义系统，他就离好转不远了。比如，当我的客户已经上升到自己修改意义系统的阶段时，我就知道这个辅导马上成功了。

> **案例**

我们在第七讲中提到，M女士的前夫出轨了。第一次来辅导时，她特别痛苦、怀恨在心，就想着怎么报复她的丈夫。我就一次一次陪她往下走。到第五次的时候，因为经过前面几次的努力，她回去想了很多，之后说："我就想，如果前夫是我的儿子或者我的弟弟，他做出这样的事情，我肯定要第一时间理解他，并且想方设法保护他；为什么就因为我是他妻子、是受害的一方，我就要再去伤害他？再怎么样，他也是我在这世界上最亲的人。如果我能对儿子、对弟弟好的话，就也要对他好。"

这就是故事的重述。当她从过去的故事系统之中跳脱出来，开始重新讲述自己的故事时，我就知道再有一两次的辅导应该就可以了，她已经进入了一个新的故事。她说，这对她自己也是个新的开始。虽然丈夫出轨是一件特别痛苦的事情，但是如果没有这个事情，她也没有机会意识到自己有这么多的问题和毛病。过去的婚姻生活给她前夫造成很大的伤害，所以她希望借着这个机会也使自己成长。如果可能，她希望能够去帮助更多的有类似经历的女性找回自我，从创伤中恢复过来。她甚至想，自己有一天也可以成为一位心理咨询师。她也开始安排自己读书、健身、爬山、运动，用更好的精神状态去迎接自己接下来的人生。

所以，意义的扭转会给人带来巨大的转变；辅导进行到这个阶段就差不多了，在接下来的行动层面按照她被扭转后的意义顺水推舟就可以了。比如M女士说：以后要成为一个能祝福别人的人，那我们就制订一个方案，研究她接下来要怎么做。她在经历意义扭转后，知道这不是一个悲剧而是一个机会，自己要重新开始。接下来的行动就可以顺着意义来安排。那些是意义扭转之后自然带出来的行动，我们可以用SMART目标中的技术来帮她制定行动的目标。

- 问题在意义扭转中的妙用

我们可以问一些问题来帮助被辅导者总结自己的意义、促成他的转变。

比如："你在哪些时候想过人生意义这个问题？""到目前为止，你有没有解决过关于人生意义的问题？有没有成功解决的案例？目前都解决了哪些？"

针对一些重大事件，你可以问："这件事对你的过去、现在或者将来意味着什么？"这些问题都能帮助人进入意义层面来思考。还可以问："你过去经历了这件事，现在回过头来思考，你的想法会有什么改变？""还有哪些重大事件塑造了你的人生信念？""有哪些童年记忆影响了现在的你？如果你现在可以和当时的你说话，你要对他说什么？""你人生的旅途正处在哪个阶段？"这些问题可以帮助被辅导者从全局的眼光来审视目标。

也可以问一些重新设计安排人生的问题。比如说："如果你能编排自己的人生，你会怎么安排？""如果那件事情可以重来，你要做出哪些调整？"

还有一些升华的问题，比如："你想给这个世界留下什么礼物？""你期待这个世界因为你的到来，发生什么改变？""你至少给这个世界添了个孩子。这个孩子通过你来到这个世界上，这就是你留下的礼物。你的人生之中有什么是可以留下的？反思你目前的人生，你最看重的是什么"？

案例

还是继续说前面那位 M 女士。她自己重述故事之前就说："想想人生其实很短，为什么要在这么短的时间里彼此折磨呢？应该尽其所能地让爱的人快乐。"她这时就在反思中明白了应该看重什么。

以前的 M 女士不思进取、好吃懒做、对前夫长久冷暴力，谁见着都会觉得"怪不得你老公跟别人跑了"；M 女士自己也能感受到，也责怪自己。她一共辅导了五次。我在她身上下了很大的功夫，也付出了很多的爱与陪伴，然后就看着她一点点好起来。其实，让她自己意识到自己的问题是很不容易的：直接告诉她，她不一定能接受；可以用我们学过的对峙技巧。我还用了"When（什么时候）"这个关键问题。我说："看来你失去丈夫的心也不是一天两天了。他最后出轨只是一个表象，说明他的心不在你身上已经很久了。"她说："是，他早就不爱我了。"我问她："是从什么时候开始这样的？"她说："可能就从有了孩子开始。"然后我问："那时候发生了什么？"她说："那时候我就不再跟他沟通了，而且总是抱怨他笨、粗心、没本事、不陪我，也看不上他教育孩子的方式，总是对他冷嘲热讽。"我就这样一步一步地引导她意识到自己的问题，她自己最后就说了：其实丈夫出轨也有她自己的原因。

还有一些很好用的问题："你认为自己的人生使命是什么？""什么能给你带来最大的享受和愉快？"你还可以问被辅导者："你认为你目前的生命中缺失了什么？"这也是一个非常有用的问题，可以引出你的辅导目标。对于经历一些重大事件的人，你也可以问："经历了这件事之后，你发生了哪些改变，有什么成长的地方？""这件事怎么塑造了今天的你？"要注意，我们不要替他说出答案，要询问对方，然后让他们自己说。

当有人受了创伤打击之后，你还可以引入一个"上帝视角"。可以问他："如果上帝此刻坐在你对面，你有机会跟他说话，此刻你想跟他说什么？"或者说："如果你有机会问上帝一个问题，但只能问一个，你要问他什么？"

这些常见的问题大家都可以记下来，平时花时间多熟悉，需要的时候就先问问自己、再问问别人，自己的家人、好朋友也可以，这有助于你了解对方。不过要注意：等他说完之后，一定不要评判，也不要去"扭"，而要平行表述。如果问的是跟信念系统有关的问题，做平行表述的时候就不要说"你感觉"，而要说"你相信"。

平行表述之后，要给对方一定的鼓励，也要带着一种欣赏性的好奇心继续往下挖。当然，对一般人来说，他们的信念系统肯定是不完善的，会漏洞百出；但是你不要着急去"扭"他、指正他，而是要顺着向下挖掘；他能被引导到五层意义中的任何一个层面都是好的。

帮助一个人意识到自己深层的意义、信念，这本身就是辅导中一个重要的部分。人是很奇妙的，当人们进入这个层面的对话时，就好像真理之光在引导着他们往前走。我认为这就是每个人内心的良知，或者说是对真理的天然追寻。

当我们把被辅导者的意义系统挖掘出来之后，就做平行表述，然后把它往积极的方向引导。这个最初带着一堆问题来的被辅导者就从根本上好转了，接下来行动层面的改变就水到渠成了。

好，进阶班的课程到这里就讲完了。祝福各位准辅导师：你们通过这门课程装备了一流的"武器"。现在你们可以走出学堂、走向"真刀真枪"的世界，大展拳脚，帮助更多的人了！